三位一体の経営

経営者・従業員・株主がみなで豊かになる

みさき投資株式会社
中神康議

ダイヤモンド社

はじめに――経営者だけでなく、従業員、株主も合わせて豊かになる経営

本書は、「投資家の思考と技術」を経営に取り込むことで、経営者、従業員、株主がみなで豊かになるための道筋を示す本です。少々風変わりな本ですが、この変わった切り口が実は有効なのではないかと思わせるに足る、二つの明るいエピソードから始めさせてください。

私はサーフィンを趣味としています。完全なる「下手の横好き」なのですが、毎週末せっせと海に通って波に遊んでもらっています。その日も、いつもの場所でプカプカ波待ちをしていました。そこに顔見知りのUさんという方がパドリングしてきてこんな話をしてくれました。

「中神さんさあ、俺もそろそろ退職だからさ、従業員持ち株会でずっと買わされてきた自社株がいくらになっているか見てみたのよ。700万ぐらいにはなってんのかなと思ってたら、なんと2000万になってたのよ！」

私は驚きつつも言いました。「Uさんね、それって大変なことですよ。サラリーマンが

退職金以外で2000万円貯めるって、ほとんど不可能ですよ」。そしてこう畳みかけたのです。「それって、Uさんがいつも愚痴をこぼしていたO社長が、実は素晴らしい経営をしてきたってことですよね?」。

Uさんは、「そうなんだよ、そう認めるしかないよな」と言いながら、サクっと良い波をつかまえて彼方に行ってしまいました。

もう一つのエピソードは、もう少しきちんとした話です。かねて親しくしているピジョンの社長・会長を務められてきた大越昭夫さんが、私と呑むたびに、いつもこう言うのです。
「中神さんはさ、ほんとに生意気だったよね。大株主とはいえ、社長の俺に向かって、もっとこうしましょう、ここをこう変えたらもっと良い経営になりますよってさ。でもさ、俺、中神さんが言ったこと、全部やったよ。そしたらさ、俺、いつの間にかひと財産作れちゃったよ。いまや息子たちからも、結構尊敬されてるのよ」

ピジョンは私が設立した「みさき投資」の創業メンバーによる大成功投資例です。私たちは2000年代半ばからピジョンに投資を開始し、ほどなく大株主になりました。そして足しげく通い、海外成長計画や新しい収益性指標の導入などについて議論しながら、三代にわたる社長とお付き合いしてきました。

そんな長期の関係を築く中で、投資開始時は300億円程度だったピジョンの時価総額は、2020年現在、6000億円近くにまで上昇。大越さんが役員持ち株会で買っていた株式価値も劇的に増えました。当然、私たち投資家も大きなリターンを得ましたが、それだけではありません。**従業員持ち株会でコツコツと株式を買っていた従業員のみなさんも、大きな資産を形成できた**のです。いまでは「おかげさまで家が買えました」とか「配当だけで十分な生活ができるんです」と伝えてくれる退職者の方もたくさんいるそうです。

劇的に上がったのは、株式価値だけではありません。私たちが投資を開始したころ、ピジョンは、とある雑誌の「給料が低い会社リスト」にランクインしていました。しかし私たちが三代の社長と付き合い、時価総額が大きくなるころには、給料もグングン上がっていきました。かねてベンチマークにしていたそうそうたる企業の平均給与も超えることができたのです。

■再現性のある経営構想で「みなで豊かになる経営」を実現する

似たようなエピソードは、実はそこかしこで聞くことができます。別のある社長は「株主総会に行くとね、退職した清掃員のおばちゃんとか用務員のおじさんが、おかげさまで持っていた株が2000万円、3000万円になりましたって言ってくれるんですよ。経営者として最も嬉しい瞬間です」と話してくれたこともあります。

こういった話を聞くたびに、私の中で何かが湧き上がってきました。これらの身近なエピソード群は、何か重要なことを示唆しているのではないかと。

経営から少し距離を置いた投資家という立場から見ていると、経営の「伸びしろ」が岡目八目的に見えることがあります。そんなときに経営者が胸襟を開いて投資家を受け入れ、一緒になってその伸びしろに取り組むと、実際に経営は良くなります。経営が変わると会社の本質的価値が上がり、いつの間にか株価も上がっていきます。私たちのような投資家はもちろん、長いこと会社にコミットしてきた経営者や従業員のみなさん自身が、その成果を大きく享受できるのです。

立場は全然違うけれど、経営者と従業員、そして株主という三者が一体となって変革に取り組めば、みなで豊かになれるんだ……。

あちこちで見られるこんなエピソードを、もっと普遍的な経営構想に仕立て上げ、いろんな会社で実行してもらい、みなで豊かになることはできないものか――。これが、この

『三位一体の経営』を書いてみようと思ったきっかけです。

日本では、金銭的なことに触れるのは少し品が悪いように思われがちです。しかし、長きにわたって会社に貢献してきた人々が、その長年のコミットメントや努力の成果を、金銭的にもしっかりと受け取れる道筋を確立するのは、決して悪くないことだと思うのです。

■経営コンサルティング一筋から一転、経験なしの投資業界へ

私は大学を卒業してから、経営コンサルティング業界で長年過ごしてきました。約20年間、クライアントの経営が少しでも良くなるように、経営者と一緒に汗をかいてきたつもりです。

経営者とコンサルタントが一体となって良い仕事ができたときには、会社は大きく変わります。そして会社が変わると会社の価値も上がり、それにつれて株価も大きく上がるという体験を何度もしてきました。売上高が１０００億円もあるのに利益は20億円しか出ていなかった企業が１５０億円もの利益を出せるようになったり、株価が10倍になったりするクライアントもありました。

「会社が良くなれば株価も上がる」。これは私にとって、とても手触り感のある体験なのです。このシンプルなロジックが、約15年前に私の背中を大きく押してくれました。経験ゼロの人間が、投資業界へ転身したのです。

投資経験もなかった私が持っていたのは、「働く株主®」というコンセプトだけ。自分が素晴らしいと思う会社・素晴らしいと思う経営者に投資させてもらい、株主として経営に関わり、汗をかく。株主として良い仕事ができれば会社が良くなり、投資リターンも上がるだろうという、（コンセプトと言えば格好いいですが）単なる仮説です。いまから考えれば冷や汗ものの転身ですし、若気の至りだったかもしれません。実際、業界の方からはずいぶん冷ややかな目で見られた気がします。

私が投資業界に飛び込んだ2005年前後は、いわゆる「物言う株主」が猛威を振るっていた時代でした。そういう株主は世間を騒がせてはいましたが、実際に高いリターンをたたき出していました。ですから、時流に乗って「物言う株主」を始めるのならまだしも、いかにもお人好しな「働く株主®」というコンセプトで経験ゼロの人間が参戦して何ができるの？　という嘲笑を私が浴びたことは、無理のないことです。

しかし「良い経営を考える、良い経営のために汗をかく」ことしかやっていない人間に、他の選択肢はありません。自分の信じる道を進むしかなく、株式市場の荒波に漕ぎ出していったわけです。しかもその後は、リーマンショックや東日本大震災といった未曽有の市場環境。日本株の低迷も長きにわたり、海外投資家は見向きもしてくれない時代でもありました。

しかし、「無知」とは、時として強さを発揮するのかもしれません。私は市場で何が起きているかに頓着せず、一つひとつの投資先の経営に関わり、汗をかいていきました。するとおもしろいことに、この投資手法がかなり良いパフォーマンスを出し始めたのです。

■リーマンショック下でも投資先の株価は2倍に

自分が大好きな会社・大好きな経営者に投資し、「会社にとって何が良いことなのか」を一生懸命考えて提案を持っていく。経営者と議論することで会社や経営への理解が深まり、自信を持って長期・大型投資に踏み込む。経営者と投資家が真剣に知恵を出し合い、汗をかいていく……。そんなことを繰り返す中で、**リーマンショックの年でも株価が2倍になった投資先や、全上場企業の年間株価上昇率ランキングで1位になる投資先が出てき**

たのです。

私はほんの10社程度にしか同時に投資しないスタイルをとっていますから、そういう投資先がいくつか出てきただけでも、驚くほど高いパフォーマンスが得られます。実際、ある世界的なファンド調査機関から「アジア・ベスト・ファンド賞」をもらったり、株式市場研究家の方からは「日本株式運用史上に輝く金字塔」とまで言われたりしたこともあります。

それはそれでもちろん嬉しいことなのですが、そんな個人的な喜び以上に、思ってもみなかったことが私の周りのそこかしこに見られるようになりました。それが冒頭の「投資家だけでなく、経営者自身や数多くの従業員のみなさんが、いつの間にかお金持ちになっていた」という事実です。これらのエピソードを普遍的で再現可能な経営構想に編集し提案することが、本書の執筆の目的なのです。

本書の内容を実践し、読者のみなさんが「みなで豊かになる経営」を実現させることを願ってやみません。

三位一体の経営■目次

第Ⅱ部 事業を圧倒的な強さにする

第4章 「利回り」を作り、競合他社から守る――障壁 109

第5章 障壁づくりの必要条件――リスクとコストという「投下資本」

第6章　障壁づくりの十分条件――事業仮説　175

第Ⅲ部 全社を導く

第7章 リスクテイクに向けた体制をつくる
——勝者の呪い1 集団意思決定

第8章 高い利回りを持続させるためのBSマネジメント――勝者の呪い2 平均回帰

序章 なぜ経営に「厳選投資家の思考と技術」を取り込むべきなのか

■

21世紀に入ってからの20年というもの、数々の危機が世界、そして日本を襲いました。世界的なリーマンショックはもちろんのこと、日本では東日本大震災がありましたし、コロナ禍はいまだに世界を覆っています。これらの危機が起きるたびに、世界の政府当局は必死で対応してきました。繰り返されてきた一つの柱が、各国の中央銀行による大量の資金供給です。世の中にお金を溢れさせることで、資金繰りに悩む経済主体を救おうとするのです。21世紀初頭の歴史は、後世の人には大量の資金供給の歴史と言い換えられるのかもしれません。

この大量の資金供給は今後、さまざまな影響を生むことでしょう。投資現場にいる私が肌で感じることの一つは、「アクティビストがさらに野性化していく」という点です。

世に溢れたお金は必ず、高いリターンを求めてさまようものです。そして高いリターンを求めるお金の一部は、すでに株式投資の一大勢力になりつつあるアクティビストに向かうでしょう。巨大化したアクティビストが日本企業へ厳しい要求を突きつけ、それが新聞紙上を大きく騒がせる日常は、もしかしたらすぐそこに迫っているのです。

日本企業の経営はいま、長く会社にコミットしている従業員と経営者が豊かに報われていく経営構想を描くのか、それとも野性化するアクティビストに盲点を突かれ厳しい要求に屈していくのかの分岐点に立っていると思います。「みなで豊かになる」という道を目指して力強く歩む「攻めの経営」と、アクティビストからの「守りの経営」を兼ねた、攻防の絶妙な一手が求められる難しい局面にあるのです。

本書の提案は「投資家の中でも『厳選投資家』の思考と技術を経営に取り込むことで、攻めと守りを兼ねた妙手にしよう」ということです。これはどういうことなのか、本章で解説していきましょう。

■「厳選投資家の思考と技術」が「攻めと守りを兼ねた妙手」を生む

投資家という存在は、どうもひと括りにして議論されることが多いようです。しかし、その種類は千差万別です。むしろ多種多様なことが投資家という存在の本質で、株式市場にはいろいろな考え方が交錯しています。だからこそ、市場での売買が成立するわけです。

日がな一日、画面を見ながら高速で回転売買をする「デイトレーダー」もいます。一つひとつの企業をじっくり研究する「長期投資家」もいるでしょう。この本で着目しているのはもちろん「長期投資家」なのですが、その中でも**「厳選投資家」の思考と技術こそが、「攻めと守りを兼ねた妙手」を生み出します。**

「長期投資家」とひとことで言っても、そこにもいろいろな種類があります。ファンドのリスクを低減させるために、100社や200社といった数多くの会社をポートフォリオとして持つアクティブ投資家もいれば、リスク分散の究極の姿として株式市場全体を持とうとする（正確に言うと指標と近似するリターンを狙う）パッシブ投資家もいます。

こういう投資家たちも長期投資家になり得る一類型ですが、経営者のみなさんが、これらの投資家と対話することで経営改善に関する洞察を得ようとしても、それは少し無理な相談です。

個別企業の経営リスクや事業リスクを考えたり気にしたりするのを避けるために、数多くの会社に分散して投資しているのが彼らなのですから。本書では、この手の長期投資家のことを「長期分散投資家」と呼びます。

限られた数の会社だけを厳選して長期投資する「厳選投資家」は、長期分散投資家とはまったく異なるロジックで動いています。その名の通り、経営を徹底的に調べ上げ、鑑定して、投資先を厳選しています。この会社に投資したら本当に長期で報われる経営を行ってくれるのか、その理由があれば何かを調べ上げ、ほんのわずかの企業に投資しているのです（以後、本書では特別な断りのない限り、「長期投資家＝厳選投資家」と定義します）。

■「厳選投資家」には上位2σ《シグマ》の企業を選り分ける選定眼がある

厳選投資家とは、統計学の言い方を借りると「2σ」（=偏差値で言うと70）という滅多にないレベルの優れた企業を探し出し、その経営の優秀さに賭けることで、株式市場の荒波を長期間にわたって乗り切っていこうと考えている投資家のことです。「1σ」（=偏差値で言うと60程度）という数値は、普通であれば相当優秀とされる企業だと思いますが、厳選投資家はそんな企業群には目もくれないほど、徹底的に厳選して投資していきます。

日本の株式市場には約4000社の上場企業があります。偏差値70を意味する2σとは、上位2・275％のことなので、厳選投資家の投資候補はわずか90社しか存在しないことになります。そんな素晴らしい経営を行っている90社が割安になる瞬間はそうそう巡ってこないので、厳選投資家の投資社数は非常に少なくなります（みさき投資の場合だとわずか10社程度です）。

では、こういった厳選投資家は、いったいぜんたいどんな選択基準をもって経営を鑑定しているのでしょうか。みずからは経営に携わったことがないにもかかわらず、厳選投資家たちは上位2σの経営を選り分けています。**この選択基準にこそ、経営者が「みなで豊かになる経営」を目指す際に参考にすべき「何か」**があるのです。

■アクティビストにつけ入るスキを与えないための予防策にもなる

厳選投資家の話に耳を傾けるべきもう一つの理由は、アクティビストへの対抗のためです。アクティビストも、私たち厳選投資家とは真逆の意味で投資先の経営をよく見ています。同業他社と比較した業績や株価の低迷ぶり、そしてその背後にある経営上の改善余地(「つけ入るスキ」と言ったほうが彼らの言語体系には合っていると思います)を研究し、さまざまな要求を突きつけようとしているからです。

そんなアクティビストにつけ込まれてあたふたする前に、経営に「厳選投資家の思考と技術」を取り込み、先んじて経営を進化させ、つけ入るスキをつぶして守りを固めておくほうが得策だと思いませんか?

日本の企業社会や経営シーンでは、これまで投資家の存在感はほぼゼロでした。それは

「厳選投資家の思考と技術」が経営に浸透していないということに他なりません。私はここに、経営進化の大きな可能性を見ています。

これまで日本企業社会には浸透してこなかった「厳選投資家の思考と技術」をつまびらかにすること。それらを取り込むことで経営の水準を格段に上げること。それによって、みなの収入が自然に上がり資産価値も無理なく上がる道筋を提示することが、本書の大目的です。

本書ではこのあと、以下のような構想を提案していきます。

・まずは経営者や従業員が十分に自社株式を持つ。すでに会社にコミットしているみなが、経営の長期的成果を享受できる構えを作る。
・「複利」「超過利潤」「事業経済性」「障壁」といった「厳選投資家の思考と技術」を理解し、経営に取り込む。
・自社株式を十分に持った従業員は経営への参画意識を高める。みなの知恵を経営レベルに結集して、経営の次元を上げる。「厳選投資家の思考と技術」と組み合わせることで、収益性と企業価値をジリジリと上げていく。
・経営の長期的成果を、経営者・従業員・厳選投資家の三者で享受し、みなが報われていく。

経営者と従業員がコミットし、二人三脚的に作り上げてきたこれまでの日本的経営に、厳選投資家を加えた新たな経営モデルを構想し、実践する。これが私なりの経営構想『三位一体の経営』です。あちこちに実在している「いつの間にかみながお金持ちになっていた」ストーリーをまとめ上げ、構造化し、誰もが再現できる具体的なステップに落とし込んだ経営構想なのです。

■「みなで豊かになる経営」へのロードマップ

「みなで豊かになる」とか「三位一体」など、経営に関するさまざまな形容詞が並んだので、ここで本書の全体構造を示しておきましょう（**図表序－1**）。

スタート地点は「現在の経営」です。経営者と従業員が会社に深くコミットしている二人三脚の経営なのですが、実は経営者と従業員の自社株式保有は世界各国と比べてもかなり限定的で、会社の長期的価値向上を十分に享受しづらい構造となっています。

のちほど詳しく解説しますが、この二人三脚の経営はどうもあまりうまく機能していな

図表序-1 「みなで豊かになる経営」へのロードマップ

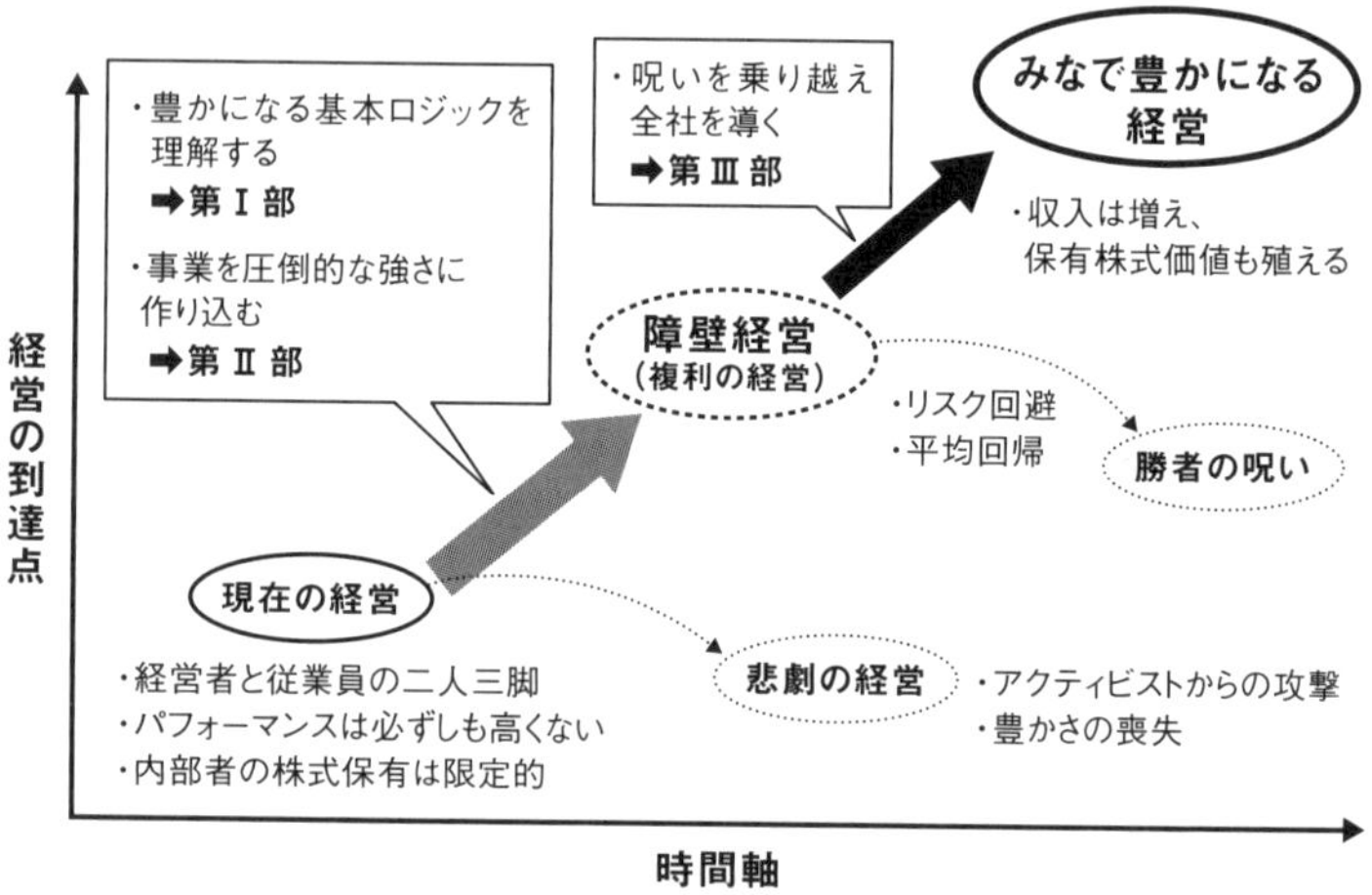

いようです。企業パフォーマンスがパッとしないのはもちろんのこと、横ばいをキープしている総資産利益率も、労働分配率を下げることでなんとか成り立たせている構造になっています。デフレ現象で物価は上がっていませんが、肝心の賃金のほうも上がっておらず、世界各国と比べた実質賃金の伸びは低いままです。ひとことで言うと、**日本人の富裕度はどんどん低下している**のです。このまま企業の低パフォーマンス状態が続けば、野性化したアクティビストが攻撃を仕掛けてくることも容易に想像できます。悲劇の経営シナリオです。

一方で「みなが豊かになる」未来を描くこともできます。しかしそれは一朝一夕にはいきません。いくつかのステップを踏むことが必要になります。

まず目指すべき峠は、上位2σの「障壁経営」（「複利の経営」とコインの表と裏、同義語です。後ほど詳しく説明します）です。2σに入る経営になれば、アクティビストのつけ入るスキは皆無です。しかしそれを実現できたらもう安泰かというと、決してそんなことはありません。そこには「勝者の呪い」とでも形容すべき、上位に入れた企業だからこそ直面するジレンマが、少なくとも二つは存在するのです。

これらのジレンマを直視し、しっかり乗り越えることができれば、最終到達点としての「みなで豊かになる」経営に、自然と導かれていくでしょう。

この峠と最終地点までの道筋を、最短・最速で駆け抜けていくためのアプローチ、それが本書が提言する『三位一体の経営』です。少々長いステップですが、ぜひ一つひとつ登っていき、「みなで豊かになる」経営を実現していただきたいと思うのです。

■本書の構成

ここからは「みなで豊かになる」各ステップの読み方ガイドです。

10に及ぶステップは、3つの部に分かれています。

第Ⅰ部は「みなで豊かになるメカニズム」です。みなで豊かになるためには、一人ひとりが株主になること、そしてその株式価値が長期で確実に上昇していくことが必要です。この第Ⅰ部では、株式価値が長期で上がっていくメカニズムを理解していただきます。アインシュタインのような人類最高の叡智によれば、かなり確率が高く、しかも安定した道筋があるようです。

第Ⅱ部は「事業を圧倒的な強さにする」です。「みなで豊かになる」ためには、株式価値の源泉たる事業が圧倒的な強さを誇るものでなければなりません。そして「強い事業」とは、単に利益水準の高さやシェアの高さ、優れた製品群などを意味していません。「みなで豊かになる」ための事業とはどのようなものか考えていきます。

第Ⅲ部は「全社を導く」です。事業が強いというだけでは、みなで豊かになることはできません。この部では、経営者が神経を尖らせて細やかに気を使わなければならない経営の隅々・端々を解説していきます。

最後は、終章「最速で『みなで豊かになる』」です。ここまでのすべてのステップをもっとも速く、もっとも短い距離で進むアプローチを、世界最先端の経営理論や事例を紹介しながら考えていきます。

「おわりに」のあとには、当代随・の経営学者、楠木建・一橋ビジネススクール教授による「解説」がオオトリを飾ってくださいます。軽妙洒脱にして本質を突いた解説は、前拙著『投資される経営　売買される経営』（日本経済新聞出版社）同様、本文を圧倒するほどの読み応えがあります。これだけでも必読ですし、つたない本文に入る前に、こちらから読み進めていただくほうが、かえってわかりやすいかもしれません。

第 I 部

「みなで豊かになる」メカニズム

「みなで豊かになる」ためには、みなさん一人ひとりが自社の株主になること、そしてその株式価値が長期で確実に上昇していくことが必要です。

ですから、この第Ⅰ部では、長期の株式価値というものは、いったいぜんたい、どのようなメカニズムで定められていくのかを明らかにしたいと思います。

日常生活とは少し離れた世界を覗くので、ちょっとお勉強モードが続くかもしれませんが、「みなで豊かになる」ためには、みなさん一人ひとりが株主としての視点を確立しなければなりません。少し難儀になるかもしれませんが、短めの二つの章で終えますので、読み進めていただければ幸いです。

第1章 「みなで豊かになる経営」の鉄則——複利

■

第一ステップは「『みなで豊かになる』鉄則を理解する」です。人類史上最高の叡智たちによれば、人が豊かになる道には、かなり確率が高く、しかも安定した道筋があるようです。経営のあり方とみなさんの富の関係を理解していただくために、この章では少しだけ数字やグラフが出てきますが、ややこしいと感じられることはすっ飛ばして、太字部分の文脈だけ理解していただいても結構です。この章でしっかりと覚えていただきたいのは、「『みなで豊かになる』ためには、最低限『複利』を守らなければならない」ということです。

■アインシュタインやバフェットが信じた「複利の力」とは

投資とは本当に難しいものだと思います。投資の長い歴史の中には成功を収めた人ももちろんいますが、一時的に成功を収めたものの最後には大失敗した人が、それ以上に多くいます。人類は、同じ投資の失敗を何度も何度も繰り返してきたと言っても過言ではありません。

一方で、投資の世界には、「人類史上最高の叡智」と呼ばれた人々が見つけた「金言」も存在します。

人類史上最高の叡智の一人が、アルベルト・アインシュタインであることに異論をはさむ人は多くないでしょう。彼の興味範囲は実に幅広く、物理学や天文学にとどまらず、投資に関しても一つの金言を残しています。曰く、

「複利を理解する人は金を手に入れ、理解しない人は金を手放す」

彼が実際にどこまで投資をして、どの程度の投資リターンを得ていたかは判然としませ

ん。しかし複利を「世界の（七不思議に次ぐ）八番めの不思議」と呼び、大切にしていたことは事実のようです。

ご存じの方は多いと思いますが、利子の計算方法には「単利」と「複利」があります。元本のみに利子がつく「単利」に対して、「複利」では元本と（その元本から生じる）利子の両方に新たな利息がつきます。運用で言えば、**元本の運用から生じたリターンを再投資しないのが「単利」、再投資するのが「複利」**ということになります。

いま、元本が１００万円あり、年利４％で安定的に回る資産に投資したとします。「単利」の場合、資産は1年後に１０４万円、2年後は１０８万円、３年後は１１２万円と殖えていき、30年後は２２０万円になります。

一方、「複利」で運用すると、資産は1年後は１０４万円、2年後は１０８万１６００円、３年後は１１２万４８６４円と殖え、30年後には３２４万円になります。得られた**リターンを再投資するかしないかで、30年後には元本の１００万円以上の差が生まれる**のです（ちょっと難しい言葉を使えば、「指数関数的に」殖えるというわけです）。

■ほんの数%の差でも複利で長期間運用すると何十倍もの差に

図表1-1　バフェットが脇に置いている「複利表」
――元手100万円を複利で運用したときの資産の推移

年利（複利）	運用期間 10年	20年	30年
4%	148	219	324
8%	216	466	1,006
12%	311	965	2,996
16%	441	1,946	8,585

複利で長期運用するときは、利回りにわずかでも差があると資産に大きく差がつく

出典：＊1

この「複利」に着目した人類史上最高の叡智は、他にも数多く存在します。現代最高の投資家とされるウォーレン・バフェットも「バフェットの複利表」を常に脇に置いているそうです[＊1]（**図表1－1**）。

この複利表が意味するところを少し説明しましょう。いま、100万円の元手を年利4％で回る資産に複利で投資すると、30年めには324万円になります。同じ100万円を、今度は4％ではなく8％で回る資産に複利で投資したとすると、30年めには約3倍の1006万円になっています。もし12％で回る資産に投資していれば約10倍の2996万円に、16％で回る資産なら25倍以上の8585万円と、指数関数的に殖えているのです。

同じ元手でも、複利で長期間運用をする場合は、わずかな利回りの差が大変大きな資産の差になることがわかります。これが、アインシュタインやバフェットが信じている複利の力です。安定的に、そして大きく富を増やすメカニズムの根底には、「複利」があるというのです。

■「複利の力」を経営に適用するには

厳選投資家はこの「複利の力」を何よりも重視しています。「複利の力」が経営に備わっていれば、企業の富は安定的、かつ大きく増えていき、結果として厳選投資家も報われるからです。

言ってみれば、厳選投資家は「複利の経営」を行っている会社を選ぶということですが、それを一足飛びに解説する前に、私が考える四つの経営類型について、順々に説明してみたいと思います。

■経営の四つのタイプ

図表1-2　経営のタイプ1　「額」の経営

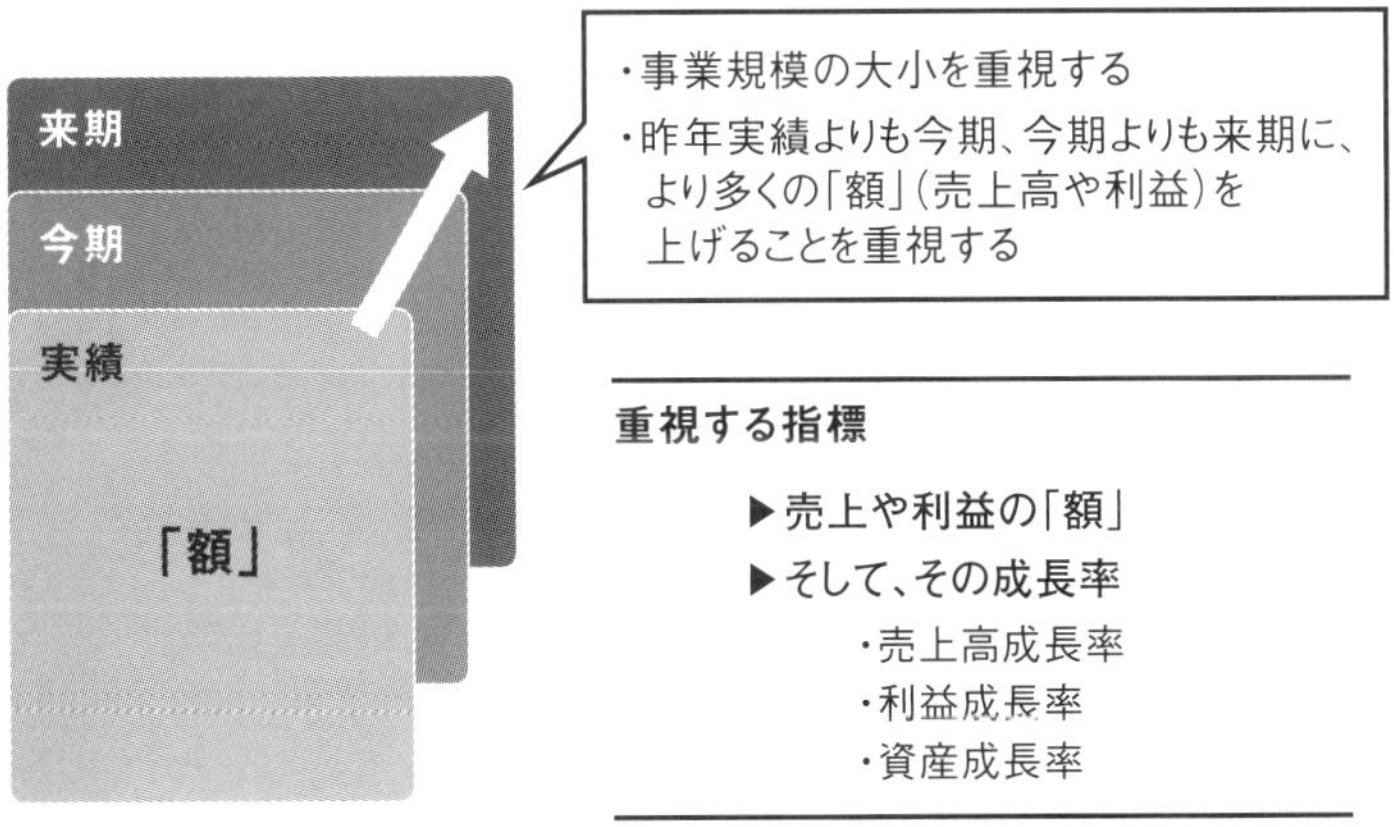

来期
今期
実績
「額」
・事業規模の大小を重視する
・昨年実績よりも今期、今期よりも来期に、より多くの「額」（売上高や利益）を上げることを重視する
重視する指標
▶売上や利益の「額」
▶そして、その成長率
・売上高成長率
・利益成長率
・資産成長率

タイプ1　額の経営
——売上はすべてを癒やす

経営者のみなさんに最もなじみの深い経営は、一つめのタイプ「**額の経営**」ではないでしょうか（**図表1－2**）。

このタイプは、売上高や利益といった「額」を大きくし、維持することを重視します。競合他社よりも大きな規模を持ち、その規模を成長させていくことは、数多くの人々を雇用し、彼らのポストを用意するためにも必要な目標でしょう。「売上はすべてを癒やす」とはダイエー創業者の中内功氏の言葉ですが、経済自体が成長し、雇用もどんどん増える時代にはとてもマッチした経営スタイルだと思います。企業に貸し出しを行う銀行に

図表1-3　経営のタイプ2　「率」の経営

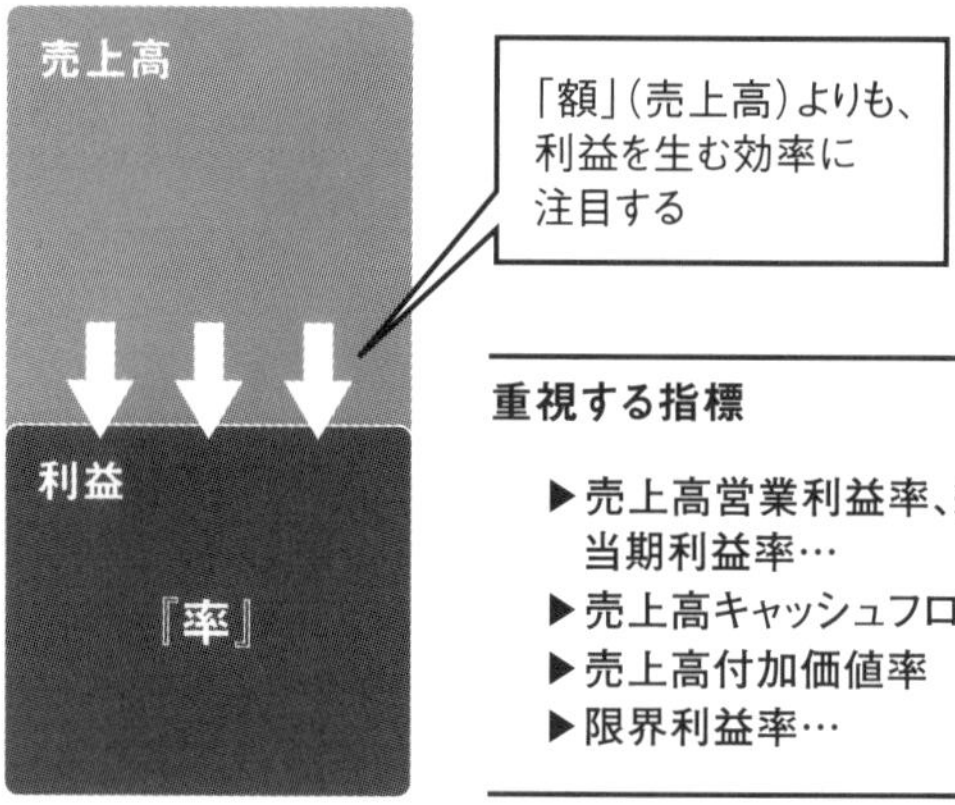
売上高
「額」(売上高)よりも、
利益を生む効率に
注目する
利益
『率』

重視する指標

- ▶売上高営業利益率、経常利益率、当期利益率…
- ▶売上高キャッシュフロー比率
- ▶売上高付加価値率
- ▶限界利益率…

とっても、事業規模の成長は将来の返済を心配しなくてよい重要な指標です。このタイプの経営が重視する指標は「売上高」や「営業利益」の額、そしてそれらの伸び率が典型的です。

タイプ2　率の経営
――いかに効率よく利益を上げるか

次に紹介する経営は、「**率の経営**」です。売上高や資産規模も大事なのですが、そこからどれだけ効率よく利益やキャッシュフローを生み出しているかをより重視します（**図表1－3**）。

典型的には売上高という事業規模に対して、どれだけ効率よく利益やキャッシュフローを生み出すかという点に着目します。貸

図表1-4　経営のタイプ3　「利回り」の経営

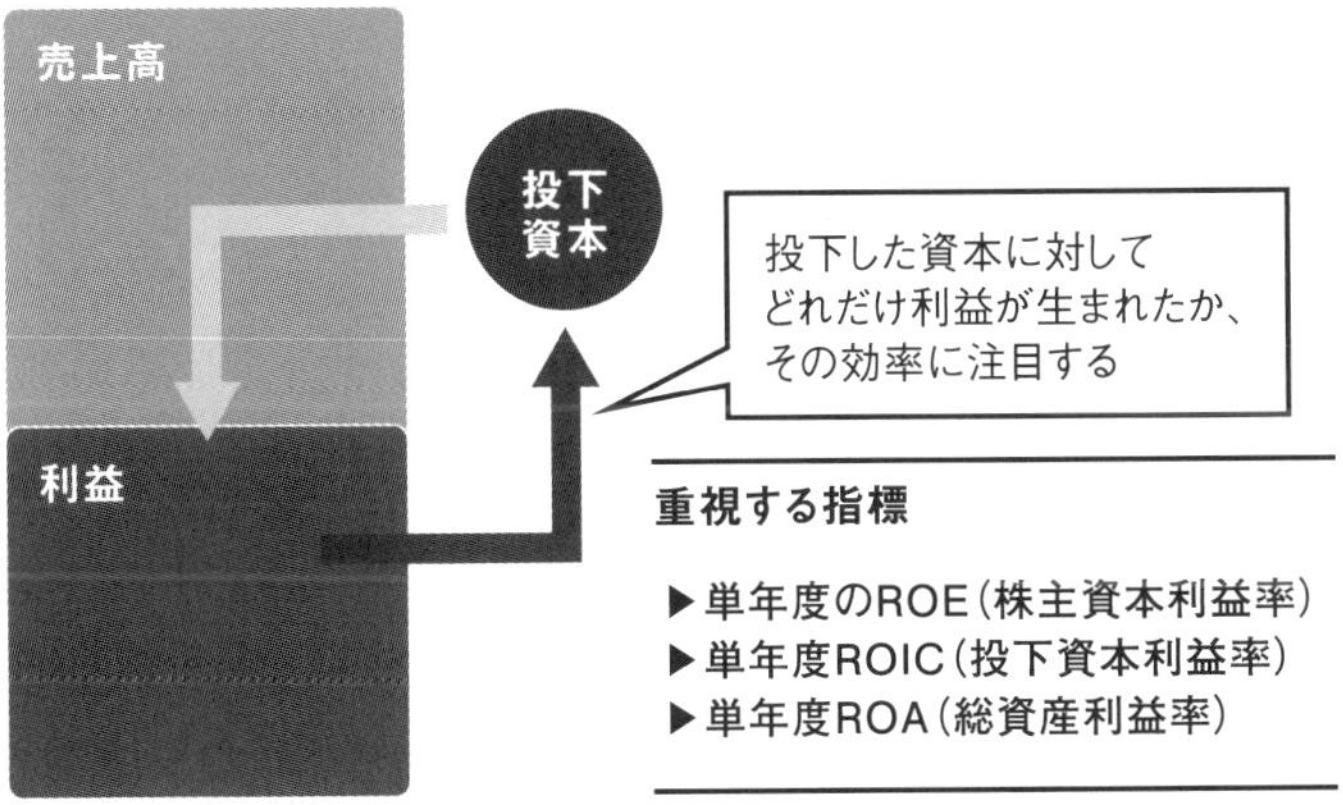
売上高
投下資本
投下した資本に対して
どれだけ利益が生まれたか、
その効率に注目する
利益
重視する指標
▶単年度のROE（株主資本利益率）
▶単年度ROIC（投下資本利益率）
▶単年度ROA（総資産利益率）

し付けを行う銀行としても、事業規模だけでなく高い利益率を誇る企業はより安心でしょうし、働いている従業員のみなさんも、給与や賞与が増えることを期待しやすいでしょう。典型的に重視される指標は「売上高営業利益率」や「売上高キャッシュフロー比率」です。

タイプ3　利回りの経営——元手に対して、どれだけ効率よく利益を上げたか

三番めに描かれている経営は、「**利回りの経営**」です（**図表1－4**）。

この経営は、「率の経営」のように利益やキャッシュフローの源を売上高と考えるのではなく、「投下資本」という元手概念とします。つまり、「**投下資本**」**に対して、どれだ**

け効率よく利益やキャッシュフローを生み出しているかを重視するのです。これは経営を考える際の重要な視点の転換です。PL発想／PL思考からの転換だからです。

この見方は、お金の出し手を意識した経営の考え方かもしれません。経営を行っていくには、必ずなにがしかのお金が必要です。お金の出し手はその投下資本（インプット）を出しているので、自分が出したお金とそこから生み出される利益（アウトプット）の関係を重要視するのですね。

この「利回りの経営」にはROEやROIC、ROAといったいわゆる資本生産性指標が導入されますが、まだこの段階では、「複利」「再投資」という概念が導入されていません。言ってみれば、みなでお金を集めて投資をして、そのリターンを山分けするような「一回こっきりのプロジェクト」に近い考え方です（史上初めての株式会社と言われる東インド株式会社が生まれる前は、みなでお金を出し合って船を出し、取ってきた世界各地の産品を売って利益を山分けにしていたそうですが、こういった「一回こっきりのプロジェクト」にはぴったりの考え方だと思います）。

タイプ4　複利の経営――複数年で利回りを上げる

最後に紹介したいのは、「**複利の経営**」です（**図表1－5**）。

図表1-5　経営のタイプ4　複利の経営

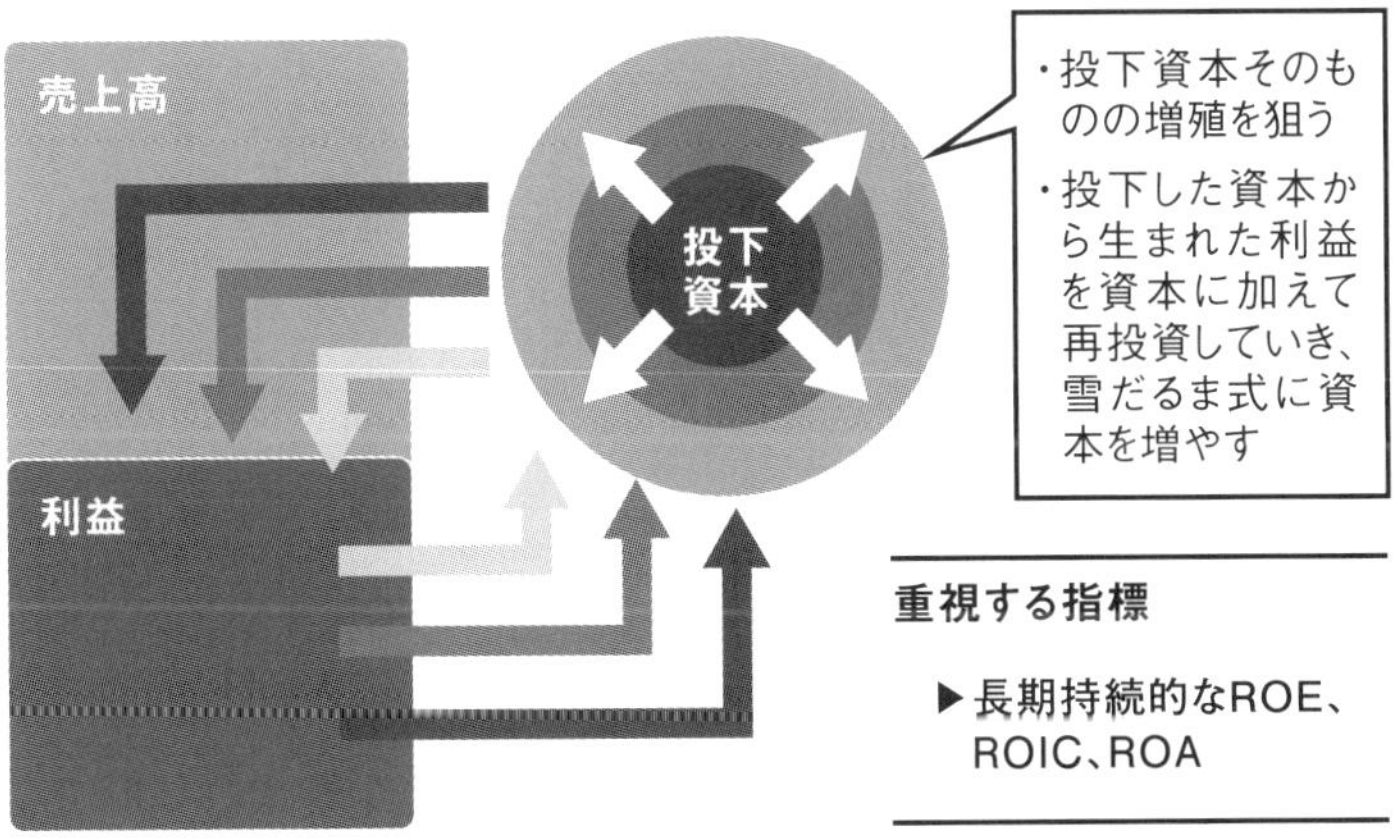
売上高
利益
投下資本
・投下資本そのもののの増殖を狙う
・投下した資本から生まれた利益を資本に加えて再投資していき、雪だるま式に資本を増やす
重視する指標
▶長期持続的なROE、ROIC、ROA

同じく投下資本という「元手」概念を持ち込んで経営していく手法ですが、「利回りの経営」に対しての違いは二つあります。一つめは再投資という概念の導入です。「利回りの経営」は一回こっきりの投資に対してどれだけのアウトプットが出るのかという点に着目するわけですが、「複利の経営」では生まれたアウトプットも元手に足し合わせて再投資していきます。

もう一つの違いは時間の概念を持ち込むことです。しかもその時間軸は、長ければ長いほど良いと考えます。生まれたアウトプットを元手に足し合わせて再投資していくと、時間が経てば経つほど、おおもとの投下資本が指数関数的に殖えていくからです（アインシュタインやバフェットの教え通りです）。

「利回りの経営」のように投下資本に対する単年のアウトプットの大きさを喜ぶのではなく、その**アウトプットを再投資に回すことで追加的なリターンを得ていく。これを高い水準で長期間持続させることによって、投下資本そのものが増殖していくことを狙う。**これが「複利の経営」であり、経営を選びに選んで長期投資し続けた厳選投資家や、従業員持ち株会・役員持ち株会でコツコツと自社株を買い続けた人々が、最も安定的に、しかも大きく報われる経営の姿です。

ちょっとした計算をしてみましょう。ここに企業Aがあるとします。このA社には最初に１００という株主資本（インプット）があり、その資本生産性（ＲＯＥ）が10％だとすると、翌年には絶対額で10という純利益が出ます。その半分を配当として払ったとすると、残った5を足した１０５が新しい株主資本になります。この１０５を同じ資本生産性で回すと、その翌年には１１５・５となり、新たに10・５というアウトプットが出たことになります。同じくこの半分の５・25を配当として払ったとすると、残った５・25が１０５に足され、１１０・25が新しい株主資本になります。こうやって10年が経つと、株主資本は１６２・89になります。A社の株主価値は６割増えたわけですね。

一方、ここに別の15％の資本生産性を出す企業Ｂがあったとすると、10年が経つと株主資本は２０６・10になり、B社の株主価値は2倍になりました。10％の資本生産性のA社とは大きな差がついていることがおわかりいただけると思います。**単年ではそれほど大きな差に見えないものが、長い時間軸を置くと大変大きな差になる**のです（だから長期投資家はROEやROICのわずかな差にこだわります）。

会社という存在は、決して一回こっきりのプロジェクトではありません。「会社はゴーイング・コンサーン」と言われる通り、長期にわたって存続し続けることが前提です。長期間存続することが前提の、会社という存在に最もフィットした考え方、それが「複利の経営」なのです（一回限りの航海で利益を山分けするだけでは豊かになれないと気づいた人々が、再投資を行う器として考えたのが、人類初の株式会社・東インド会社だったことにもうなずけます）。

■「複利の経営」は「長期の株価」に表れる

さて、経営者のみなさんは、日々動く株価を見れば、経営の現実と株価には大きな乖離があることに気づいていると思います。「株価とはなんと気まぐれなものか」「長期的視野

図表1-6　長期で見れば、株価は「実利」で決まっている
――東証一部上場企業の株価トータルリターンの要因分解

リターンの種類	リターン値	標準偏差
ファンダメンタルリターン（①＋②）	3.6	3.2
①株主資本の成長で得られるリターン	2.4	3.1
②配当	1.2	0.6
評価変動リターン	−2.3	24.5
合計	1.4	23.8

株価は長期で見れば、「実利」の貢献が大きく、変動も小さい

株式の「人気」の部分は変動が大きい割に長期で見ればマイナス

（1990〜2017年、算術平均ベース、単位%）

出典：*2

に立って経営をしていても、株価はなんと勝手に動くものか」と感じていらっしゃるかもしれません。

確かに、株価は短期的にはその時々の「人気」のようなものに左右されます。しかし**時間軸を長くとってみると、株価は見事に経営の「実力」に連動している**のです。イボットソン・アソシエイツ・ジャパンの会長である山口勝業さんは、このことを示唆する学術研究を発表しています。

山口さんはまず、株式のトータルリターンを「ファンダメンタルリターン」部分と「評価変動リターン」部分に分けます。**ファンダメンタルリターンとは、株式の「実利」の部**分です。**株主資本の成長で得られるリターン**

と配当から成ります。このうち「株主資本の成長で得られるリターン」とは、生み出された純利益の一部（内部留保）によって株主資本が殖えた部分と言っていいでしょう（複利ですね）。配当でもらったお金もおおもとは一緒で、企業が経済活動を行うことで積み上げた現実の利益に由来しています。

一方の**評価変動リターンとは、株式の「人気」の部分です**。その企業がどのくらい成長するかの**期待値の変動によって得られるリターンのことです**。コトは人気という、うつろいやすいものですから、当然、急上昇したり急降下したりします。

さて、山口さんによる我が国の長期の株式リターンの分析結果は、**図表1－6**の通りです。[*2] この分析は、「**長期で見れば、どんな景気変動の局面でも、株式のリターンの構図は常に同じである**」という重要な示唆を経営者に与えてくれます。

■株価の「人気」部分は変動が大きい割に長期のリターンはマイナス

株主資本の成長によるリターンは2・4％を示しています。その標準偏差、つまり振れ幅は少なく、3・1ポイントです。同様に、配当によるリターンは1・2％という小さめな数値ながら、その振れ幅は0・6ポイントとさらに安定した数値を示しています。これら

「実利」の部分を合計したリターンは3・6％で、標準偏差は3・2ポイントという安定ぶりです。

次に、評価変動リターンのほうを見てみましょう。そのリターン値は▲2・3％というマイナスの値です。しかもその標準偏差は24・5ポイントとケタが一つ違う高いレベルです。つまり**「人気」の部分のリターンというものは、大きな上下動を繰り返した末に、蓋を開けてみたら結局マイナスのリターンだった**のです。

経営者の中には、「株価などというものは、企業の本当の実力から乖離して勝手に上下を繰り返すのだから、そんなものを気にした経営はできない」という方がいます。しかしそんなコメントはたいがいの場合、「人気」部分による短期の株価変動に着目しているだけです。長期の本質的な株価変動をよく見れば、そんな「人気」の部分は剝がれてしまい、**「実利」の部分だけが株価の説明要因になっている**ことに気がつくはずです。

短期で動く人気などを気にすることなく、利益をしっかり積み上げていくことで株主資本を増殖させ、その一部を適切に配当すれば、株価はきちんと上がっていく。良い経営を行っていれば、長期的には経営者や従業員だけでなく、投資家も含めたみなの資産を殖やせる。「みなで豊かになる経営」を目指す経営者にとって、この分析には重要な示唆が含まれているのです。

出した資本をベースに儲けが生まれ、その儲けの一部が元のお金に戻し入れられる。これが繰り返されることで元手自体が大きく増殖していく。数少ない企業に長期で投資する厳選投資家が最も大事にしているのが、この「複利による投下資本の増殖」であることがおわかりいただけるでしょうか。投下資本を増殖させる経営は長期保有者に報いていきます。「みなで豊かになる経営」を目指す経営者が実践すべき経営なのです。

■売上や利益が伸びる企業ほど株価が上がるわけではない

ご紹介した4つの経営タイプ、「額の経営」「率の経営」「利回りの経営」「複利の経営」のうち、実際に長期で優れた株価パフォーマンスを出すのはどのタイプなのでしょうか。山口さんほど華麗ではありませんが、私なりに分析してみました。

まずは「額の経営」です。ここではまず典型的な「額」の成長を表す「売上高成長率」「営業利益成長率」と株式累積リターンの関係を見てみましょう。**図表1－7**は、売上高成長率、営業利益成長率の水準が高い順にTOPIX500の企業をQ1、Q2、Q3、

図表1-7　「額の経営」と長期株価の関係

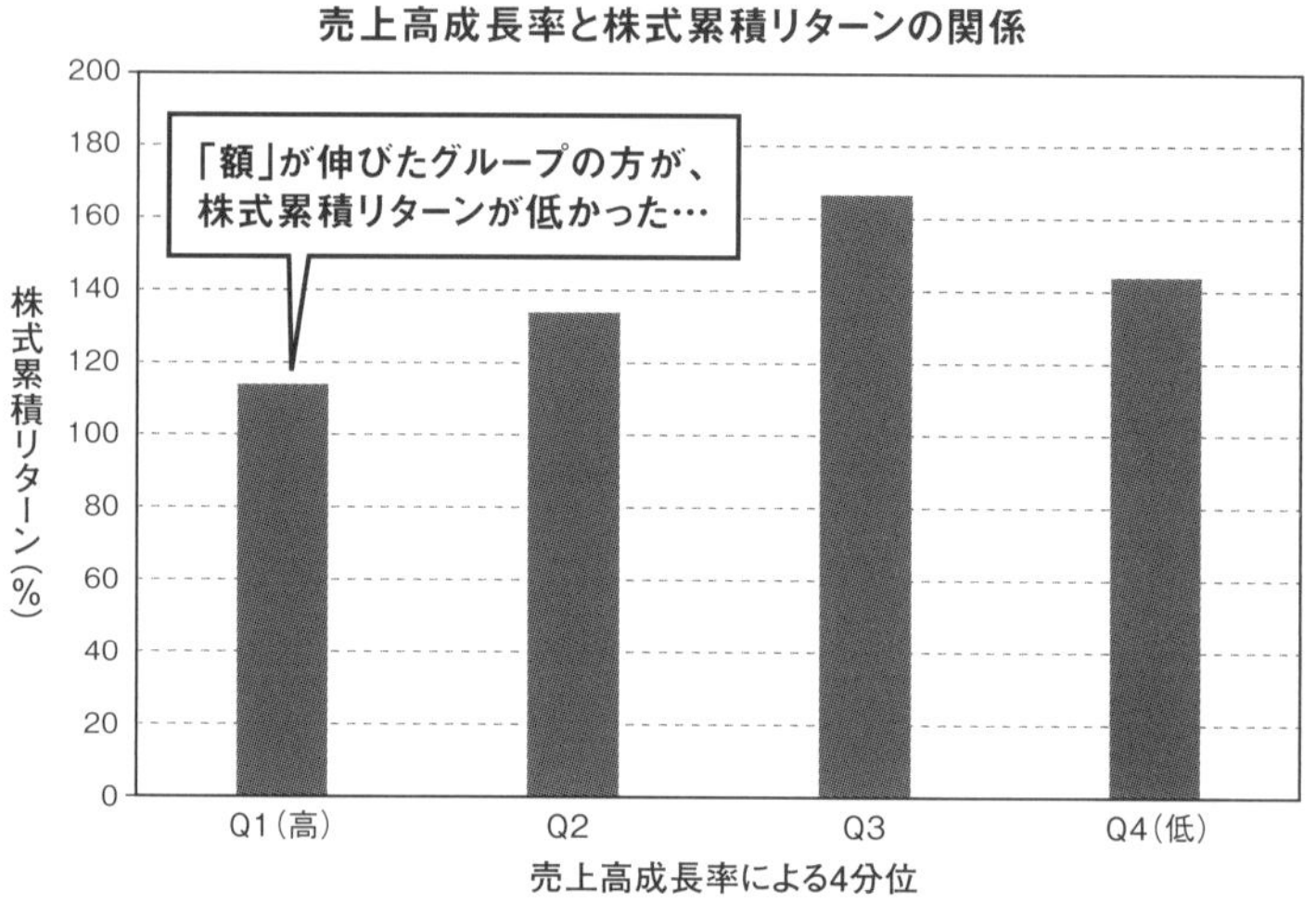
売上高成長率と株式累積リターンの関係
「額」が伸びたグループの方が、
株式累積リターンが低かった…
株式累積リターン(%)
200
180
160
140
120
100
80
60
40
20
0
Q1(高)
Q2
Q3
Q4(低)
売上高成長率による4分位

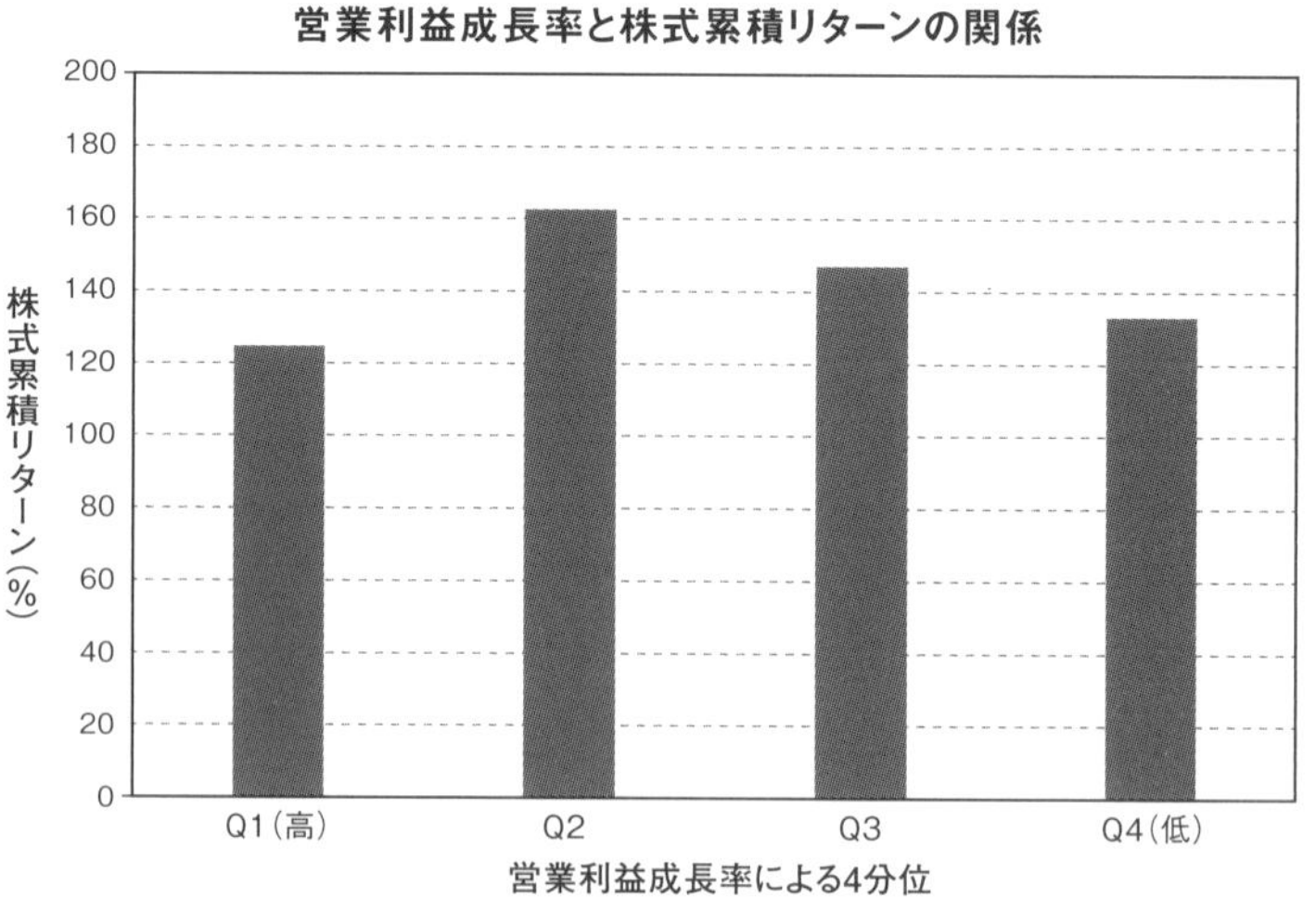
営業利益成長率と株式累積リターンの関係
株式累積リターン(%)
200
180
160
140
120
100
80
60
40
20
0
Q1(高)
Q2
Q3
Q4(低)
営業利益成長率による4分位

Ｑ４の４つのグループに分け、約10年間の株式累積リターンを示したものです。

過去10年という長期間をとってみると、**売上高成長率や営業利益成長率が高かったグループの株式累積リターンは、なんと、それ以外のグループよりも低かった**ことが見て取れます。売上高成長率が最も高かったＱ１グループの株式累積リターンは、次に高かったＱ２グループより低いリターンにとどまっています。同様の傾向は営業利益成長率と株式累積リターンの図でも見て取れます。営業利益成長率が最も高かったＱ１グループの株式累積リターンは、Ｑ２グループよりかなり低い水準になっています。

この結果は、売上高や営業利益といった「額」、そしてその伸び率を高めることを重要視してきた経営者には、意外な結果ではないでしょうか。決算発表後の新聞には、その会社の売上高や営業利益がどのくらい伸びたのかという記事が必ずと言っていいほど載ります。そして、業績の絶対額の伸び率に対して、株価が短期的に大きく反応することは事実です。

しかし、このような**一時的な株価リターンは、10年間という期間をとってみると、実はきれいに払拭されてしまいます。**「額」や、その伸び率といったことだけを追求しても、「みなで豊かになる経営」には直結しないのです。

■「利益率」も長期の株価とはほとんど関係がない

次に営業利益率、純利益率などの「率」について見てみましょう。**図表1－8**は、営業利益率、純利益率の水準が異なる各グループと、株式累積リターンの関係を示したものです。

「額の経営」で見た傾向は、営業利益率や純利益率を追いかける「率の経営」でも同様に見られます。営業利益率が最も高かったQ1グループの株式累積リターンは、Q2グループよりかなり低いリターンにとどまっています。純利益率と株式累積リターンの図を見てみても、純利益率の高低と株式累積リターンにはほとんど相関がありません。

営業利益率や純利益率は、経営者にとっては大変重要な目標でしょう。経営KPIの一つに掲げている企業も多いはずです。しかし**10年という比較的長い時間軸で見ると、「率」を追求しても「みなで豊かになる経営」にはつながらない**ことがわかります。

「額の経営」が「みなで豊かになる経営」につながらないという以上に、経営者のみなさんにはこの分析結果は意外ではないでしょうか。

図表1-8　「率の経営」と長期株価の関係

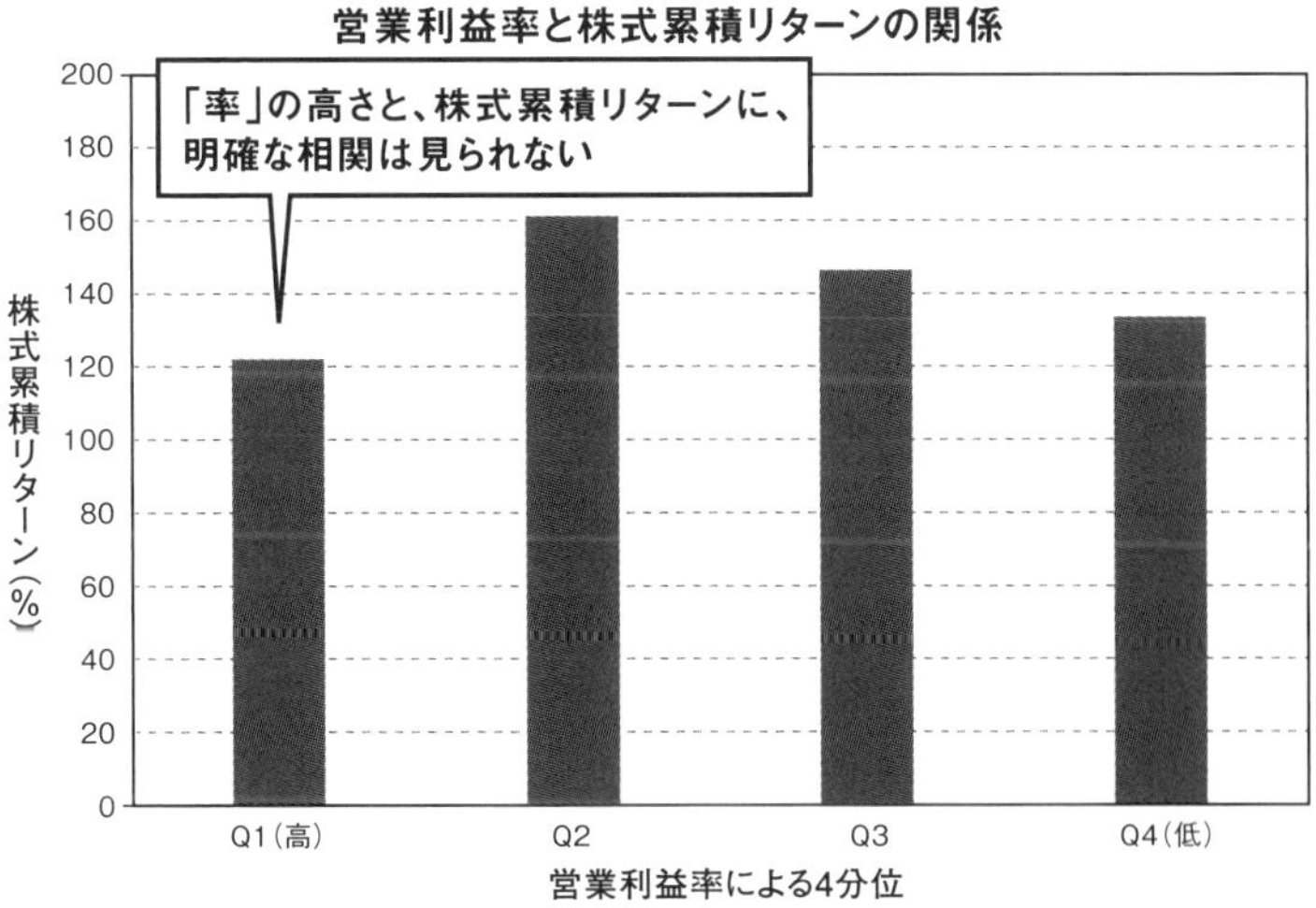
営業利益率と株式累積リターンの関係
「率」の高さと、株式累積リターンに、
明確な相関は見られない
株式累積リターン（%）
200
180
160
140
120
100
80
60
40
20
0
Q1（高）
Q2
Q3
Q4（低）
営業利益率による4分位

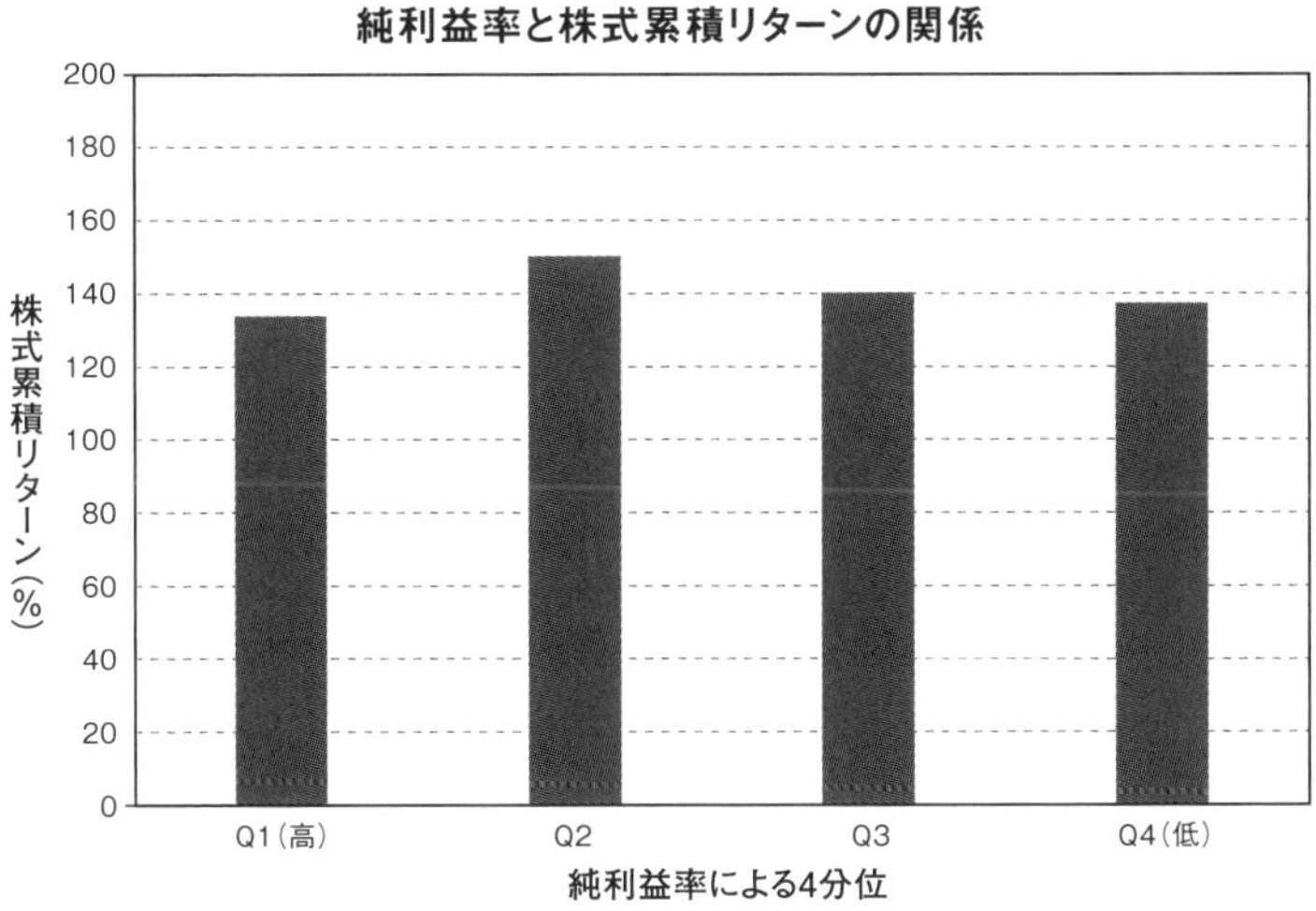
純利益率と株式累積リターンの関係
株式累積リターン（%）
200
180
160
140
120
100
80
60
40
20
0
Q1（高）
Q2
Q3
Q4（低）
純利益率による4分位

■「複利の経営」こそ、「みなで豊かになる経営」につながる

最後にROE、ROICなどの「利回り」が10年という長期にわたった際の株式累積リターンを見てみましょう（図表1－9）。

ROE、ROICのどちらの図を見ても、その長期水準の高さと株式累積リターンには、きれいな相関が見られます。

ROEが最も高いQ1グループの株式累積リターンは、次のQ2グループのリターンより高く、Q2グループのリターンもQ3グループより高くなっています。高いROEが持続できた企業は長期株式パフォーマンスも高く、両者はきれいに連動しているのです。

ROICのほうはさらにクリアな傾向が出ています。長期ROICが最も高いQ1グループの株式累積リターンは、Q2グループ、Q3グループと比べてかなりの差が出ています。

過去10年という長期間において、ROEやROICという「利回り」を高くキープできた経営とは、「複利の経営」に他なりません。「額」でもなく「率」でもなく、**「利回り」を長く続ける「複利の経営」こそが、株式価値を高め「みなで豊かになる経営」につな**

図表1-9　「複利の経営」と長期株価の関係

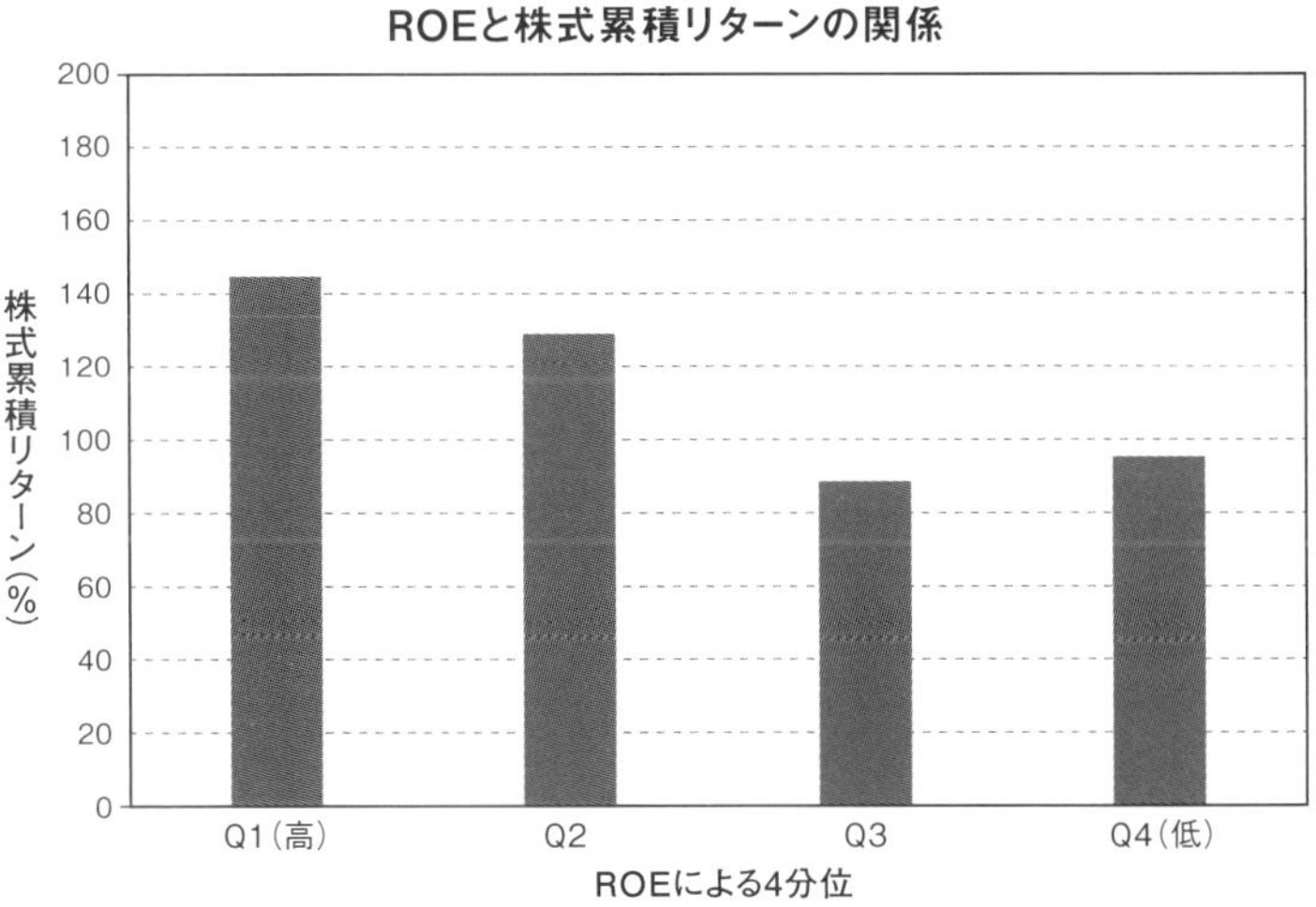
ROEと株式累積リターンの関係
株式累積リターン(%)
200
180
160
140
120
100
80
60
40
20
0
Q1(高)
Q2
Q3
Q4(低)
ROEによる4分位

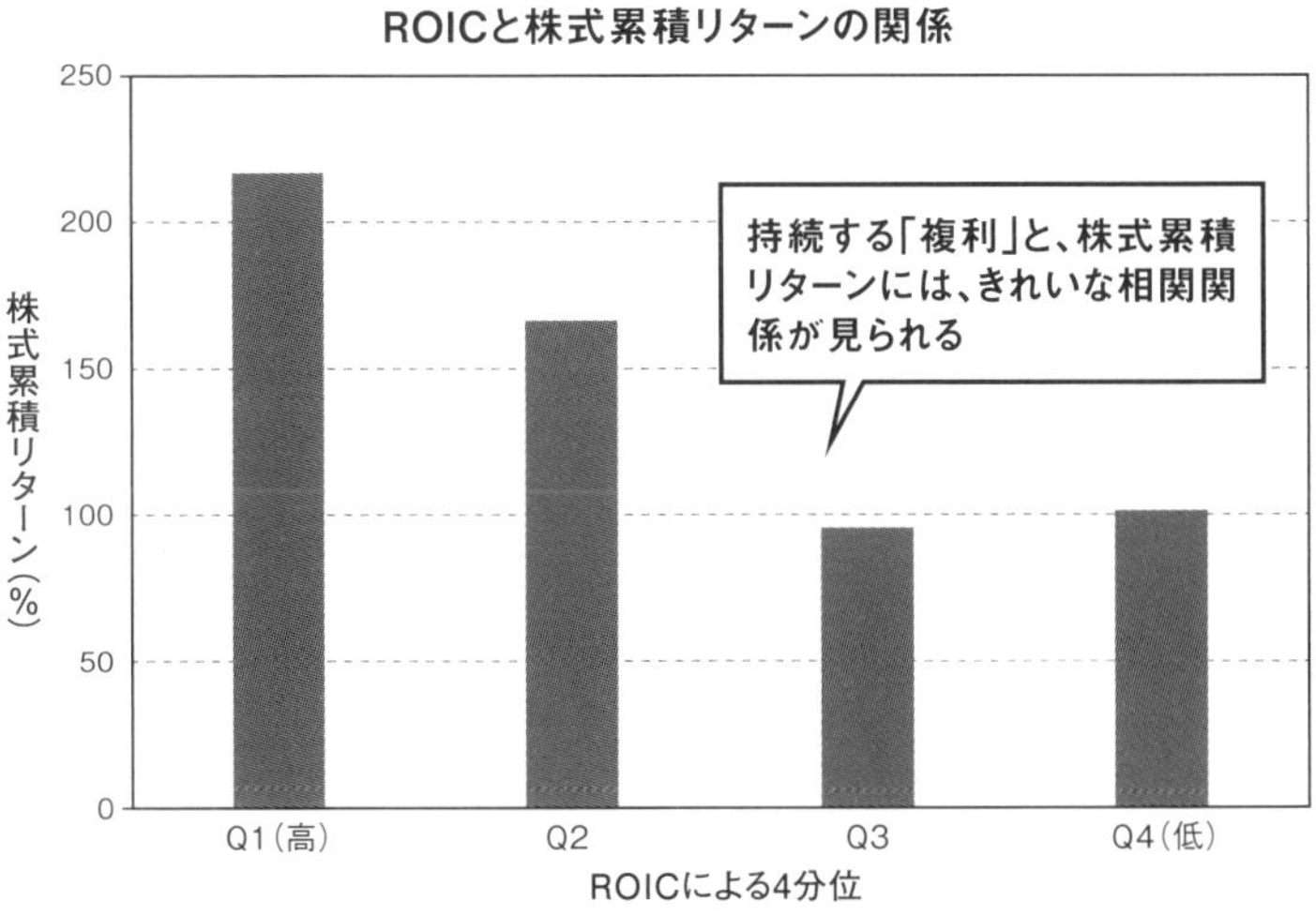
ROICと株式累積リターンの関係
株式累積リターン(%)
250
200
150
100
50
0
持続する「複利」と、株式累積リターンには、きれいな相関関係が見られる
Q1(高)
Q2
Q3
Q4(低)
ROICによる4分位

がっていくということが理解いただけるのではないかと思います。

売上高や営業利益など「額」を増やす経営や、営業利益率や純利益率などの高い「率」を目指す経営は、それはそれで大切な意味があります。私もそれは理解しているつもりです。しかし、**こと「みなで豊かになる経営」を目指すという目標を置いた場合には、**やはり「複利の経営」にこそ着眼すべきなのです。

「額だけでは不十分。率でもまだまだ。利回りを出す経営、そしてそれを長く続けることで複利を出す経営こそが、富を生み出す経営」

実はこの見方は私自身、戦略策定を生業にしていた経営コンサルタント時代には、クリアに持っていませんでした。クライアントの経営者と一緒になって一生懸命汗をかいてきたつもりでしたが、考えていたのは「額の経営」や、せいぜい「率の経営」まで。「投下資本」という経営資源を強烈に意識したうえでの戦略策定はできていなかったことを、ここで告白せざるを得ないのです……。

経営者の視点と投資家の視点は、実はこれほど「似て非なるもの」です。「みなで豊かになる」ためには経営者や従業員のみなさんが株を持つことが前提になります。言ってみれば、みなさん自身が長期厳選投資家になるわけですが、それであれば、自分の経営にはどれほどの利回りが出ているのかを理解し、わずかでも複利を高めていくことが、「みなで豊かになる」ための必須条件でしょう。

人類最高の叡智から学べる「みなを豊かにする経営」の最初の条件、すなわち従業員や経営者が持っている株式価値を大きく高めていく経営とは、この**「複利」を思考の原点に置いた経営**なのです。

第1章のまとめ

- この章は数字やグラフがたくさん出てきて、少しややこしい章でした。一方で最も重要な章でもあります。それは厳選投資家の経営選定基準を切り口に、「みなで豊かになる経営」の「OBゾーン」を設定したからです。
- 「みなで豊かになる経営」のOBゾーンとは、「複利」を出すことができない経営のことです。躍起になって売上高や利益といった「額」を伸ばしても、営業利益率のようなPL上の利益「率」を高く保つだけでも、十分ではないのです。

・少ない「インプット」から多くの「アウトプット」を生み出すという「利回り」は重要ですが、より重要なのは、その「利回り」を持続させることです。アウトプットが元のインプットに加わり、そこからまた新たなアウトプットが生み出されることで、インプットそのものがどんどん増殖していくというサイクル。この「複利の経営」こそが、長期で安定的に資産価値を殖やすことを厳選投資家はよく知っています。これこそが長期的に「みなで豊かになる経営」なのです。

・この章で「みなで豊かになる経営」のOBゾーンが設定できたので、次章では「みなで豊かになる」ためのフェアウェイゾーンを見ていきましょう。

第2章 「みなで豊かになる」フェアウェイ——超過利潤

■第二ステップは「『みなで豊かになる』フェアウェイをキープする」です。ＯＢゾーンを回避しているだけでは、「みなで豊かになる経営」に近づくことはできません。ＯＢゾーンをうまく避けながら、「みなで豊かになる経営」のフェアウェイを狙っていきましょう。その道標になるのが「超過利潤」という概念です。

前章に引き続き、この章にも資本生産性とか資本コストという、何やらちょっと難しげな言葉が出てきますが、あまり気にすることはありません。実現すべき「複利」の水準は「超過利潤」を上げるということなのね、とおおらかに理解していただければ結構です。とても短い章ですし、この章で「みなさん＝投資家」として理解しておかなければいけない基本視点の解説は終わりです。あとはまっすぐに経営論に向かうので、もう少し投資家目線の習得にお付き合いください。

■「超過利潤」を出して初めて、経営者は仕事をしたと言える

「どのレベルの複利を出せばよいか」という問いにひとことで答えると、「超過利潤」が出せるレベルまでということになります。もうちょっと具体的に言うと、「資本コスト」を超える利回りを出し、それを複利で回していってくださいということになります。

この水準は、実は日本政府から打ち出されたものでもあります。金融庁と東京証券取引所が定め、2015年6月に施行された『コーポレートガバナンス・コード』では、第1章でも登場した資本生産性にフォーカスが当てられています。「経営戦略や経営計画の策定・公表に当たっては……収益力・資本効率等に関する目標を提示[*3]」すべきと書かれ、その代表的な指標として、ROE（株主資本利益率）を意識した経営が求められました。

少し時間が経って、2018年6月に出た改訂版では、先の文言に「自社の資本コストを的確に把握した上で、」という文言が加えられ、「資本コスト」という概念が導入されました。2015版と2018版の両コードを考え合わせると、企業は「資本コストを上回る資本生産性を上げなさい」ということになります。

超過利潤は、

超過利潤＝資本生産性－資本コスト

と表すことができます。

経営はヒト・モノ・カネと言われますが、経営者の役割は、そういった数々の経営資源を調達し、インプット以上のアウトプットを出すことですよね。多くの従業員の方々を雇用して気持ちよく働いてもらって高い利益を出すことはもちろんのこと、原材料を調達して付加価値を厚く加えることでお客さんの満足度を高めるわけです。

それとまったく同様に、株式市場や銀行からお金というインプットを調達しているのですから、それを超えるアウトプット・資本生産性を出すことが、経営者として付加価値を生み出していることになるのです。

具体的な数字を考える上では、一橋大学の伊藤邦雄名誉教授を座長とした『伊藤レポート』が参考になります。このレポートでは、ＲＯＥは「最低限８％を上回る」[*4]よう、各企業にコミットを求めています。

みなさんご存じかもしれませんが、会計上の利益と税務上の利益は違います。監査人が見ている利益と、税務署が目を光らせている利益は違うわけですが、厳選投資家が目を凝らして見ている利益水準、すなわち「みなで豊かになる経営」に求められる利益水準も、他の人々とは違う「超過利潤」という水準なのです。

■「成長すればするほど、資本がやせ細っていく」恐怖の状態

資本コストやそれを超えなければならないという「超過利潤」の概念は、日本の企業社会ではまだ新しい考え方です。しかし、これが今後浸透していくと、これまでとは違った経営観が生じてくるはずです。つまり、「企業規模の成長＝価値向上」という、これまで広く信じられてきたものとは異なる価値観が広まるということです。何を言っているのかと思われるかもしれません。成長すれば、企業価値は上がるに決まっているじゃないかと。

解説してみましょう。第1章で使った「複利の経営」の図をもう一度ここで思い出してください（**図表2－1**）。「複利の経営」とは、単年の利回りに、再投資と時間軸という概念を持ち込んだものでした。高い利回りを持続することで、インプットそのもの（図表上での投下資本の円の大きさ）が指数関数的に増殖していくという経営が「複利の経営」で

図表2-1　超過利潤と「複利」の関係

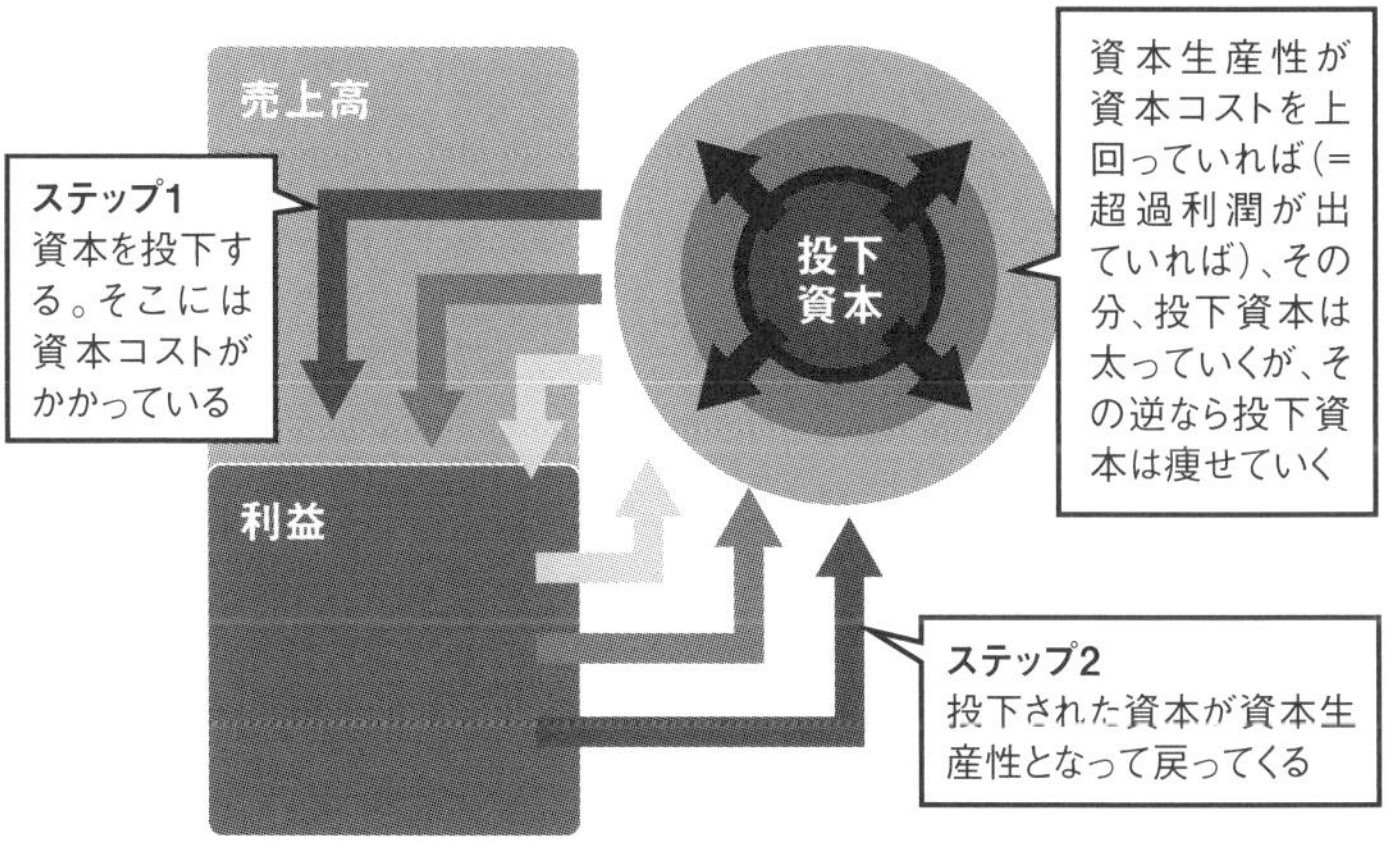
売上高
ステップ1
資本を投下する。そこには資本コストがかかっている
投下資本
資本生産性が資本コストを上回っていれば(=超過利潤が出ていれば)、その分、投下資本は太っていくが、その逆なら投下資本は痩せていく
利益
ステップ2
投下された資本が資本生産性となって戻ってくる

したね。

超過利潤を出せている経営というのは、まさにこの円がどんどん大きくなっている状態と言い換えられます。まずはステップ1として「投下資本」が投じられますが、そこには当然「資本コスト」がかかっています。会社はステップ2として、その「投下資本」を使って利益を出すわけですが、それは「投下資本」という視点から見ると、なんらかの「資本生産性」を生み出したと言い換えられます。

さて、ここで問題になるのは、「生み出された資本生産性は、投下資本にかかっている資本コストを上回れたのか」という点です。資本生産性が資本コストを上回っていれば（＝超過利潤を生み出していれば）、その超過部分がもともとの「投下資本」に足され、「投下資本」は丸々と太っていきます。大きくなった「投下資本」はまた事業に再投資されますが、超過利潤が引き続き出ていれば、もう一度超過利潤がもともとの「投下資本」に足されるわけです。

このサイクルが繰り返されれば、投下した資本は雪だるま式に大きくなっていきます。長期になればなるほど投下した資本は大きくなっていき、価値は殖えていきます。

その逆もまた真なりです。ステップ1に付随する資本コストを、ステップ2で生み出した資本生産性が上回れていなければ、そこにはマイナスの超過利潤が発生しているということになります。マイナスの超過利潤をもともとの「投下資本」に足してしまえば、「投下資本」は減ります。減ってしまった「投下資本」はまた事業に再投資されますが、マイナスの超過利潤が引き続き出ていれば、再度マイナスの超過利潤がもともとの「投下資本」に足されてしまうわけです。

このサイクルが繰り返されれば、「投下資本」は急速に痩せ細っていきます。**超過利潤を出せない経営というのは、虎の子の「投下資本」をみずから減らしていく経営**なのです。

■超過利潤を出していないと、「指数関数的に」価値が小さくなる

図表2-2　超過利潤と企業価値の関係

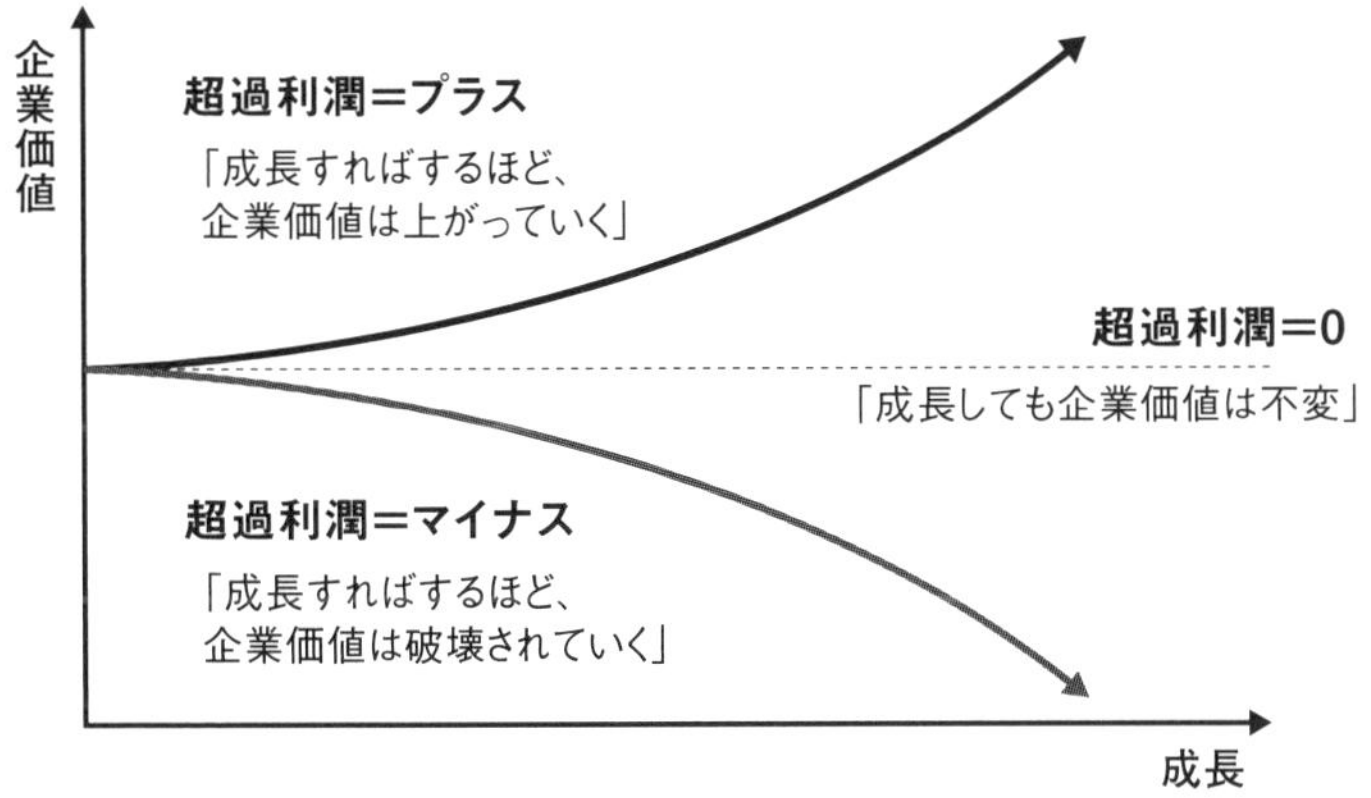
企業価値
超過利潤＝プラス
「成長すればするほど、
企業価値は上がっていく」
超過利潤＝0
「成長しても企業価値は不変」
超過利潤＝マイナス
「成長すればするほど、
企業価値は破壊されていく」
成長

出典：みさき投資

「企業規模の成長＝価値向上」では必ずしもない、という投資家の主張が理解できるでしょうか？　企業が成長すればもちろん価値が上がることも、確かにあるのですが、そこには厳しい前提条件がつくのです。

現在、超過利潤を出せている企業なら、成長すれば確かに価値は上がります。経営のアウトプットである資本生産性が、経営のインプットである資本コストを上回っていて、「投下資本」に足し戻される構造ですから、成長すればするほど「投下資本」は大きくなり、しかも複利効果のおかげで指数関数的に上がっていきます（**図表2－2**）。

一方で、現在、超過利潤が出せていない企業が成長するとどうなるかというと、（誠に申し上げづらいことながら）価値を毀損するスピードが単に速まり、むしろ加速度的に価値を破壊してしまうということになります。経営のアウトプットである資本生産性が、経営のインプットである資本コストを上回れずに超過利潤がマイナスとなっているわけですから、成長すればするほど「投下資本」が痩せ細っていき、しかもそれがマイナスの複利効果のせいで指数関数的に小さくなってしまうのです。「お願いですからこれ以上、成長を目指さないでください。成長されてしまうと『みなで豊かに』なれなくなってしまうのです」という話です。

■「今」超過利潤を出せていないなら、「これからも」出せないと判断される

超過利潤を上げられない会社が大きくなっていくことは、「みなで豊かに」なろうとする立場から見ると「成長」ではなく、「膨張」です。

そして、**現在超過利潤を上げられていない企業は、これからも上げることはできないだろうと推定されてしまうのがツライところです。**株式市場の成長期待に応えようと、意欲的な中期計画を作ってくる企業はたくさんありますが、現在マイナスの超過利潤しか出せていない企業が、今後の成長を目指して投資に踏み切ったとしても、上がってくるリターンはまたしても資本コストを下回るものになる可能性が高いと考えられてしまうのです。

投資理論の始祖とも言われるベンジャミン・グレアムはこんな言葉を残しています。「過去の経験に照らしてみて二流の業績しか出せなかった企業が、古い経営体制を引きずったままで株主のおカネを使って事業を拡大し、そこから株主が利益を得られるとは考え難い」[*5]。

資本コストを上回る資本生産性を上げること、すなわち超過利潤を上げるという仕事は、「みなで豊かになる」ことを目指す経営者の責務です。「複利の経営」が「みなで豊かになる」経営のOBゾーンを規定するとすれば、「みなで豊かになる」経営のフェアウェイゾーンは、「超過利潤以上の利益水準を上げる」という基準に絞られてくるのです。

コラム 世界と比べた日本の超過利潤は？

安倍政権によって推進されたガバナンス改革で、経営者の資本生産性への意識は確かに高まってきました。しかし現実にはその水準はいまだ驚くほど低いのです。

代表的な資本生産性指標であるROEを分布図に取ってみると、**過去10年にわたり、東証一部上場企業の半数以上のROEが、一般的な株主資本コストとされる8％に届いていい**

図表2-3　東証一部上場企業の超過利潤の状況

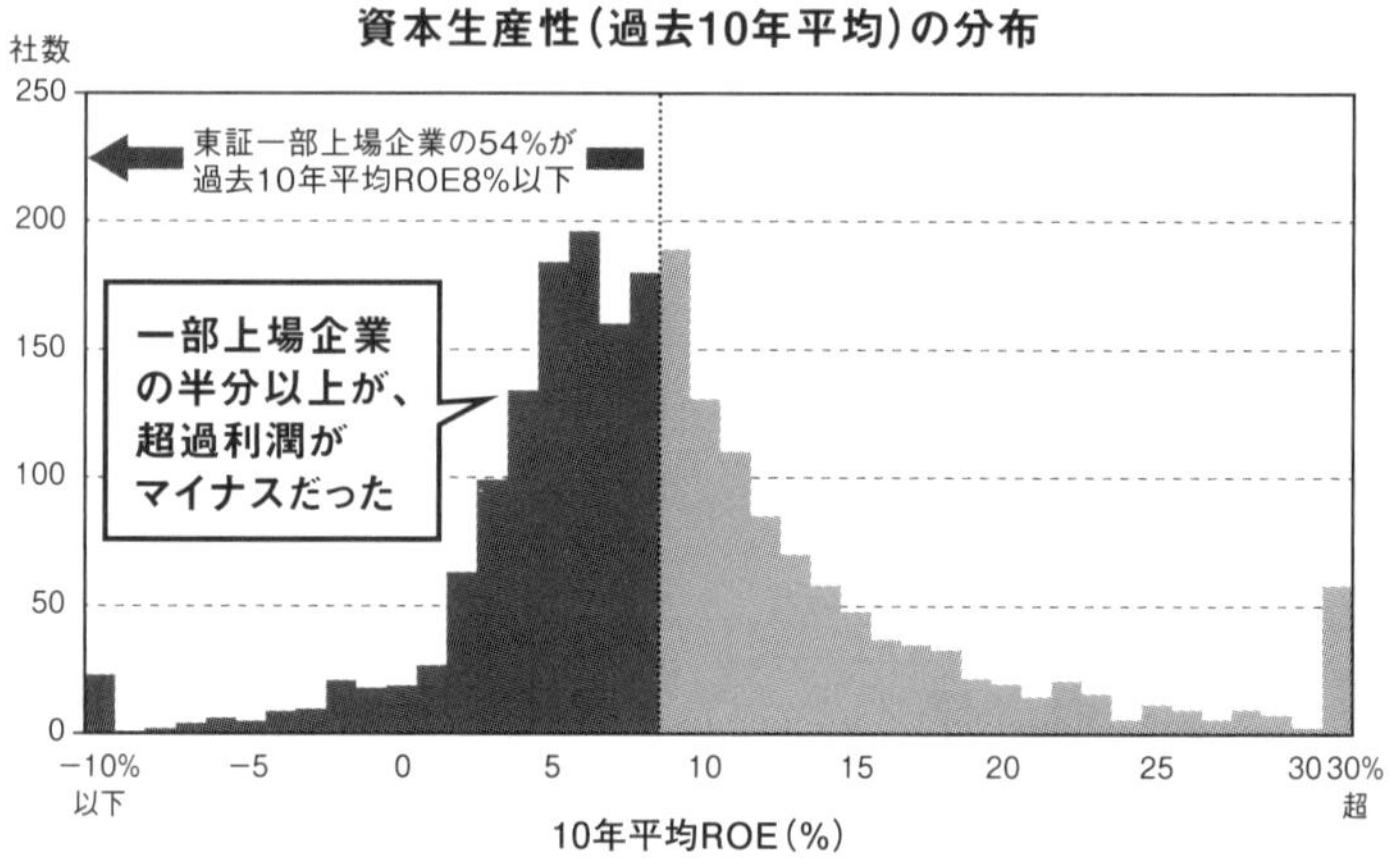

ません。日本を代表する上場企業の半数以上が、10年もの間、マイナスの超過利潤を出してきたという事実は衝撃的です。

日本企業は、総体で言えば（大切な老後資金を始めとした）「リスク負担と引き換えにリターンを求める資金」を調達していながら、その期待に報いることができてこなかったという冷徹な事実がここにあります（**図表2－3**）。

日本の株式市場が長期低迷してきた本質的な理由は、資本生産性が資本コストを長きにわたって上回ることができなかったことにありますし、このマイナスの超過利潤構造が存続する限り、日本の株式市場は今後も長期低迷していくことが高い確率で予見されてしまうのです。

この事実の恐ろしい論理的帰結は、この構造を温存したまま日本企業が一生懸命成長を目指せば目指すほど、「みなで貧しくなる」ことが予想されてしまうということです。

■経営者は「おおらかに」超過利潤を狙え

この章では「みなで豊かになる」ために、超過利潤という概念の大事さを説いてきました。資本コストの算出は財務理論の中心的テーマでもあり、たくさんの教科書が異なる前提ごとの計算方法を詳細に解説しているので、勉強のしがいもあります。

しかしながら、私は、経営者が資本コストの算出に努力することはあまり生産的ではないと考えています。

経営のインプットでしかない資本コストの計算を緻密に行って小数点以下の数値を一生懸命固めるよりも、経営の本質であり、成果・アウトプットでもある資本生産性を高めるほうに全精力を注いでもらったほうが、よほど建設的だと思うからです。

さらに乱暴なようですが、その資本生産性に関しても、こと細かに計算する必要もありません。緻密な計算はその手の作業のプロに任せておきましょう。「みなで豊かになる経営」を目指す経営者は、難易度がはるかに高く、本質的に意味のある思考や技術に取り組まなければならないからです。それが事業経済性や障壁、あるいは事業仮説といった、この本でこれから解説していく論点群です。

このあとは、価値を生み出す経営の王道をしっかり理解してもらうことで、（第８章でもう一度取り上げるまでは）財務理論に触れることなく、超過利潤が自然に湧き上がってくる道筋をご紹介していきたいと思います。

第2章のまとめ

・この章では厳選投資家が求める利益水準は、普通とはちょっと違うという話をしました。そして出すべき複利の水準として「超過利潤」が求められているという話をしました。これが「みなで豊かになる経営」のフェアウェイゾーンです。

・「超過利潤」は、これまであまり日本の経営シーンには浸透してこなかった概念です。資本コストを上回れない経営のままでいくら成長しても、「みなで貧しくなる」方向に突き進んでしまうだけという論理は、目新しくも厳しいものだったかもしれません。

・「みなで豊かになる経営」を目指す経営者にとっては、超過利潤の創出は今後、至極当然のように求められます。みなで保有する自社株式の価値を高めたいなら、経営のフェアウェイゾーンはこの範囲に狭められてくるのです。

・投資家目線に立った「みなで豊かになる」論理の解説は、ちょっと難しかったかもしれませんが、ここまでの二つの章でようやく終えることができました。ここからは設定されたフェアウェイの中でどのようなショットを打っていけば、超過利潤がコンコンと湧き出てくる経営になるのか、ストレートに経営論に分け入っていきたいと思います。

第 II 部

事業を圧倒的な強さにする

「みなで豊かになる」ためには、みなさんが持つ株式価値の源泉たる事業が、圧倒的な強さを誇るものでなければなりません。

事業が圧倒的に強いものになれば、それはすなわち「障壁経営」（≒「複利の経営」）が実現するということですから、この第II部はとても重要です。

ただし、ここで言う「強い事業」とは、単に利益水準の高さやシェアの高さ、優れた製品群などを意味していません。「みなで豊かになる」ための事業とはどのようなものでなければならないか、四つの章を使ってじっくりと考えていきましょう。

第3章 まずは十分な利益率を確保する——事業経済性

ここからは、「みなで豊かになる経営」のフェアウェイである「超過利潤」を安定的にたたき出すためのステップを一つずつ登っていきます。この章で登るステップは「まずは十分な利益率を確保する」です。超過利潤を出すためには、最低でも競合他社に遜色のない十分な利益率を出すことが必要でしょう。この章では、少なくとも業界平均並みの利益水準を確保する絶対のロジックである「事業経済性」を紹介し、これをこのあとのステップの土台としたいと思います。言ってみれば、超過利潤を出すための規定演技パートということになります。

■なぜ業界素人のコンサルタントが経営戦略を議論できるのか

唐突ですが、経営コンサルタントという職業は、よくよく考えると結構無理筋の稼業です。中でも、私が長らく就いていた戦略に特化したコンサルティングという仕事は、少し前までは「1業種1クライアント」という職業倫理を厳格に守っていました。企業にとって最も他社に知られたくない、戦略というテーマに携わるからです。

一方でそれは、戦略の相談に乗ると言いながらその業界のことは何も知らない、いやむしろ知っていてはいけないことを意味します。にもかかわらず、コンサルタントは経営者から高額のフィーをもらっているのです。ちょっと不思議ですよね。

私は米国でも戦略コンサルティングをしていました。今度はもっと過酷な状況です。業界を知らないだけではなく、言葉もロクにできないわけですから。これで本当に戦略コンサルタントなんかできるのかと悩んでいるときに、上司から言われた言葉。これが衝撃的、かつ本質的でした。私の職業人生を一発で決めた言葉だったのです。

曰く、「いいか、ナカガミ、コンサルタントは"What business are you in?"（あなたはどんな事業を営んでいるのですか？）という議論をしてはいけないぞ。相手は長年この業界で過ごしている、この事業のプロだ。"What business are you in?"って聞かれると、業界経験豊富な経営者は、微にいり細にいり、事業の中身を滔々と語り始める。業界の素人であるこっちは、まったく戦えなくなる。だからコンサルティングという職業は、『これは具体論としてどういうビジネスなのか』というレベルで議論をしたら絶対アカン。勝ち目はない。しかもお前は英語もロクにしゃべれない。そんな奴がWhat?という議論をしてはいかんのだ」と。

彼はその後、こうも続けました。「ただな、ナカガミ、"What ***kind of*** business are you in?"（**あなたの事業はどういったタイプの事業なのですか？**）。これならいいぞ、これならお前でもイケる、戦えるぞ」と言ったのです。

What ***kind of*** business、つまり個々の事業を抽象化する、抽象化してパターン化するということですね。細かなWhatというものはいろいろあるけれど、そういったことを思い切って捨象して、ぎゅっと抽象化してしまえば、「なるほどこのビジネスは、『この手のビジネス』なのか」と理解することができます。このビジネスが「この手のビジネス」だということは「あの手のビジネス」と似ているよねとか、ここは違うよね、だから戦略としてはこうすべきではないですか、と議論をリードできるようになるのです。

■すべての事業は四つの「型」に分類できる

なるほどなるほど、これはいい話を聞いたぞ、What *kind of* business are you in? かと。これだな、と私は思いました。これなら、業界経験がどれだけ豊富な経営者が相手でも、そして英語が下手な私の話でも、聞いてくれるかもしれないと感じたのです。

そこから、私の経営コンサルタント人生が多少開けてきました。若くしてパートナーになれたのも、この「事業を突き放して抽象化する」という考え方を、過酷な状況で身体にたたき込まざるを得なかったからではないかと思います。

さて、事業のさまざまな具象を抽象化・パターン化すれば戦えるとして、そのことを知っただけではハタと困ります。世の中には、事業の数は山ほどあります。何万種類とあるのではないでしょうか。でも個別具体論では戦えない。抽象化しなければならないわけです。山ほどある事業をうまく抽象化・パターン化するやり方はないか、パッと分類できるような都合の良いアプローチはないものか……。

そこで出てくるのが、本章のテーマ「事業経済性」というフレームワークです。そして、これを理解する第一ステップは、**世の中に事業は星の数ほどあれど、「儲けの出方」には四つの「型」しかない**、と理解することです。

戦略コンサルタントという職業は、クライアントの儲けをどうやって増やすかを考える職業ですから、星の数ほどある事業を「儲けの出方」で分類できるということは、誠に都合が良いのです。業界素人でなければならない戦略コンサルタントが、なぜ高額のフィーをもらえるのかという秘密が、このフレームワークから垣間見えてきます。

売上なのか資産規模なのかは別として、横軸に規模を置いて縦軸に収益性（利益率）を置くと、世の中の事業は自動的に四つに分かれます（**図表3－1**）。別の言い方をすると、その事業には差別化の要素がたくさんあるのか少ないのか、そして規模の大きさと優位性の間に関係があるか（「規模の経済」が効くかどうか）という二つの判断軸で分けるのです。

これはボストン・コンサルティング・グループがずいぶん昔に開発した、「アドバンテージ・マトリックス」というフレームワークです。あまたある事業を「儲けの構造」という視点でシンプルに抽象化・パターン化するこの便利な道具は、不思議なことに世の中

図表3-1　「儲けの出方」は4種類しかない
――事業経済性による事業の分類

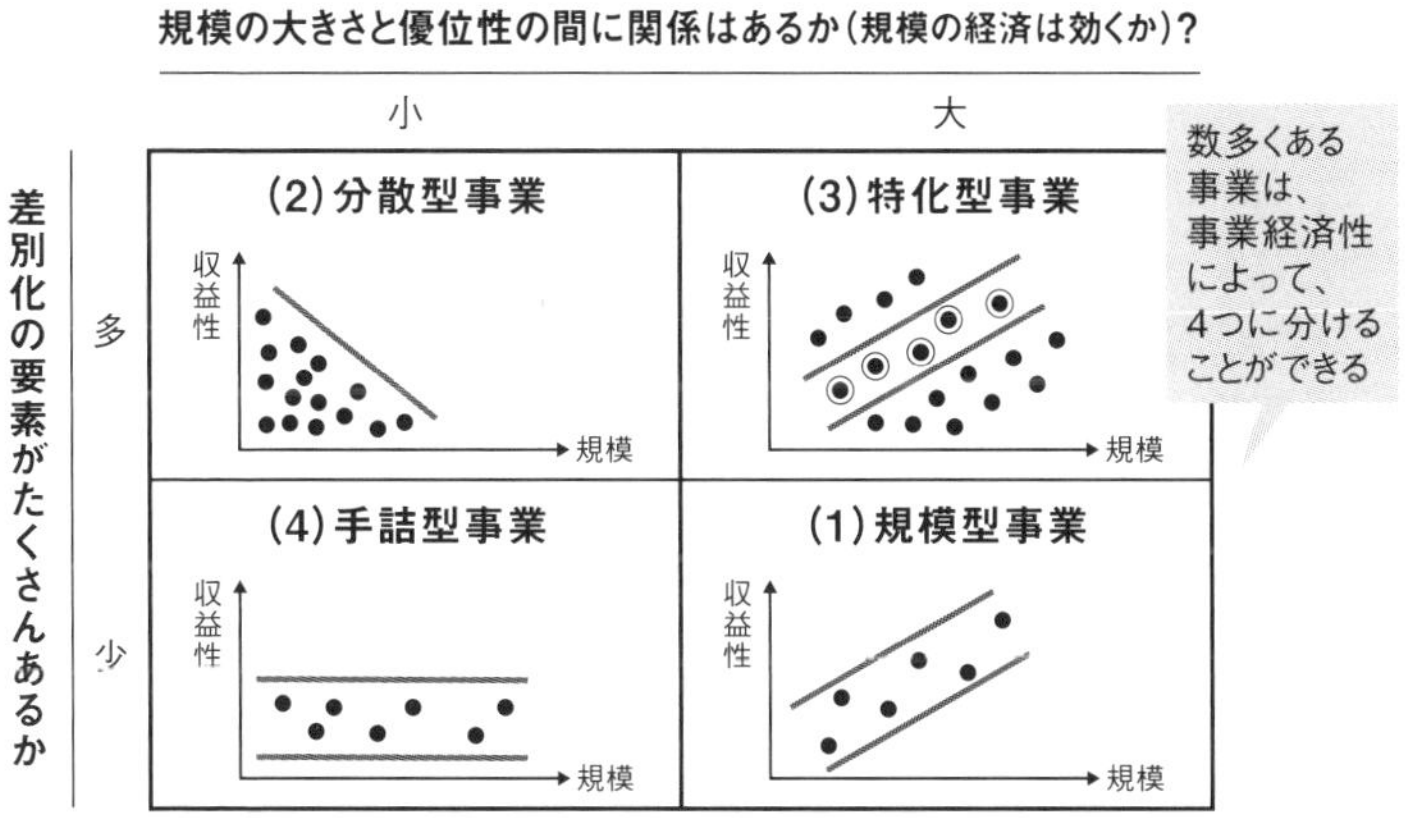

にあんまり喧伝されていません。

「どうやったら、この事業は儲かるのか」という事業戦略を考える上でも、そして少なくとも業界標準並みの収益性を出すことで「みなで豊かになる経営」を目指す経営者にとっても、最も基礎になる入り口の考え方なのだと思うのですが、あまり普及していないようなのです。

儲けの型1　規模型事業
――規模が大きいほど儲かる

一つめの「型」は「**規模型事業**」です（**図表3－1の右下**）。企業の規模が大きくなると利益率が高まる（規模の経済が効く）という業界です。一つの業界にはさまざまな企業が存在すると思いますが、売上や資産規模が

図表3-2　規模型事業の例
――紳士服チェーン業界の規模と利益率の関係

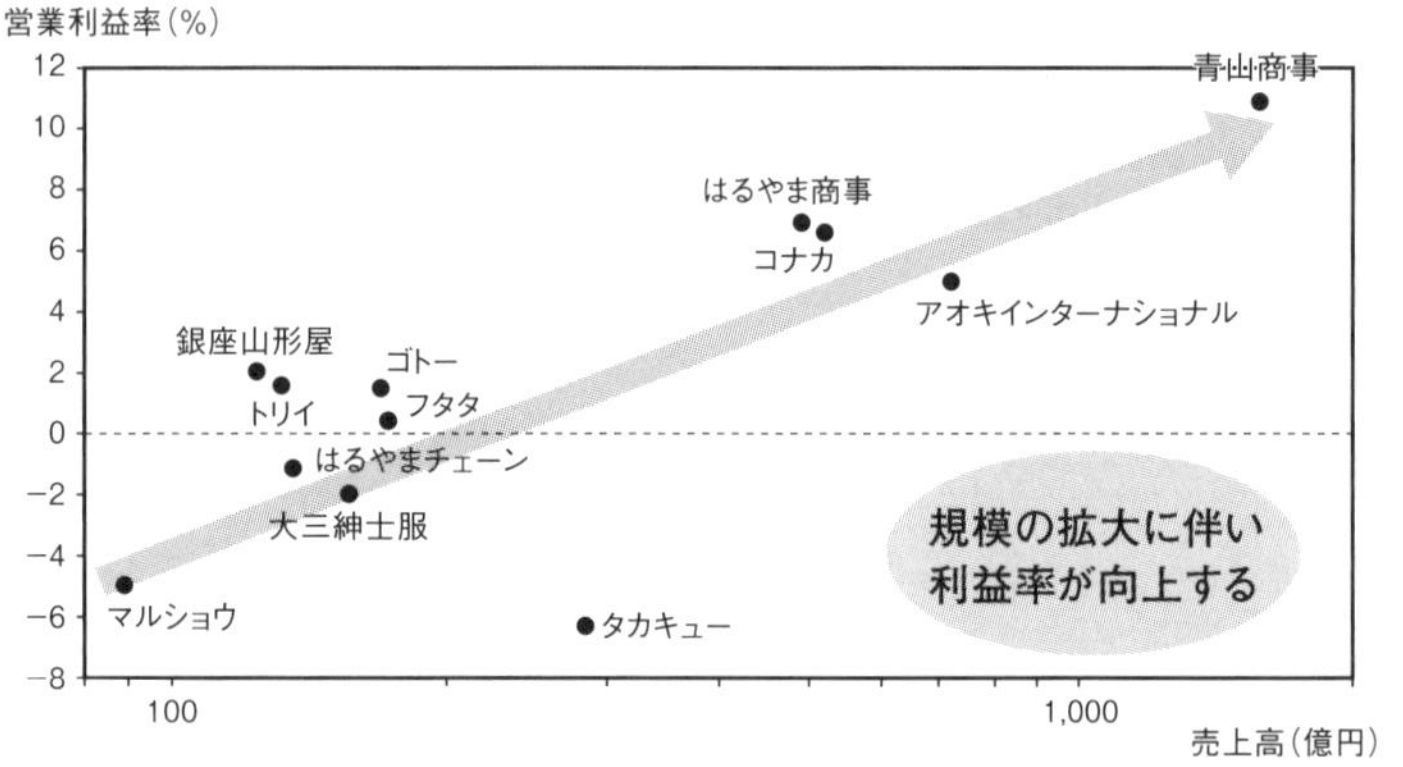

出典：＊6をもとにみさき投資作成。1999年度の数字を利用

大きくなればなるほど、利益率が上がるという業界があるのです。これを規模型事業と言います（利益「額」が増えるのは当たり前ですが、ここでは利益「率」が高まる話をしています）。

規模の経済が効くのはどのビジネスでも同じと思われるかもしれませんが、そんなことはありません。規模が大きくなればなるほど、収益性が下がるという事業もあります（**図表3－1の左上**）。これは「分散型事業」と言います。実は世の中では、こちらに分類される事業のほうが多いのです。あとでまた詳しく説明していきますが、「規模の不経済」が効いてしまうビジネスですね。

実際の例を見てみましょう（それぞれの事業経済性の特徴がクリアに見えるように、

「型」がきれいに出ている時期の散布図を、あえてここでは使っています。切った張ったの競争がいままさに起きている現時点の業界散布図を使うと、ちょっと生々しすぎるかもしれないという配慮もしています）。

まず、紳士服チェーンを例にとってみました。横軸は売上高、縦軸は営業利益率です。この業界では明らかに規模の経済が効いていて、結果的に少数のプレイヤーしか生き残っていません[*6]（**図表3－2**）。

儲けの型2　分散型事業——小規模のプレイヤーが多数乱立する

規模型事業では、そもそもの差別化要素が少なく、かつ、規模が大きいことが競争上優位になるので、規模の大きなプレイヤーしか生き残れない業界になります。その逆に「分散型事業」では、差別化できる要素はたくさんあるけれど、規模の経済はあまり効かないので、小規模のプレイヤーが多数乱立するという業界構造が長く続いていきます。

これは食品卸業界です。明らかに規模の経済は効いていなさそうです。規模が大きくなると逆に利益率は下がってしまう傾向が見られます。紳士服チェーン業界と違って、プレイヤーも数多く乱立しています[*6]（**図表3－3**）。

図表3-3　分散型事業の例
――総合食品卸業界の規模と利益率の関係

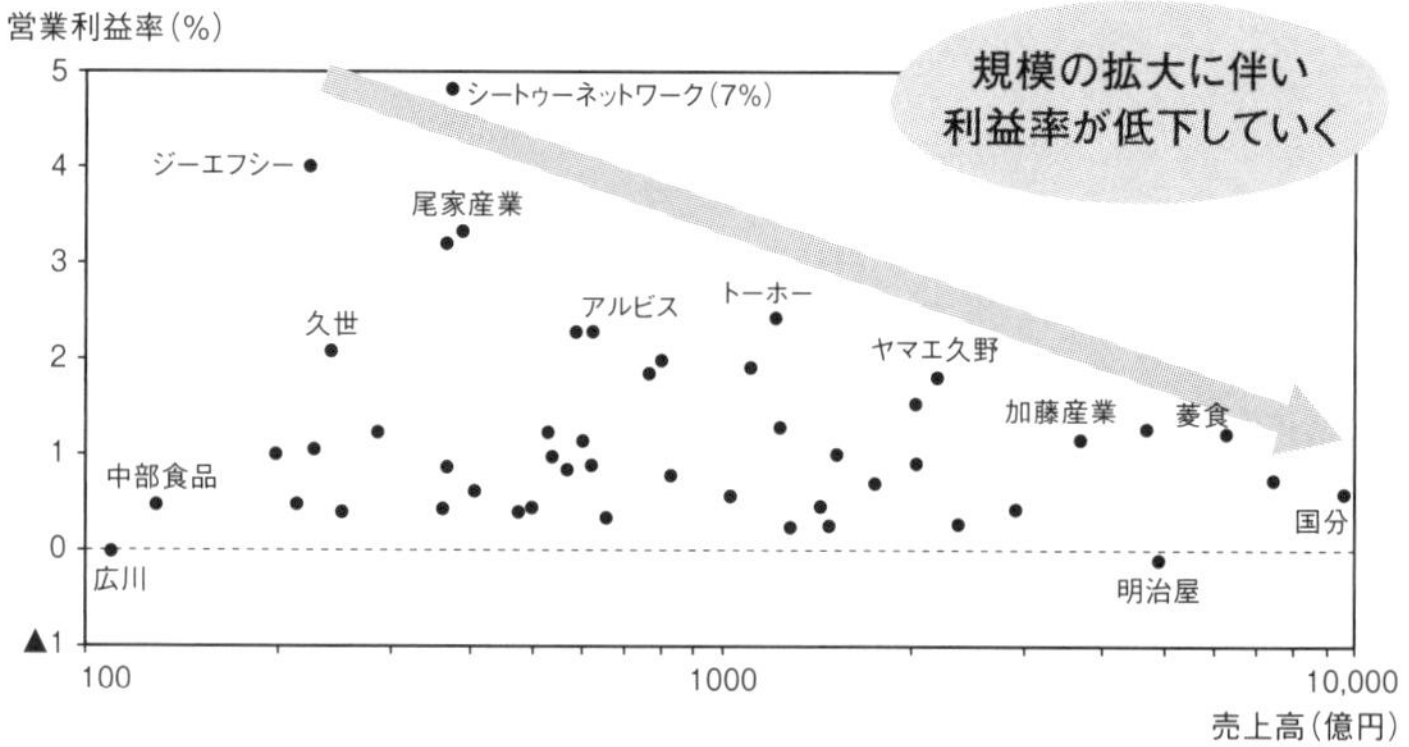

注：シートゥーネットワーク、アルビスの売上高は卸部門と小売部門の総計
出典：＊6をもとにみさき投資作成。1999年度の数字を利用

儲けの型3　特化型事業
――特定分野だけ規模の経済が効く

「特化型事業」というものもあります（図表3－1の右上）。パっと見は数多くのプレイヤーが乱立する「分散型事業」に見えるパターンですが、特定の領域（製品・地域など）を取り出してよくよく見てみると、その中では規模の経済が確かに効いている事業です。

医薬品業界を見てみましょう。分散型と同様にたくさん会社があり、全体としては規模の経済が効いていなさそうに見えます。しかし、大衆薬メーカーだけに絞ると（四角）、実際には規模の経済が効いていることがわかります。ある特定の領域に絞って、規模が大きい会社と小さい会社を比較していくと、利

図表3-4　特化型事業の例
――医薬品業界の規模と利益率の関係

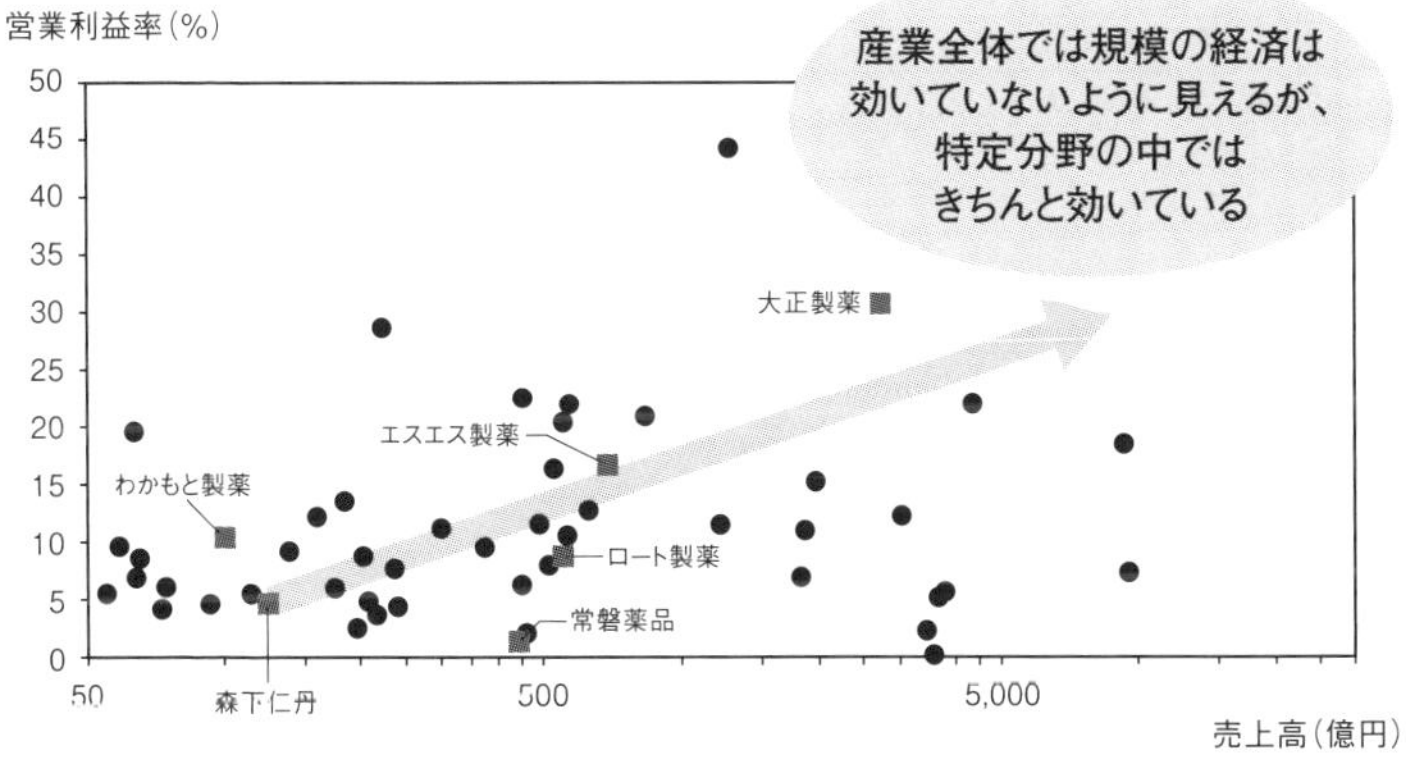

出典：SPEEDA、Bloombergのデータを元にみさき投資作成。
1999年度の数字を利用

益率がやはり違います。規模の経済が効いていないように見えても、特定分野の中ではきちんと効いているという事業なのです（図表3－4）。

儲けの型4　手詰型事業
――誰がやっても儲からない

誰がやっても儲からないという、ツライ事業もあります。差別化の要素も少ないうえに、規模の経済も効かず、皆が低収益に甘んじています。「手詰型事業」と言います（図表3－1の左下）。打開策はあるのですが、いまの事業モデルを転換しない限り、誰がやっても儲かりませんというビジネスです。

これは、紙・パルプ産業です。規模とは無関係に利益率が0～5%程度しか出ておら

図表3-5　手詰型事業の例
――紙・パルプ業界の規模と利益率の関係

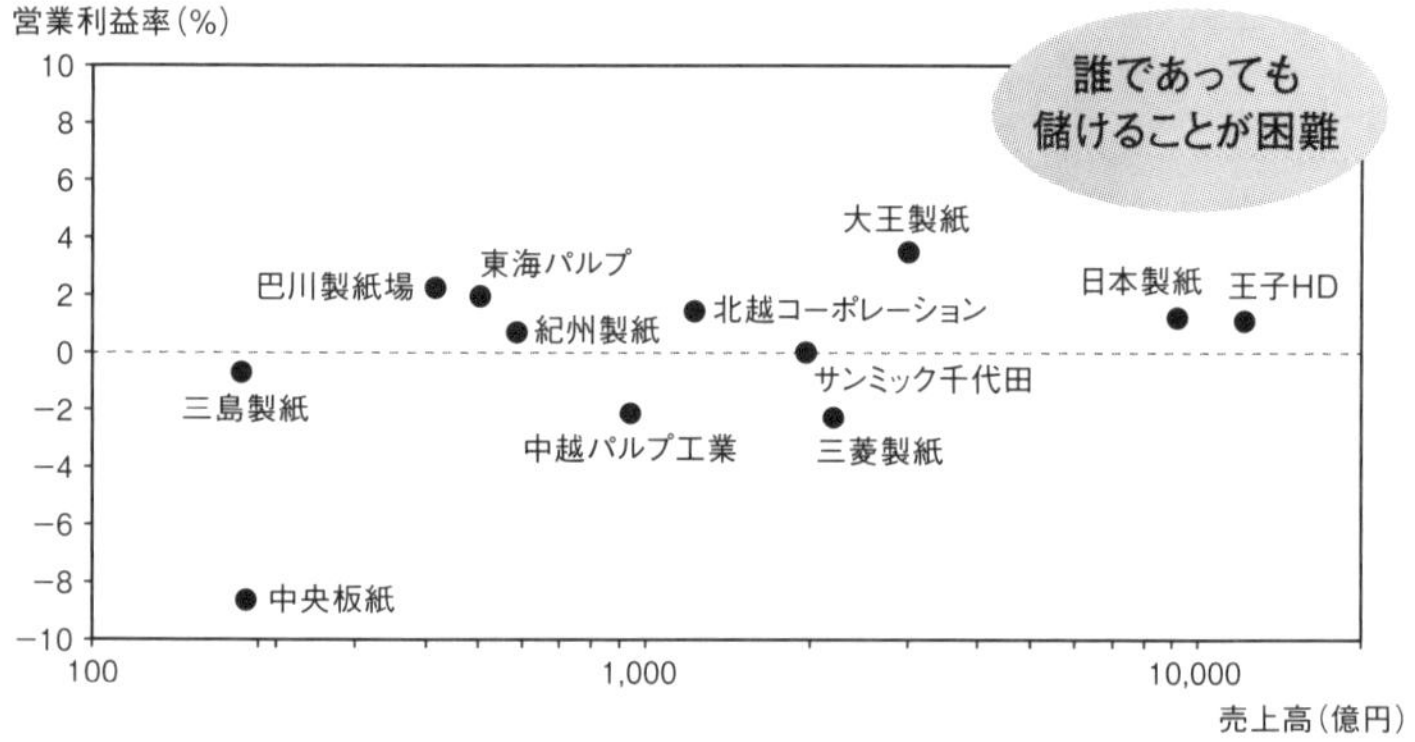

出典：SPEEDA、Bloombergのデータを元にみさき投資作成。
1998年度の数字を利用

ず、やはりなんらかの事業転換の必要がありそうです（図表３－５）。

■コスト構造によって「ほぼ自動的に」儲けの出方が決まってしまう

こうやって見ると、「事業経済性のマジック」が見えてきます。**一つの業界の中では、儲けの出方がほぼ自動的に決まっているので**す。これに背いて戦略を立てても、超過利潤をたたき出すことはおろか、業界平均並みの収益率を出すこともできません。

ではなぜ事業ごとに儲けの出方がほぼ自動的に決まってしまうのかということですが、それには、その事業が内包しているコスト構

図表3-6　共有コストの比率が高ければ、規模の経済が効く

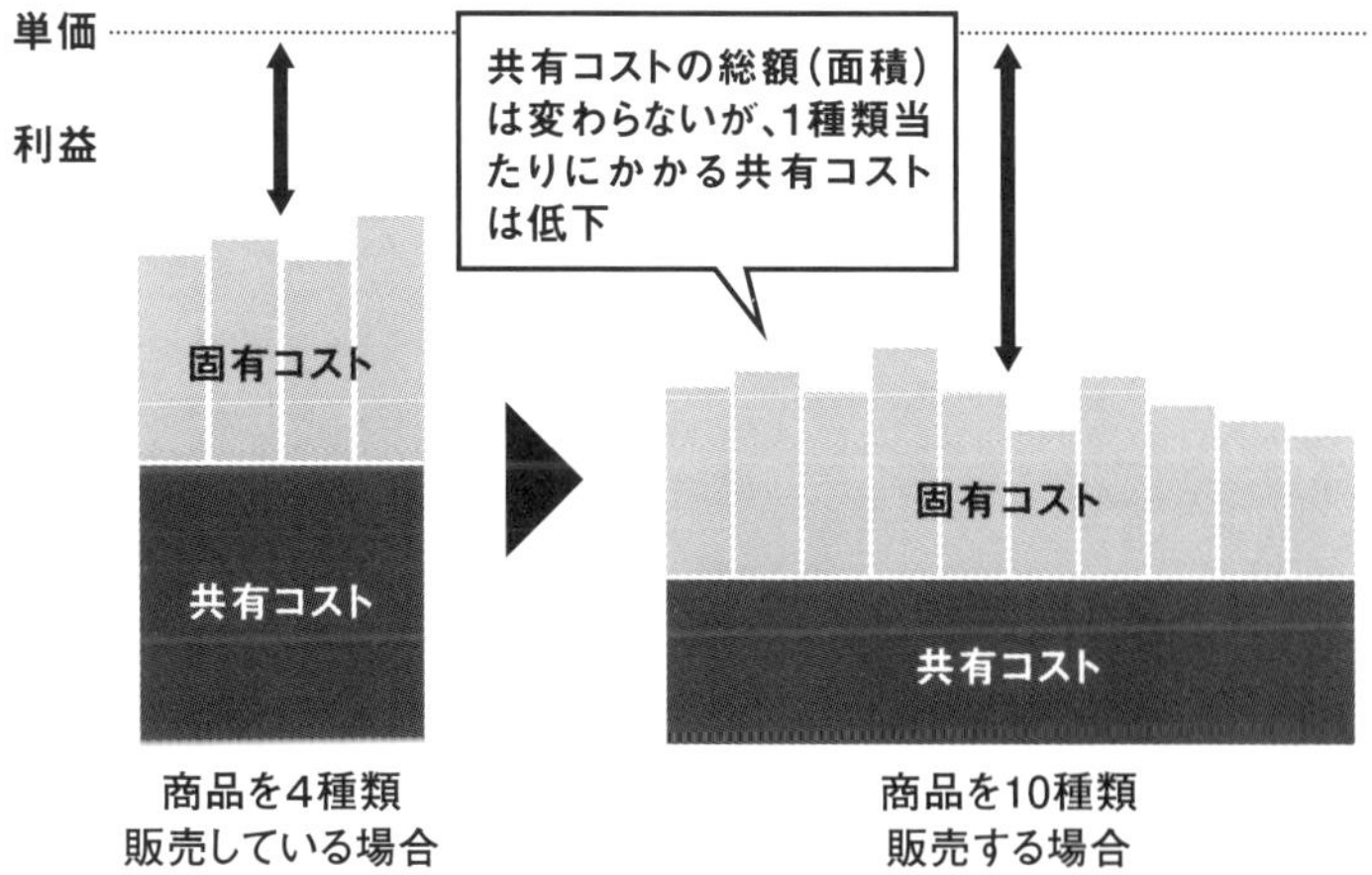

造が決定的な役割を果たしています。まず**図表3－6**にある「共有コスト」と「固有コスト」、そしてそれらと規模の経済との関係を解説しましょう。

　事業を拡大し、規模を大きくするにはさまざまな軸があります。お客さんの数を増やすことはもちろんのこと、展開地域を拡大することや、販売する商品の種類を増やすこともあるでしょう。そして、このような顧客や展開地域、あるいは商品の数や種類が増加しても、それに比例して増加しないコストを「**共有コスト**」と言います。いわゆる固定費に近い考え方ですが、共有コストのミソは**さまざまな事業展開軸を超えて「共有」されている点**にあります（固定費は通常、単一の商品や事業セグメントに使われる言葉です）。

その逆に、お客さんや展開地域、商品の種類を増やそうとすると、それぞれにいちいち追加的にかかってしまうコストを「**固有コスト**」と言います。

図表3－6の左側は、4種類の商品を販売している場合ですが、共有コストはこれらの種類を超えて全体にかかっています。一方で、固有コストは商品一種類ごとに個別にかかっていて、単価との差が利益になる構造を表しています。

右側は商品数を10種類にした場合です。商品種類を10に増やしても、種類を超えて全体にかかる**共有コストの総額（濃いグレーの長方形の面積）は変わっていませんが、商品一種類当たりの共有コストは小さくなっています。**結果として全社利益率も増加しています。図表からもわかる通り、**規模の経済が全社レベルで効くためには、コスト全体の中で共有コストが大きな比率を占めている必要があります。**共有コストの比率が低いと、商品種類を増やしても、共有コストが薄まるスピードが高まらないからです。

■「規模の経済」が効く仕組みとは

このような共有コストと固有コストの一般的理解を頭に入れたうえで、実際の事業における意味合いを解説してみましょう（**図表3－7**）。

図表3-7　コスト構造によって儲けの出方が決まる

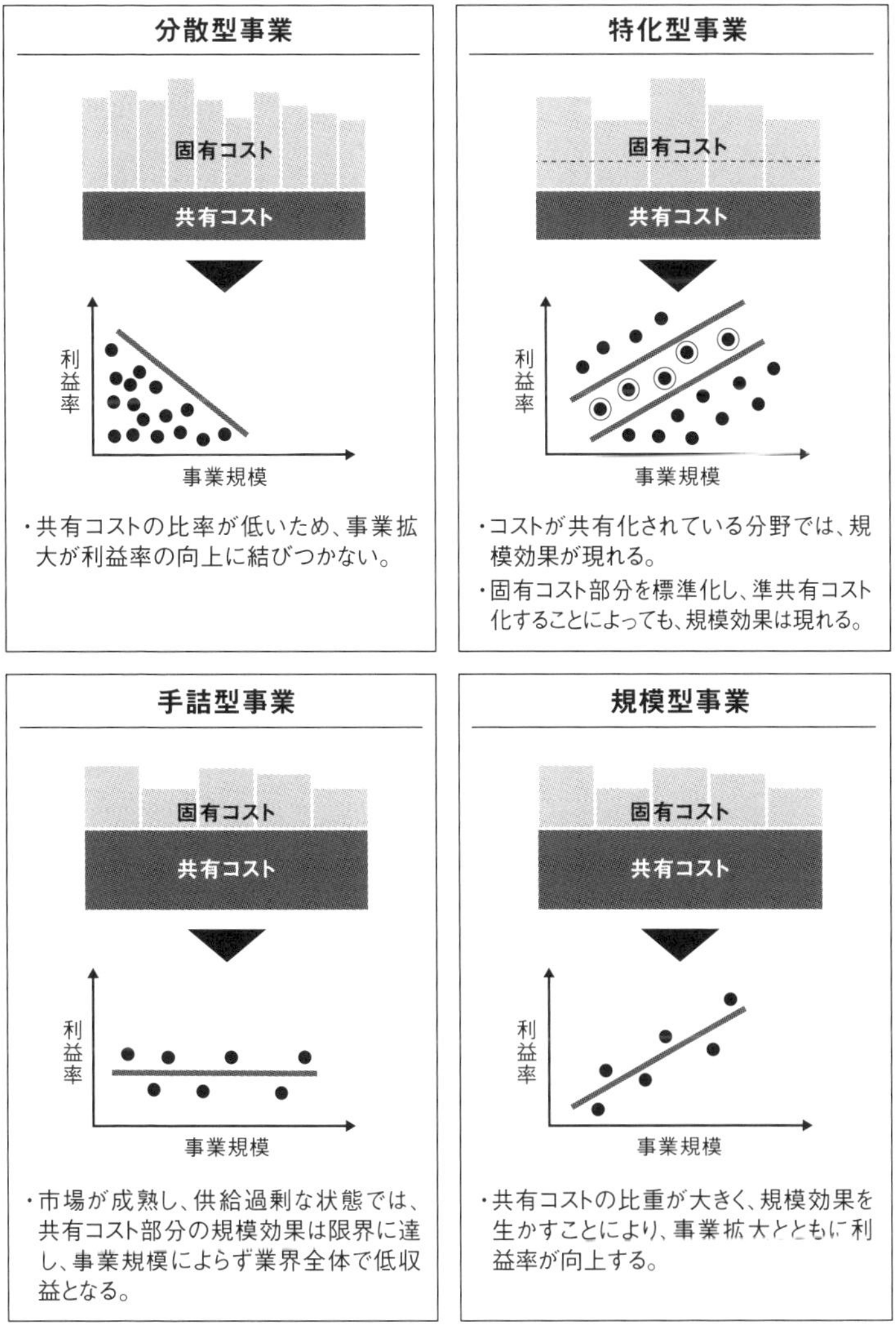
分散型事業
固有コスト
共有コスト
利益率
事業規模
・共有コストの比率が低いため、事業拡大が利益率の向上に結びつかない。
特化型事業
固有コスト
共有コスト
利益率
事業規模
・コストが共有化されている分野では、規模効果が現れる。
・固有コスト部分を標準化し、準共有コスト化することによっても、規模効果は現れる。
手詰型事業
固有コスト
共有コスト
利益率
事業規模
・市場が成熟し、供給過剰な状態では、共有コスト部分の規模効果は限界に達し、事業規模によらず業界全体で低収益となる。
規模型事業
固有コスト
共有コスト
利益率
事業規模
・共有コストの比重が大きく、規模効果を生かすことにより、事業拡大とともに利益率が向上する。

分散型事業として取り上げた卸売業のコスト構造を考えてみましょう。卸売業では、このお客さんにはこういうふうに対応しなければいけないとか、このお客さんにはまた別の対応をしなければいけないといったように、顧客別にコストがかかることがよくあります。このように、個別のお客さんに個別に対応するコストが重くかかる（固有コストの比率が高い）コスト構造の場合には、全社の売上がいかに増えても顧客別コストがいちいち追加的にかかってしまい規模の経済は効かないことになります。

商品別に固有コストがかかる場合もよくあります。個別商品ごとに固有の仕入れのコストや、固有の販促費が追加的にかかる場合でも、全社の規模がいかに大きくなっても規模の経済は効きません。

広告宣伝費や製造費、研究開発費などといった共有コストが存在したとしても、全体のコスト規模からすると大きくないでしょう。逆に、固有コストの比率が高く、売上を立てるためには一つひとつの商材や地域、あるいはお客さん別にコストが追加的にかかってしまうことが多いのです。

だから、全社の規模が大きくなっていっても、利益率は高まりません。このようなコスト構造の中で規模が大きくなってしまうと、支店間の調整コストや地域間の管理コストがかえってかさんでしまったり、社内外のコミュニケーションコストが増えたりします。管理コストがかさんでしまって、利益率が下がっていくという事業経済性メカニズムが存在するのです。

規模型事業の場合は、共有コストの比率が高いというコスト構造上の特徴があります。たとえば、広告宣伝には確かに多額のお金がかかるけれど全国一律でカバーできる、だから個別の商材に固有にかかる大きな販促費は必要ない、といったコスト構造です。そのようなコスト構造であれば、**個別の商品が売れれば売れるほど、全国一律・全社共有の広告宣伝コストが薄まっていき、規模の経済がどんどん効いてくる**ということになります。

先ほど例に挙げた紳士服チェーンの場合は、大きな店舗が必要ですが、その大きな金額の出店費用は個別の商品種類を超えた共有コストです。個別のスーツのような商材ごとの固有コストももちろんかかってはいるのですが、大きなお店を構えるための共有コストと比べるとその固有コストはかなり小さく、商品が売れることによる共有コストの薄まりのほうがはるかに大きな効果を生みます。だから規模が大きくなればなるほど、利益「率」が高まっていくのです。

■「多角化によるシナジー」論が見落としている罠

特化型事業の場合はどうでしょう。前出の医薬品メーカーの例では、全社共通の基礎研究費（R&D費用のうち研究費Rの部分）や、営業網の維持にかかる費用が全社の共有コストとなります。商品の販売量が増えても、これらの共有コストは比例して増えないため、単位当たりのコストを下げることが可能です。

ただし、大衆薬と医療用医薬品では、開発費（R&D費用のうち開発費Dの部分）はあまり共有できません。また、大衆薬の場合は一般消費者向けのマスマーケティングが重要で大きな広告宣伝・販売促進コストがかかりますが、医療用医薬品の場合は医者向けの営業（MR）に大きなコストがかかり、これも共有できません。大衆薬メーカーが医療用医薬品市場に参入するなら、これらの費用は共有コストとならず、新たにかかる固有コストとなってしまうのです。

同じ医療用医薬品の中でも、循環器系製品の開発費と、別の分野である消化器系製品の開発費も共有コストになりません。分野を広げることで競争力を増そうとしても、かえって追加コストがかかるだけで、特定領域における規模効果の追求が必要な事業経済性に背を向けた戦略になってしまうのです。それぞれの分野で別々のプレイヤーが支配的なのは、このようなコスト構造が背後にあるからです。

このようなコスト構造の事業の場合は、**コストを共有できる範囲を見定め、その領域に徹底的に特化して圧倒的なシェアを確保しなければ、収益率を高めることはできず**、単なる膨張した事業体に終わってしまいます（よくある「多角化によるシナジー」論が見落としている罠です）。

手詰型事業という型も紹介しましたが、この型は、もとはと言えば規模型事業で、言ってみればその終着点です。コスト構造的には規模型事業と同じで、共有コストが大きいので、プレイヤーはみな「売上を大きくすれば利益率が高まるな、競争相手を出し抜いて圧倒的になれるな」と考えます。ですから、みな、どんどん投資して、規模競争をなんとか勝ち抜こうとします。結果、業界全体で供給が需要を上回ってしまい、誰も儲からなくなってしまったというわけです。

■儲けの出方は、「コスト構造」と「共有コストの範囲」で決まる

　四つに乱暴に分けたように思える事業経済性の「型」は、シンプル極まりないメカニズムによって決まっています。つまり、「あなたの事業では共有コストのほうが大きいのですか、それとも固有コストのほうが大きいのですか」（コスト構造）、そして「そのコストはどうやったら薄まるのですか」（コストを共有できる範囲で規模を大きくする）ということですね。

　これをしっかり理解せずに、むやみやたらに全社の規模を追求したり、事業領域や製品種別を増やしたりすることは、超過利潤を生み出すどころか、業界平均並みの収益「率」すら出すことができません。お見せした業界別の収益性散布図で、大きな矢印で示した「規模と収益性の回帰線」より下に位置しているプレイヤーは、経済性に忠実な事業経営をしていない可能性があるのです。みなさんもご自身の業界でこの収益性散布図を描いてみて、自社の経営がどこに位置するか、分析されてみてはいかがでしょうか？

■競争の構図や戦略の骨格も、事業経済性で「ほぼ自動的に」決まる

利益構造だけでなく、競争の構図や戦略の骨格も、このパワフルな事業経済性によってほぼ自動的に決まっています（図表3－8）。

規模型事業の戦略――とにかく規模拡大競争

規模型事業であれば規模の経済が効いて、大きくなればなるほど利益「率」が高まるわけですから、ほぼ自動的に規模拡大競争になります。他社よりも先にバンバン先行投資して、その後は脇目も振らず規模を追求しようとする競争構図になるはずです。安売りしてでも、マーケットシェアを取りに行くようなプレイヤーも出てきます。価格などは、規模を確保したあとで上げていけばよいという発想です。

規模拡大競争が進むと、規模で劣るプレイヤーはどんどん脱落していきます。だから、規模型事業においては生き残った少数の企業同士による熾烈な競争になっていきます。

ここで少しリアルな話をしてみましょう。

図表3-8　事業経済性によって戦略骨格も決まる

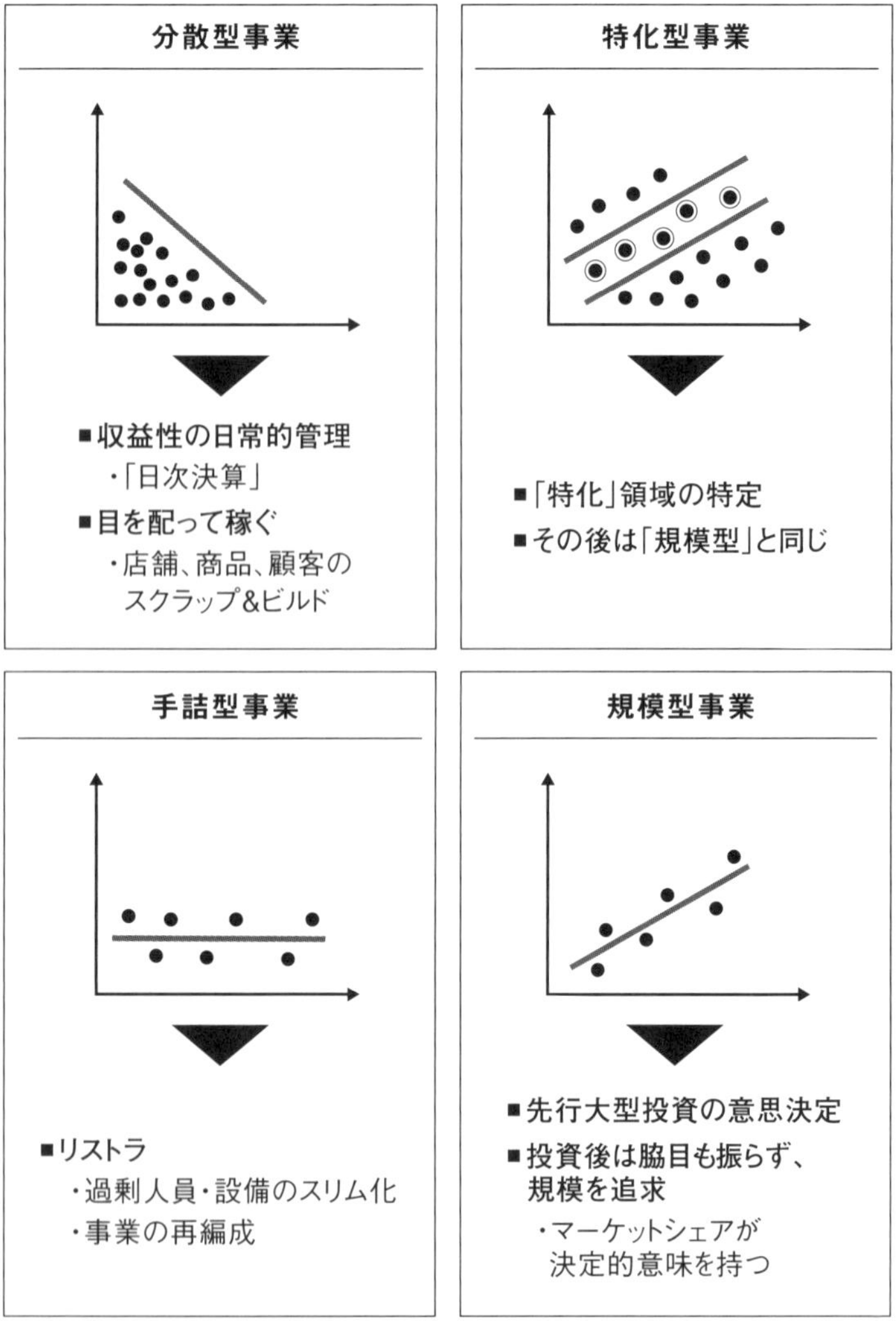

私は経営コンサルタント時代、いまＩＧＰＩグループの会長をされている冨山和彦さんと一緒に、黎明期の携帯電話キャリア事業のコンサルティングに取り組んだことがあります。携帯電話キャリア事業では、基地局などの広域ネットワーク構築や、支店や代理店を張り巡らせる営業網、そして契約管理や課金といった業務システム構築に莫大な初期投資が必要です。この部分が全社共有コストになるのですね。この大きな初期投資をなんとか早く回収しないといけないわけですが、それにはまず、たくさんの数の顧客を獲得したうえで（規模の確保）、月々の通話料によって顧客一人ひとりにかかった顧客獲得コストをなるべく早く回収していかなければなりません（継続利用前提の長期回収ビジネス）。

ここで陥りがちな発想は、「小さく産んで大きく育てよう」という戦略です。参入当初はあまりエリアを広げずに、巨額になりがちな基地局投資を抑えることでなるべく早く投資を回収しようと考える。もし回収が始まったら、その生まれたキャッシュの範囲で基地局投資を一段階進め、少しずつエリアを広げていけばよいではないか、大きな赤字を出さずに事業が展開できるではないか、という一見、合理的な戦略です。

しかし、この戦略はうまくいきません。お客さんが移動しながら通信することが前提の携帯電話ビジネスで、（最初だけとはいえ）エリアが狭い事業者には、顧客が加入してくれないからです。投資を小さく抑え早期に回収したい気持ちはよくわかるのですが、その気持ちをかなぐり捨て、巨額で長く続く赤字を覚悟してネットワーク構築に大きく投資し、目先の顧客獲得コストも度外視するぐらいの勢いで契約数を猛然と増やしていかないと、競争のスタート地点にすら立てないのです。

当時の冨山さんが描いた戦略は、「谷深ければ、山高し」。競争相手が腰を抜かすぐらい、新規参入者としては破格のネットワーク大投資を行って「広域エリアNo.1」を整備したうえで、さらに巨大な広告宣伝費をかけて、一気にシェアを取る作戦に出たのです。本当は一台数万円もする携帯電話端末が当時はほとんどタダでばらまかれたことも、必要な事業規模を一気に確保しなければ儲かる事業には決してならないという、事業経済性に基づいた冷静な戦略判断だったのです。

この参入戦略は大成功を収め、参入後は月間シェアNo.1を取る時期が続くほどでした。確かに「谷」(=単年度の赤字)は深かったのですが、一気に顧客基盤を整備し共有コストを薄めたことで、「山」(=その後の利益)は高くなり、当初の事業計画より早く単年度黒字・累積赤字の解消が実現できました。

携帯電話キャリアという事業は、1990年代前半という当時の日本ではまだほとんど誰も本格的にはやっていないという黎明期でしたが、冨山さん(と、現在みさき投資のC

ＩＯを務めている麻生武男）という優れた戦略家は、その事業経済性の本質が規模型事業にあるということを見抜き、恐ろしいほどの大投資戦略をクライアントの社長に進言したのでした。

分散型事業の戦略——日常的にスクラップアンドビルド

規模型事業における実際の戦略例をお話ししましたが、今度は分散型事業の競争の構図と事業運営の鉄則を考えてみましょう。この事業では規模の不経済が効いてしまうので、規模を大きくしてもあまり良いことがありません。規模を大きくしても、利益率はかえって下がっていってしまうのです。

この事業では敢然とリスクを取って規模拡大を狙うのではなく、お客さんや商品、あるいは地域といった視点でコストの隅々まで目を配り、日常的なスクラップアンドビルドを行うことが求められます。儲かっていた商品が儲からなくなってきた、固有コストが重くなってきたというような状況になれば、その商品はさっさとやめ、次の商材に乗り換えるという機敏で細やかな動きを行うことで、利益「率」を維持・向上することが鉄則なのです。

特化型事業の戦略――共有コスト比率が高い領域に絞って規模拡大

特化型事業も、領域を絞れば規模型事業と同じ競争の構図になります。領域ごとに規模の拡大競争が起き、少数の企業が争う構図となるのです。戦略としては、その領域に特化し、そこだけに共有コストをかけ、その領域だけでシェアを追求する。顧客基盤を構築することで、かけた共有コストを薄め、利益率の確保を狙います。

特化型事業のコスト構造にあるにもかかわらず、「額」だけを追いかけ、多くの事業分野に進出している企業をよく見かけますが、そんな戦略では業界平均並みの「率」を得ることはできません（いわゆるコングロマリットと呼ばれる企業は、多くの場合、このような「額の経営」になっています）。特化型事業で領域を増やす誘惑に屈してしまうのは自殺行為です。くれぐれも気をつけていただきたいと思います。

手詰型事業の戦略――リストラ・業界再編・協調戦略

手詰型事業は、元々は規模型事業であったものが、業界全体が供給過多になり、誰も儲からなくなった事業です。打ち手としては、過剰人員の削減、設備のスリム化、生産量の削減あたりが常套手段です。業界再編をしていくことも、一つの選択肢となります。

企業間で生産量を調整する／販売エリアを棲み分けるなどの協調戦略をとる方法もあります。これは下手をするとカルテルと見なされる可能性もありますし、競合同士が協力しなければならないため難易度は高いのですが、この手の産業ではトライする価値があると思います（その際には、経済学・ゲーム理論で言う「協調ゲーム」が参考になると思いますので、ご興味のある方はぜひ研究なさってみてください）。

■事業経済性がわかれば、競合他社に先駆けて戦略を打てる

ここまでは、どちらかというと事業経済性を静態的なもの、あるいは事業の整理学としてお話ししてきました。でも、事業経済性というものは本来、事業の発展段階と組み合わせて、ダイナミックに活用すべきものでもあります。

お話しした通り、立ち上げ期の携帯キャリア事業では、「谷深ければ、山高し」という参入戦略を立案したあとは、おおいそぎで一定量の顧客数を確保する必要があります。そしてそのためには、端末をタダでばらまいてでも、契約数の最大化を目指すことが目先の戦略となります。顧客獲得に次ぐ、獲得。言ってみれば、これが「戦略の第一フェーズ：鬼神のごとき顧客獲得」です。

しかし契約数が一定のラインを越え、携帯電話そのものの普及率も高まってくると、契約数はそれほど伸びなくなり、顧客の獲得スピードは自然に落ちていきます。その一方で、通話品質やサービス品質への顧客の期待値は高まり、そこに不満を持ち始めた顧客の解約率は上がってきます。戦略の第一フェーズで少し乱暴に獲得したお客さんは、獲得できるのも早かった一方で、解約にもまったく躊躇しないという特性も現してきます。

携帯電話事業は規模型事業である一方で、継続利用前提の長期回収ビジネスでもあるため、回収期間途中での解約は経済性上、とてもやっかいです（私がコンサルティングをしていた当時は、顧客当たり最低でも約13か月の回収期間がかかるという計算でした）。脇目も振らずに顧客獲得さえしていればよかった戦略第一フェーズから、顧客獲得を続けつつも解約防止を優先するという「戦略第二フェーズ：解約率を抑えろ」に、頭を切り替えなければなりません。コールセンターや店舗サービスなどの顧客接点業務の品質を上げたり、解約者分析を詳細に行うことで解約危険性の高い顧客を特定し、さまざまな満足度向上施策を打ち出したりする必要が一気に高まるのです。

必死になってそんな取り組みを続けることで、解約率が落ち着きを見せ始めたら、次はすぐにまた違う「戦略第三フェーズ：単価を上げよ」に移行しなければなりません。契約当たりの単価を上げることで回収期間を短くすることが、長期回収ビジネス成功の要諦だからです。

事業開始段階ではゼロ円携帯などでシェア拡大を図っていた携帯キャリア各社が、徐々に長期契約割引や家族割、さらには固定回線とのセット割引など、解約率を下げるための契約形態を増やしてきたこと、そして直近ではNTTドコモはdマーケット、KDDIは「auスマートパス」「au PAY」など、顧客単価を上げる取り組みをしていることは、携帯電話事業の莫大な初期投資、顧客一人ひとりにかかる獲得コスト、そして継続利用前提の長期回収ビジネスという事業経済性を理解していれば、とても自然に理解できることなのです。

「みなで豊かになる経営」を目指す経営者は、事業に通底している基本的な事業経済性のメカニズムを理解するだけでなく、それが事業の発展段階に伴って、どのように戦略フェーズを形づくっていくのかを事前に予測し、競合他社に先駆けて適切な手を打っていかなければ、業界平均並みの「率」すら確保することはできないのです。

■携帯電話事業と生命保険事業の戦略の共通点とは

前節では特定の事業でダイナミックに変転する戦略フェーズの例をお話ししましたが、ここでは事業経済性というフレームワークを身につければ、市場も流通チャネルも、何もかも異なる事業に、戦略発想を横展開できるという事例をお話ししたいと思います。

携帯電話キャリア事業では「戦略第一フェーズ：契約数の確保↓戦略第二フェーズ：解約率の低減↓戦略第三フェーズ：契約当たり単価の向上」という順で、戦略家が着眼すべきことが変化していきました。そして、実はこの戦略フェーズの変転がきれいに当てはまる事業は、携帯電話キャリア事業以外にもいくつもあります。

その一つが生命保険事業です。生命保険事業では、事業初期には業務やＩＴシステム構築、さらには営業網構築といった莫大な初期投資が必要な一方で、契約が取れるたびに外務員さんに支払う顧客獲得コストも大きくかかるというビジネスです。そしてその回収は、顧客からの超長期にわたる毎月の保険料で行います。

これは「事業経済性」という観点から見れば、莫大な初期投資、顧客一人ひとりにかかる獲得コスト、そして継続利用前提の長期回収ビジネスという、携帯電話キャリア事業とまったく同じ構造です。もちろん、事業の規模感は異なります。たとえば、携帯電話事業における顧客獲得コスト回収期間は当時13か月だったという話をしましたが、私がコンサルティングをしていた当時の生命保険事業における回収期間は約7年間でした。

まったく異なる事業のように見える携帯電話キャリア事業と生命保険事業ですが、事業の大きさこそ違えども、事業経済性というフレームワークから見える形は、まるきり相似形なのです。ですから事業開始初期には赤字覚悟で顧客基盤を広げる必要がある一方、一定のラインを越えたところでは既存顧客の解約防止、そして顧客当たり単価の上昇というまったく同じ順序で、戦略フェーズも変転していきます。

私が長らく携帯電話事業の戦略コンサルティングを行ったあと、生命保険事業で大きなクライアントを獲得し、移りゆく戦略フェーズを事前に予測しながら多くのコンサルティング成果を出していけたのも、この「**事業経済性が、競争の構図も、戦略の骨格も決める**」という理解があったからなのです……。

少し自慢話のようになってしまいましたが、この章における私のメッセージは明確です。**事業経済性を踏まえていない戦略は、高い超過利潤どころか、業界平均並みの収益**

「率」すら生み出しません。もちろん複利効果を享受するどころではありません。

「みなで豊かになる経営」を目指す経営者には、ぜひこの「事業経済性」というフレームワークを深く理解していただき、事業の「型」や戦略フェーズ、さらには傘下の異なる事業群に合わせて自由自在・縦横無尽に、高収益「率」をたたき出す戦略を繰り出していただきたいのです。

コラム　日本企業のROEが低い本当の原因

これまで語ってきた「事業経済性」というシンプルながらパワフルな論理は、企業経営に十分浸透し、実践されているのでしょうか。どうもそうは思えないデータがここにあります。

第1章で見た代表的な資本生産性指標であるROEを3つの因子にブレイクダウンしてみると、問題の核心が正確に見えてきます。以下はデュポン分解と言われる恒等式です。

ROE＝（事業マージン：当期利益／売上）×（資産回転率：売上／総資産）×（財務レバレッジ：総資産／自己資本）

図表3-9　日本企業のROEが低いのは利益率が原因
――日米欧の資本生産性の要因分解

		ROE	マージン	回転率	レバレッジ
日本	製造業	8.2	5.6	0.9	2.4
TOPIX500	非製造業	10.4	5.9	1.0	3.0
	全体平均	9.0	5.7	0.9	2.6
米国	製造業	23.8	10.0	0.9	3.8
S&P500	非製造業	21.6	9.1	0.9	4.2
	全体平均	22.8	9.5	0.9	4.0
欧州	製造業	17.0	9.4	0.8	3.0
STOXX Europe600	非製造業	23.4	11.6	0.9	3.9
	全体平均	19.8	10.4	0.9	3.4

資産回転率や財務レバレッジの数値はそれほど変わらない

注：2010～2019年度の10年間の実績値の平均値をベースに計算。金融業と異常値を除く。ROE、マージン、回転率、レバレッジはそれぞれ個社データの平均値であるため、後三者を掛け合わせてもROEとは一致しない。

出典：みさき投資

図表3-9は日米欧の上場企業のROEを分解してみたものです。短期的な業績変動の影響を避けるために、10年という長期スパンで平準化して数値を出しています。

日本企業の長期のROE水準は、欧米企業と比べると低いことは間違いありません。ざっくり言って半分程度の水準です。これを、デュポン分解に従って個々の因子ごとに欧米企業と比較してみると、日本企業は資産回転率が極端に低いわけではなく、財務レバレッジも（多少低いまでも）極端に低いわけでもないことが見て取れます。一般的な認識とは異なり、日本企業総体では過大なキャッシュを持っているわけではなく、また、適切に負債を活用していないというわけでもないのです。

　こうやって分解してみると、**日本企業のＲＯＥが低い理由は明らかです。事業マージン、つまり本業の利益「率」が低く、欧米企業の半分程度しかない**ことにあるのです。これは経営者にとっては、なかなか厳しい指摘です。何しろ10年間という長期スパンで見ても、経営者の本分である「事業で儲ける」力が欧米企業の半分しかないということですから。

　これを見ると、事業経済性というシンプルな鉄則を日本企業の経営者は理解し実践しているのだろうか、という懸念もわかっていただけるのではないかと思います。

「みなで豊かになる経営」のためには事業経済性を十分に理解し、海外競合と比較しても、勝るとも劣らないレベルの収益「率」をたたき出す経営スキルが、どうしても必要だと思うのです。

第３章のまとめ

・第３章は「超過利潤」を出すための第一ステップ、「事業経済性」でした。事業経済性はある種、恐ろしいパワーを持っています。これによって儲けの出方や競争の構図がほぼ自動的に定められ、経営の大きな指針すら宿命づけられてしまうからです。この事業経済性を深く理解しておくと、刻々とダイナミックに変転していく戦略ステージへの備えを作ることが可能になります。さらには、通底する事業経済性が理解できれば、まったく異なるように見える事業でも、高い収益率が上げられる戦略を横展開することも可能になってくるのです。

・超過利潤を出すためにはこの事業経済性を理解し、少なくとも業界標準並みの利潤を出しておくことが必要です。「規定演技」で予選を通過する点数を取っておかなければ、「みなで豊かになる」どころではありませんから。

・事業経済性自体は古典的と言ってもよいフレームワークです。しかし日本企業の資本生産性が低い原因は、事業収益率そのものにあることも明らかです。ここまで長く続いている低収益性を見ると、日本企業の経営者は、事業経済性という考え方を頭ではわかっていても、身体が動いていないのではという懸念が生じてきます。「みなで豊かになる経営」を目指す経営者にはもう一度、事業経済性のパワーを実感してもらい、身体がスムーズに動くようにしてほしいのです。

・事業経済性を腹の底から理解し、戦略づくりに生かすためには、自分が日々、丹精込めて営んでいる事業を一度突き放して「観る」、他社と並べ比較して「診る」という姿勢・思考が必要なようにも思います。冒頭でお話しした"What is this business?"という思考ではなく、"What *kind of* business?"と抽象化・パターン化してみる姿勢・思考がなければ、優れた戦略を生み出すことはできません。この、「丹精込めて営んでいる事業を突き放して観る・診る」という姿勢の大事さは、今後の章でも強調されていきます。「みなで豊かになる」ためにはこの姿勢がとても大切になってくることを頭の片隅に入れておいてください。

・さて、事業経済性の力を借りて規定演技をこなし予選を通過した企業は、次の「自由演技」に移ることができます。今度は、業界並みの利益「率」を軽々と超え、超過利潤を出していく秘訣について語っていきます。

第4章 「利回り」を作り、競合他社から守る——障壁

■
「みなで豊かになる」ための次のステップは「『利回り』を作り、守る」です。事業経済性を理解し規定演技をうまくこなせたあとは、自由演技が待ち構えています。業界平均並みの利益水準を出せたとしても、それだけで「みなで豊かになる」ことはできません。業界平均を軽々と超える利益水準を出すことが必要になるわけですが、そんな利益水準は優位性や差別化、あるいはブランドや強い製品といった常識的な手法からは生まれてきません。しかも、仮に業界平均を大きく超えるような利益水準を確保できたとしても、そんな利益水準は強く大きな競合を惹きつけます。何もしなければ、超過利潤は一瞬にして消えてしまい、「みなで豊かになる」ことはできません。業界平均以上の利益を作り出し、そして守り抜くもの、それがこの章で語られる「障壁」です。

■利回りを生むだけでなく、長期間維持するための「障壁」とは

前章と本章の視点の違いはいくつかあります。前章の「率」という概念はPLの中で閉じた世界、典型的には売上高営業利益率（ROS：Return on Sales）で業界標準並みの「率」を確保することが目標でした。本章では、PLの世界に閉じることなく、現在のBSや過去にさかのぼったPLにまで拡張した「投下資本」という概念を導入し、その投下資本に対して利益を出すこと、つまり「利回り」を出すことを考えます。利益を見る基本視点の置き方が変化しているのです（**図表4－1**）。

それだけでなく、この章ではその「利回り」を守り抜い
ていくという概念が導入されます。せっかく確保した高い「利回り」も、それを守り抜く何かを備えていなければ「みなで豊かになる」ことはできません。

市場経済は自由競争ですから「あの会社は儲かっているな」と思われれば、すかさず誰かが参入してきて、熾烈な競争になってしまうのが世の常です。そんなときに、強力な敵が攻めてきても跳ね返せるだけの高い「障壁」を持っていなければ、せっかくの高い「利

図表4-1　利回りを意識すると、利益に対する見方が変わる

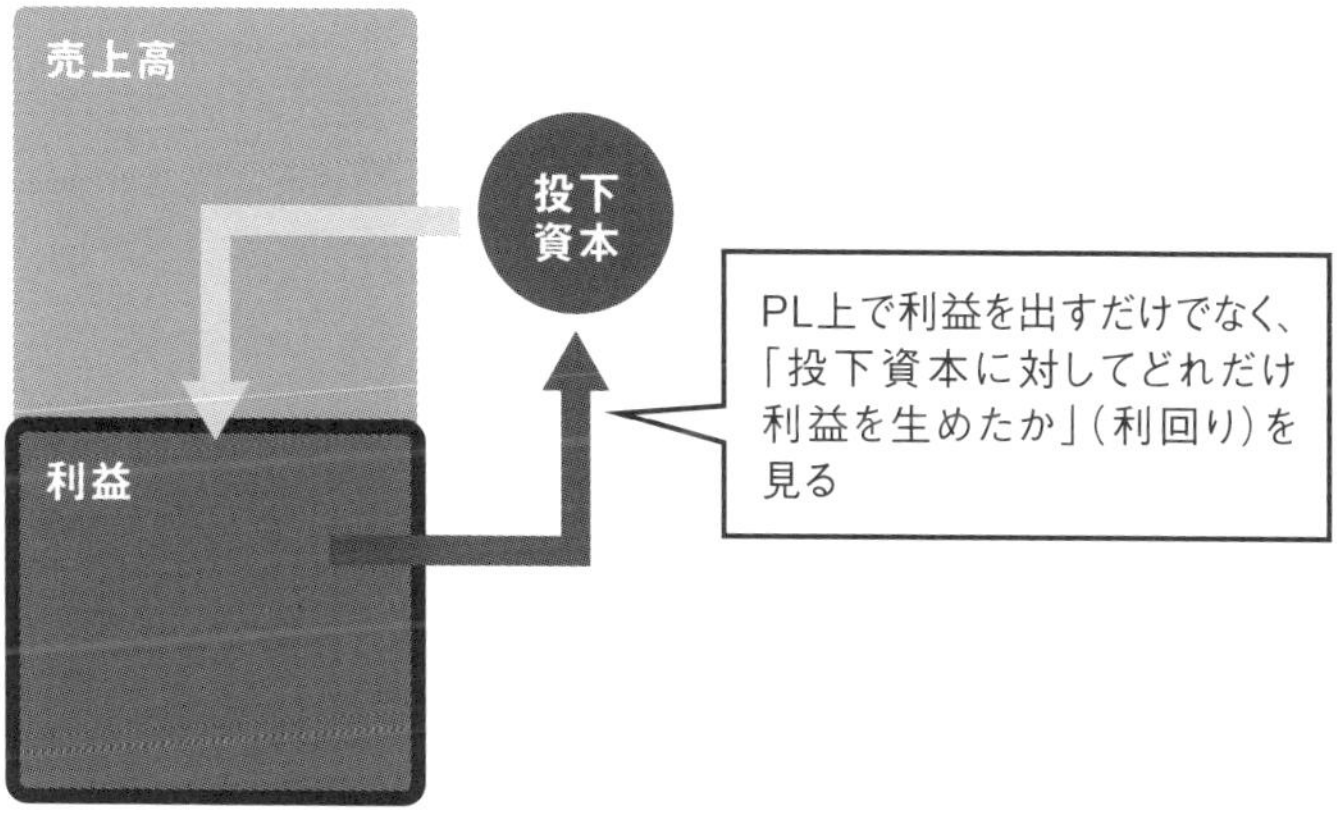
売上高
投下資本
利益
PL上で利益を出すだけでなく、「投下資本に対してどれだけ利益を生めたか」（利回り）を見る

回り」も雲散霧消してしまいます。一時は大変な高収益を上げていても、気がつくと平凡な利益水準に落ち着いてしまったという会社は枚挙にいとまがないのです。

経済学の教えによれば、「完全競争のもとでは超過利潤はゼロになる」ということですから、誰でも参入し自由に競争できる事業なら、どうしてもそういう均衡状態に陥ってしまいがちなのです。

さて、障壁と言っても種類はさまざまです。その事業に入ろうと思っても高い壁が立っていて入りづらいという「参入障壁」、うまいことやっている競争相手を真似ようと思ってもなかなかできないという「模倣障壁」、そしてこれまで実行してきた戦略（た

とえば規模戦略）から違う戦略（たとえば特化戦略）に移る際に発生するさまざまな障害を意味する「移動障壁」といったように、いくつかの種類があります。

この本ではこのような厳密な学術的分類は横に置いておき、もう少しシンプルに「いまそこにある利益を狙って強い競争相手が攻めてきても、簡単には寄せつけず、利益が守られる壁」をイメージしておいていただければ結構です。こういった壁を持っているからこそ豊かな「利回り」が生まれ、守られていくわけです。

このあとは、実はわずかな数しか存在しない障壁について解説していきたいと思いますが、その前に、世の中では強固な競争優位性と考えられていることが、「みなで豊かになる」という観点からすると必ずしも同意できないということを語ってみたいと思います。

■「競争優位」のよくある誤解1――「差別化」など障壁にはならない

障壁についてはさまざまな学者が優れた研究結果を示していますが、ここでは主に、米国コロンビア大学のMBAプログラムで80％の学生が選択したという伝説の人気講義を持っていたブルース・グリーンウォルド教授の説を解説していきます。

教授はまず、世の中で優位性の要素とされている**「差別化」なるものは、なんの持続的**

な利益も保証しないと主張されています。教授の主張をいくつか見てみましょう[*7—8]（『競争戦略の謎を解く』『バリュー投資入門』からの抜粋です）。

> 製品の差別化は外で食べるランチのようなものであり、ただでは手に入らない。自社の製品を競合品と差別化するためには、広告宣伝、製品開発、販売、カスタマー・サービス、購買、流通チャネル、その他多くの機能分野に投資しなければならない。
> （『競争戦略の謎を解く』PP30—31）

教授は言います。みなさん、必死になって差別化を追求しますよね。でも差別化しようとしたら、いろいろなものに相当の費用をかけたり、投資したりしなければなりませんねと。それだけでもうなずける主張ですが、その後、こう続きます。

> ……たとえ競合品より高い価格を設定し続けることが可能だとしても、差別化のための投資に対する利益率はどんどん下がっていく。最終的には、投資から得られる利益率が妥当な水準を満たさなくなったときに（訳注：ROICが資本コストを下回る場合を指す）、非効率的な企業はなんとか生き残るために四苦八苦することになる。

これは自動車、電化製品、小売店、ビール、航空会社、事務用品など、製品が差別化されている多くの業界で実際に起こったことだ。（『競争戦略の謎を解く』P31）

仮に競争相手より差別化できて高い価格を設定できていたとしても、その裏にはたくさんの費用や投資、つまり「投下資本」がかかっているはずです。問題はその投下資本に対する「利回り」は十分に出せているのか、ということです。

コストが安い資本へのアクセスや、豊富な資金力も競争優位として挙げられることが多い項目であるが、たいていの場合、これらは錯覚である……これと同じ理屈は、「優れた人材」にも当てはまる。（『競争戦略の謎を解く』PP40─41）

保有しているITや人材が仮に優れていたとしても、それらにもすべて資本がかかっているはずです。その投下資本を十分に上回る利回りが出せているのか、との懐疑的主張です。

■「競争優位」のよくある誤解2──ブランドも障壁にならない

教授の快刀乱麻は、切れ味を増していきます。最も驚くのはブランドに関する主張です。ブランドもそう簡単には「利回り」を生み出しませんよと警鐘を鳴らすのです。

世に一般的な経営理論の説くところとは逆に、競争優位性の種類はきわめて数が少なく、ビジネスの世界で実際に持続する競争優位性は稀にしかない。（『バリュー投資入門』P89）

……参入障壁がない場合、企業価値が長期的にはその資産価値に等しくなっていくというプロセス自体は十分に現実的なものである。そしてこのプロセスは企業や商品が強力なブランドイメージから恩恵を受けている状況にあってもあてはまるのである。（『バリュー投資入門』P86）

ブランドは資産である。他の資産と同様に……それを築くときには初期投資がかかり、一度確立したイメージを維持するためにも継続的な支出を要する……ほとんどのブランド製品は、市場で確立した地位を築くことができない。（『競争戦略の謎を解く』PP196－197）

メルセデス・ベンツの自動車ほど、競合との差別化に成功している製品は世界に二つとないだろう……ブランドは製品を差別化するためのもっとも基本的な手段であり、メルセデス・ベンツのスターマークは、世界の自動車市場でもっとも広く認知されている高品質の象徴であろう……しかし、こうした高品質のイメージが広く浸透しているにもかかわらず……そのブランド力を非常に高い利益率に結び付けられていない。実際のところ、彼らの業績はみんなが必死に避けようとしている汎用コモディティ事業を営む企業のそれと何ら変わらないのだ。（『競争戦略の謎を解く』P28）

メルセデス・ベンツを取り上げた説明はなかなか強力です。ベンツが圧倒的に差別化されたブランドであることは、誰もが認める事実でしょう。でもそれほど差別化されていたとしても、「投下資本」に対する十分な「利回り」を生むこととは別物なのだ、という論理です。

失敗したブランドへの投資は都合よく表面上から隠されてしまうため、ブランド全体の利益率を成功したブランドの利益のみでとらえてしまうことは往々にしてある。

図表4-2　「利回り」を意識すれば、利益を見る目が変わる

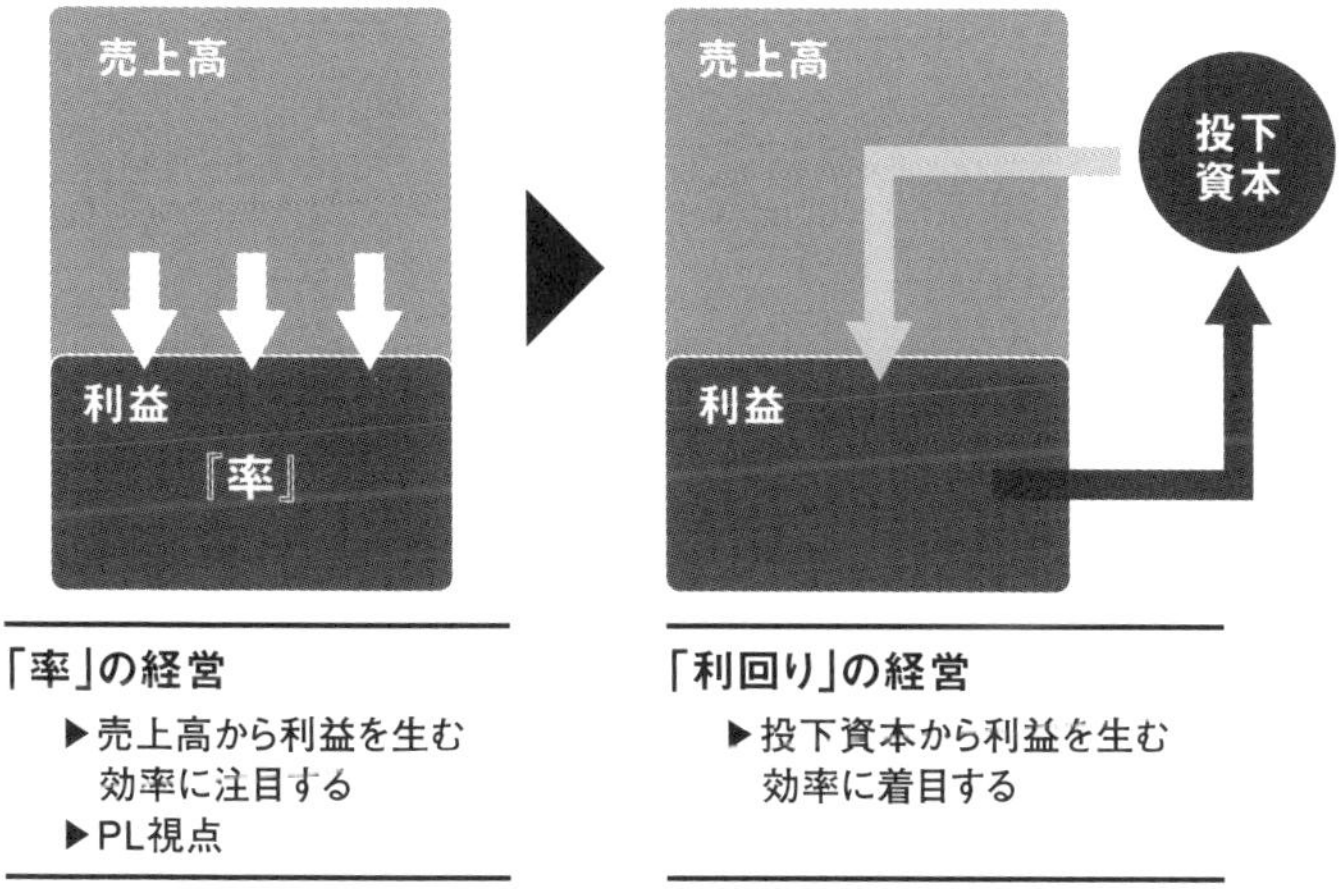

こうした利益の過大評価が、ブランドの創造が競争優位の源泉の一つだという根拠のない結論につながってしまう。(『競争戦略の謎を解く』PP197−198)

理論的にもまた実務的にも、「商品の差別化」および「強力なブランド」は、「収益性のあるフランチャイズ」とは別物なのである。(『バリュー投資入門』PP87−88)

長期投資家は、何かの経営施策を打つためには、何かしらの「投下資本」が常にかかるという点を理解しています。ここでもう一度、第1章で紹介した「率の経営」と「利回りの経営」を思い出してください(**図表4−2**)。

「率の経営」に拠って立っている人には、ブランドというものは、高い利益率を出してくれる素晴らしいものと映るでしょう。実際、すでに確立したブランドは、高い利益率を生み出しているはずですから。

■「利回り」の視点で見ると、ブランドへの投資は、割に合うとは限らない

しかしそれは単に、うまくいったときの「結果論」という見方もできます。「投下資本に対してどれだけ利益を生んだか」を意識する「利回りの経営」から物を見る人は、（1）ブランドを作るためには相当の投下資本が必要で、（2）過去に相当の量で投下されてきた資本は、（会計上）現在のPL上からは見えなくなっている、（3）しかもブランドがお客さんに強く支持され、高い「利回り」を出す確率はそれほど高くない、と考えているのです。

世の中には失敗したブランドへの投資が山ほどあります。それは見えづらいものですからついつい、よしブランドを作ろう、そうすれば儲かるよね、と考えがちです。でも**ブランドというものは、それなりの投下資本をかけないと絶対にできません**。長年にわたる広告宣伝費や販売促進費がなければブランド構築は難しいはずです。にもかかわらず、企業

会計上ではこれらの投下資本は単年度の費用として消えていってしまいます。ともすれば大きくなりがちな累積的投下資本は、現在のPLが示すブランド利益だけを見ている人からは見えないのです。そして投下資本をかけたとしても、それがお客さんからの強い支持を得るとは限りません。仮にでき上がったものがブランドとしてみなに知られているとしても、そのことと「利回り」とは別物ですという話なのです。

(この本の解説を書いてくださっている楠木教授は「Branded(すでにブランドを確立したもの)と、Branding(これからブランドを作ろうとする試み)は全然違う。Branded Goodsは高い利益を出しているかもしれないが、そういった結果だけを見て、Brandingすればいいのだ、という考えは短絡的すぎる」とおっしゃっています)。

とはいえ、世の中のブランド信仰は、相当根強いものがあります。グリーンウォルド教授の話だけでは信ぴょう性も薄いかもしれません。今度は投資家の言葉も拾ってみましょう。モーニングスター社の株式リサーチ部門の元ディレクターであるパット・ドーシーの言葉です[*9]。パット・ドーシーは、長期投資で成功を収めており、モーニングスター社の競争優位性分析などのフレームワークの礎を築いたことで知られています。ここでは『千年投資の公理』から抜粋します。

ブランドに関して……最もよくある間違いは、有名ブランドがその企業に競争上の優位性を与えているという思い込みだ。実は、これほど真実から遠いことはない。ブランドが経済的な堀を築くのは、それが消費者のさらなる支払い意欲を促すか、もしくはさらなる顧客を囲い込める場合に限られる。ブランドを作り、維持するためにはコストがかかるので、価格決定力を得るか、リピーターによってその投資がリターンを生まなければ、それは競争上の優位性を築いたことにはならない。（P52）

グリーンウォルド教授と同じくドーシーも、ブランドづくりには相当の「投下資本」がかかるため、それが必ずしも高い「利回り」を生むわけではないことを指摘しています。もうちょっと拾ってみましょう。

ベンツは……品質と耐久性に対する評価は守ってきた。ただ、ライバル社よりも長持ちする自動車を製造するにはコストがかかるため、ベンツにブランドによる利益の優位性があるとはいいがたい。（P57）

有名ブランドでも価格決定力がなかったり顧客の囲い込みができなかったりするも

のは、顧客にどれだけ親しまれていても競争上の優位性はない。（PP66－67）

またベンツが出てきました。ちょっと可哀そうな気もしますが、ブランドがあるということと、「利回り」が出ているということを、クリアに分けるためには格好の材料なのでしょうね。

ここで少し理論的な解説をすると、ドーシーは「ブランド価値」と「ブランドの**経済的**価値」は明確に区別しましょうと主張しています。「ブランド価値」とは読んで字のごとく、特定のブランド製品に対して他の通常商品よりも多く支払う分の金額ですが、「ブランドの**経済的**価値」とは、簡単に言うと、「投下資本」に対して生じている「利回り」のことです。たとえば、コカ・コーラのブランド価値は高くない（特段高い値段を吹っ掛けられるわけではない）けれど、ブランドの経済的価値は大変な高さです。コカ・コーラからは、あとで解説する障壁によって、強烈な「利回り」が出ているのです。

誤解していただきたくないのですが、私は「ブランド資産」という概念を否定しているわけではまったくありません。いえ、むしろ私自身は留学時代には、「ブランドエクイティ」という概念を打ち出したブランド論の世界的権威であるデービッド・アーカー　カリフォルニア大学バークレー校教授に師事し、薫陶を受けていたつもりです。
そんなブランド信仰者の私がここで申し上げたいのは、**ブランドづくりには必ず「投下資本」が必要で、ブランド資産が実際にできるかどうかには確率論が絡み、その資産が高い「利回り」を出せるかどうかも、そんなに簡単ではない**と釘を刺したいだけなのです。「率の経営」から「利回りの経営」への転換を描写し、みなさんに理解していただきたいための、格好の材料なのです。

■「競争優位」のよくある誤解3
――製品の素晴らしさもシェアの大きさも関係ない

ブランドの他にも世の中では優位性と見做されているものに対して、長期投資家は厳しいコメントを連発しています。ドーシーの言葉をもうちょっと拾ってみましょう。

筆者の経験では、①素晴らしい製品、②大きなマーケットシェア、③ムダのない業務執行、④優れた経営陣――などが「誤解されている堀」(筆者注:この「堀」は障壁と同じ意味です)の代表的なものだ。この四つの罠にかかると、実際にはありもし

ない堀を持っている魅力的な企業に見えてしまう。（P35）

こんなことを言っているのです。製品に関しては多くのメーカーが熱心に研究開発をしているはずですし、ＩＲの場でも「うちにはこんな素晴らしい製品があります！　こんな新製品ができました！」とアピールしてくれる会社も多いのですが、厳選投資家はちょっと斜に構えて聞いています。

優れた製品が堀になることはめったにないが、もちろん短期的な利益は生み出してくれる。例えば、クライスラーが一九八〇年代に初めてミニバンを発売したときは、まるで紙幣を印刷しているかのようにお金が入ってきた。しかし、……他社がクライスラーの収益源に参入してくるのを阻止できないため、ミニバンの成功はあっというまに終わってしまった……。もう一度強調しておくが、事業を守ってくれる経済的な堀がなければ、ライバル企業がすぐに押し寄せて利益を侵食していく。（PP35－36）

厳選投資家が画期的な製品から生まれる短期的利益には興味を示さず、どこまでいっても障壁の高さに気を配っている姿が目に浮かびます。儲かる事業というものには、すぐに強い競争相手が出てくることを知っているのです。
私は経営コンサルタント時代には、どうやったらクライアントがマーケットシェアを拡大できるかいつも考えていたのですが、厳選投資家にかかると、このポイントですら職業的懐疑心の対象にされてしまいます。

残念ながら、経済的な堀に関しては、大きいことが必ずしも良いことではない。マーケットシェアの大きい企業なら、継続的な優位性があるとつい思ってしまう……。しかし歴史は競争の激しいマーケットにおいて、トップ企業がすぐ変わることを教えている。コダック（フィルム）、ＩＢＭ（パソコン）、ネットスケープ（インターネット・ブラウザー）、ゼネラル・モーターズ（自動車）、コレル（ワープロソフト）などは、ほんの一部の例でしかない。（Ｐ40）

さあ、いかがでしょう。ここまで聞いてくると、「じゃあ、いったいどうしたらいいのか！　何をしたら障壁だと認めてもらえるのか！」と言いたくなりますよね。それをこれから考えていきましょう。

図表4-3　大きく分けると、障壁は3種類しかない

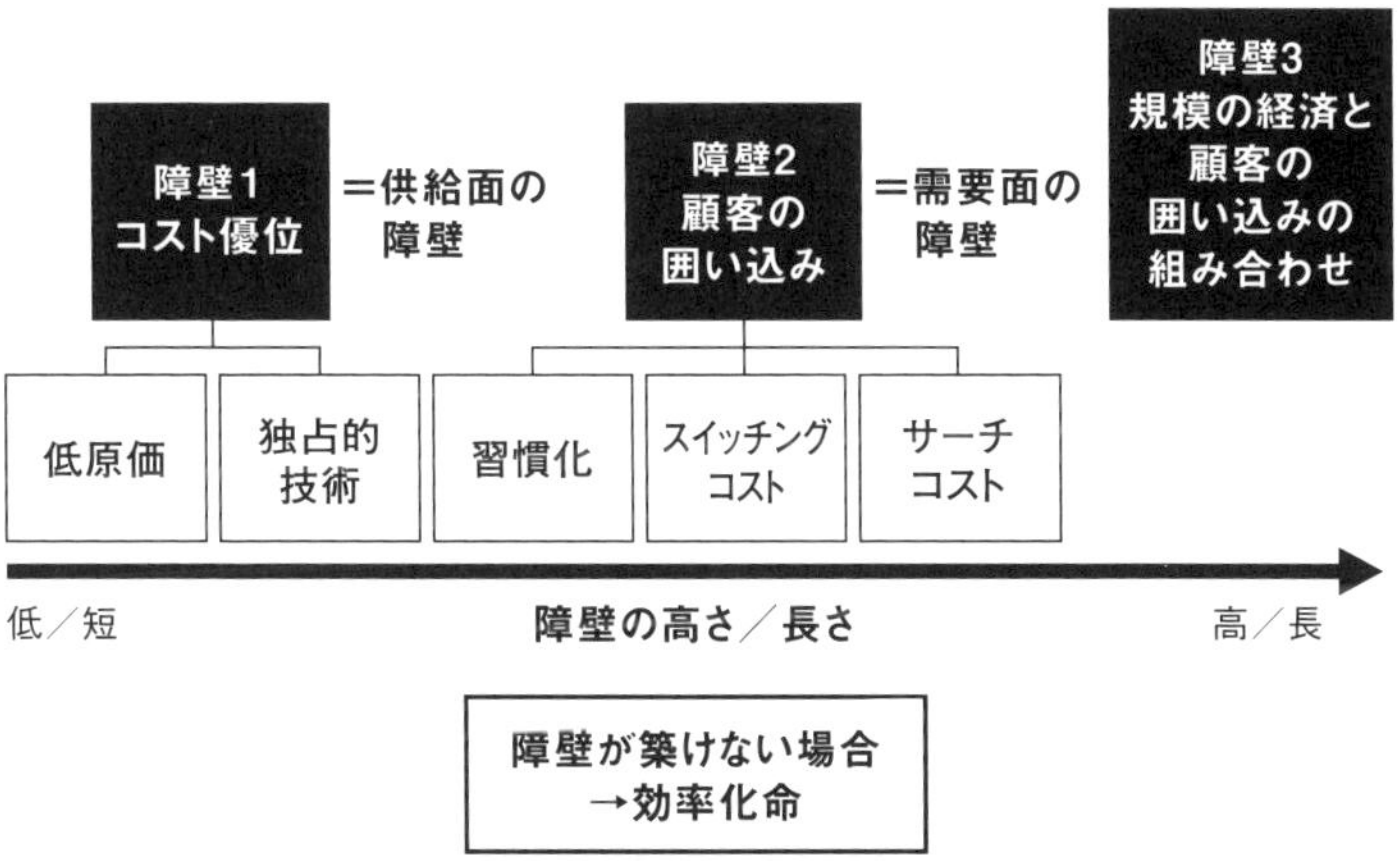

■「真の障壁」は3種類しかない

一見すると「利回り」の源泉になりそうな差別化やブランド、優れた製品やマーケットシェア、はたまた効率的なオペレーションや優れた経営陣など、およそ考えられる障壁になりそうな要素が、さんざん否定されてしまいました。では真の優位性・真の障壁とはいったいなんなのでしょうか。先ほどから舌鋒鋭かったグリーンウォルド教授やドーシーといった投資家の考えを大いに参考にしながら、私なりにこんなフレームワークに落としてみました（**図表4－3**）。

そもそも長期投資家が認める「障壁」は、

数が極めて限られています。大きく分けると三つしかありません。**（1）供給面でコスト優位に立てていますか、（2）需要面でお客さんを囲い込めていますか、（3）その囲い込みと規模を組み合わせられていますか**、この三つしかないのです。細かく分けても、障壁の種類は七つにしかなりません。それ以外は障壁とは認めない、「利回り」を生み出すものではないのだ、というのが約20年間コンサルティングの現場で数多くの戦略を**策定**し、その後15年間は投資家として数多くの戦略を**判定**する側に回った、私なりの理解です。

そして、これらの障壁にもそれぞれ強弱や寿命があるという、長期で効く「利回り」を大事にする厳選投資家の思考も取り込んでフレームワークにしてみました。一つずつ見ていきましょう。

■「真の障壁」1　コスト優位——供給面での障壁は低く、寿命も短い

供給面の障壁の目的は、競合には真似のできないような低コスト構造を作り込むことです。競合企業が新規参入を試みたとしても、自分たちに低コスト構造の強みがあれば、価格を安く設定したり、より多くの広告を打ったり、より豊富なサービスを提供したりして反転攻勢を仕掛けることができます。新規参入を図った企業は最終的に市場から撤退する

はずですし、参入する機会をうかがっていた他の企業をも落胆させることができます。問題はどうしたらこのようなコスト構造を築くことができるのか、という点です。

コスト優位の障壁1　低原価――ただし、資源の独占は長続きしない

低コスト構造は、通常、二つの方法で築くことができます。

一つめは独占的に安価な経営資源（ヒト、モノ、カネ）を入手できることに基づく**低原価**です。わかりやすいパターンで言えば、レアメタルなどの資源権益などです。特定分野における長年の開発・製造の技術の蓄積や、なんらかの方法で集められた特別な人材集団も、この「独占的資源による低原価」にあたるかもしれません。かつてデビアス社が世界のダイヤモンド生産の9割を支配下に置くことで圧倒的な地位を築いたことは有名です。

一方で、このコスト優位の効力は通常、それほど長続きするものではありません。これらの独占的資源、つまり労働力・原料・中間投入物・資本などは、一時は独占的にアクセスできるものだったとしても、時間が経てば市場で取引されるコモディティになりがちだからです。デビアス社も世界各地で新たな鉱山が発見されるにつれて、市場での独占的地位を失っていきました。

続しません。

コスト優位の障壁2　独占的な技術──内部開発した技術でないと障壁にならない

二つめは**独占的な技術**を持っていることです。特許権はその典型的な例です。特許を侵害して新規参入を図ろうとする企業には高額な損害賠償金や裁判費用が課されます。強力なコスト構造の差となるわけです。ただし特許に基づくコスト優位も限られた期間しか持続しません。

より本質的で持続的な供給面での障壁は、学習効果と経験効果にあります。同じ製品をたくさん作れば作るほど限界コストが下がっていくという製造業での効果が典型的です。あるプレイヤーが学習効果と経験効果をいったん獲得してしまうと、他社はコスト面ではなかなか追いつけなくなります。たとえば、製造工程における歩留まりの改善は直接的な効果に加えて、品質管理のための作業コストが減り、全体的なコストの低下につながるという間接的な効果も生み出します。

ただし学習効果に基づくコスト優位にも限界があり、技術進化の激しい業界ではコスト優位の持続期間が短くなります。また、製品や生産工程に複雑性がない単純なものの場合には、優位性を得る機会はほとんどありません。複雑だからこそ学習と経験が効くのであって、単純なことに習熟するだけでは障壁にはなりません。

そして、本当の意味での独占的技術は「自社の内部で」開発されたものでなければなりません。近年は特にＩＴによる技術革新が激しいため、みながこぞって「ＩｏＴ」や「ＡＩ」を取り込んだ「戦略」を考えがちですが、こういった技術は、専門業者によって作られ流通されるものであって、どこかの企業が独占できるものではありません。**みなにとって利用可能な新技術は、当然ながら誰にも競争優位を与えません。**内部開発されたものではない技術やＩＴは、それがいかに先進的なものであっても競争障壁とはならないのです。

総じて供給サイドの障壁というものはそれほど強靭なものではなく、その寿命も決して長くありません。「みなで豊かになる経営」には少し力不足なのです。にもかかわらず、独自の技術や製品を誇る会社はたくさんあります。ＩＲの資料でそれらを謳っている会社もたくさんありますし、新技術や新製品開発に過大に注力している企業も見受けられます（あまり長続きしそうにない供給サイドの「優位性」を過剰なほど主張する企業には、厳選投資家は「健全な職業的懐疑心」をもって臨んでいます）。

■「真の障壁」2　顧客の囲い込み――需要面の障壁は高く、少し長持ちする

次に需要サイドの障壁に移りましょう。これは「顧客の囲い込み」という、ちょっと手垢のついた言葉に集約されます。この言葉はちまたに溢れてはいるのですが、本当に顧客を囲い込むためのやり方は三つしかない、というのがグリーンウォルド教授独自の主張です。

そもそも「囲い込みたい」という願望は、会社側の勝手な理屈です。お客さんのほうは好き好んで囲い込まれたいわけではありません。むしろどうにかして、1社の製品やサービスのくびきから逃れたいというのが本音でしょう。

本当は嫌なのになぜかつい囲い込まれてしまう、そしてその状態が（嫌がっていても）長く続いてしまうというのが、「みなで豊かになる経営」が狙うべき需要面の障壁です。さて、そんなものがあるのでしょうか。

囲い込みの障壁1　習慣化――なぜか同じものを使い続けてしまう

一つめは**習慣化**による囲い込みです。なぜか常にそれを頻繁に購入してしまう、頻繁に

購入しているうちに本人でも説明できない理由で中毒化してしまう、「ついつい、なんとなく」使い続けてしまう、といった製品やサービスであれば、習慣化による競争障壁の構築が可能です。

どんなときでもいつも飲んでしまうコカ・コーラなどの清涼飲料や、同じ銘柄を吸い続けるタバコなどの嗜好品が代表例です。食品やトイレタリーなど、日常的・反復的に購買する商品は、多かれ少なかれ「習慣化」できる可能性を持っています。

人間は怠惰にできているので、ついつい同じメーカーの洗剤や舌が慣れた飲料を買い続けてしまい、企業に高い「利回り」を許してしまうわけですね（これが少し前に解説した「ブランドの**経済的価値**」が高いということです）。

囲い込みの障壁2　スイッチングコスト――他製品への切り替えが負担

二つめは**スイッチングコスト**による囲い込みです。すでに使っている商品・サービスから新しい商品・サービスへ切り替えることが、顧客にとって大きな負担になることをスイッチングコストと呼びます。

典型的な例はマイクロソフトのオフィス製品群でしょう。多くの人々はワードやエクセルの操作にすっかり慣れていますから、切り替えようとすると、新たなアプリケーションの操作にゼロから慣れなくてはなりません。過去に蓄積したドキュメントやスプレッドシートの数々も使えなくなってしまいます。それもなんとか克服したとしても、自社だけオフィス製品から乗り換えてしまうと、社外のお客さんとの文書のやり取りが大変なことになります（これは「ネットワーク効果」という障壁です）。

この手の商品は、ユーザーが必ずしも100％満足していなくても使い続けざるを得ず、結果として高い「利回り」を許してしまうということになります。

囲い込みの障壁3　サーチコスト――他を探すのが面倒

需要面の障壁の最後は**サーチコスト**による囲い込みです。本当は代替物があるはずなのですが「いちいち探すのが面倒」というパターンです。

たとえば、中小企業にとっての会計士や税理士、顧問弁護士などが当てはまります。このような方は世の中に膨大な人数がいますが、誰がいい先生かは、実際に頼んでみないとわかりません。いまの先生に多少の不満があったとしても、もっと優れた先生に出会えるかどうかは不確実です。言ってみれば「高額無形物」サービスですから、たとえ他の人には良い先生であったとしても、自分には合わないかもしれないのです。

こうした業界では顧客はずっと同じサプライヤーを使い続けることになり、そこに障壁化の可能性があります。ここでも人間は怠惰な生き物なので、大きな不満さえなければ現状使っている製品やサービスをあえて変えたりしないことを逆手に取った「利回り」の出し方ですね。みなさんも美容師さんやテーラーさんなどは、一度「この人にお願いしよう」と決めたら、なかなか変えられないのではないでしょうか。

ある製品やサービスに対する顧客のロイヤリティが高まると、競合企業はなかなかその顧客を奪い取ることができません。人間は一度身についた習慣はなかなか変えたくないものですし、異なる選択を面倒臭がることがよくあります。そういった人間の本性が、供給サイドの障壁に比べて、需要サイドの障壁の寿命を長くする理由なのです。「みなで豊かになる経営」のためには、この人間の本性を見定めた障壁構築が必要なのです。

■「真の障壁」3　規模の経済との組み合わせ――最強で、最長不倒の一手

ここまでは供給サイドに立ちうる障壁と、需要サイドに立ちうる障壁を順々に見てきました。一つひとつはかなりシンプルでイメージが湧きやすいものだったかと思います。シンプルというのは良いことですが、一方で追いかけやすいものでもあります。したがって

その寿命も、長短の差こそあれ、時限性があるものです。

「みなで豊かになる経営」を目指す経営者としては、なんとか強い障壁を立て、しかもそれを長続きさせたいはずです。そんな思いを持つ経営者のみなさんにしっかり理解してもらいたい最強・最長不倒の障壁。それがこの**「規模の経済と、（習慣化、スイッチングコスト、サーチコストといった）顧客の囲い込みの組み合わせ」**という長ったらしい名前の障壁です。まったくシンプルではないので、いかにも追いかけづらそうですね。少し解きほぐしてみましょう。

■「規模の経済」を効かせるための二つの留意点

「規模の経済」自体は前章の事業経済性でも説明しました。ある種の業界では規模が大きくなればなるほど利益「率」が上がっていくという話です。同じ製品をたくさん作れば作るほど限界コストは下がっていきますし、生産規模が大きくなることで調達コストが下がるという効果もあるでしょう。宅配便やコンビニのような地域ドミナントが効く業界でも、規模効果と似たコスト優位を築けることがあります。あるプレイヤーがいったん規模効果を獲得してしまうと、他社はコスト面でなかなか追いつけなくなることは、みなさんよくご存じの通りです。

留意点1　競合他社との「相対的」な差が重要

でもこの「規模」なるものは、あくまでも**競合企業との「相対シェア」の差によって効いてくる**ものです。「絶対シェア」で見るべきではありません。企業Aと企業Bがそれぞれ30％の絶対シェアを持っていたとしたら、その相対シェアは1対1でイーブンです。この場合、両社の間に規模効果の違いは生まれてきません。一方、企業Aが同じく30％を持っていたとしても、企業Bの絶対シェアが15％なら、その相対シェアは2対1となり、この場合は企業Aに圧倒的な規模効果が生まれます。仮に企業Aと企業Bで技術や経営資源が同等条件で入手できたとしても、生産規模が同じ水準に達しない限り、大きなほうの企業Aのコスト水準には太刀打ちできません。相対的な規模の差が重要なのです。それが第一の留意点です。

留意点2　「顧客の囲い込み」とセットでなければならない

規模の経済の留意点はもう一つあります。規模が大きくなれば利益率は上がる、相対シェアが高ければなかなか追いつかれない。これは事実でしょう。でもよく考えてみてください。もし、いまその製品やサービスを買ってくれているお客さんが、習慣化やスイッチングコスト、あるいはサーチコストで囲い込めていなかったとしたら……。

お客さんを囲い込めていない単なる規模型プレイヤーが相手なら、追いつく側のプレイヤーとしては莫大な投資をして設備を作り、さらに広告宣伝費や販売促進費にお金をふんだんにかけてガンガン安売りをすれば、お客さんはこちらになびいてくるはずです。何しろ競争相手はお客さんを囲い込めていないわけですから。すると事業規模の差自体は、こちら側にひっくり返せるはずです。

しかし、なんらかの需要サイドの障壁によって、お客さんをがっちり囲い込めているプレイヤーが相手なら、そうはいきません。こちらがどれだけ張り切って赤字を垂れ流す勢いで戦いを挑んでも、お客さんはこちらになびいてくれないので、相手の事業規模は絶対にひっくり返せないのです。相手のコスト優位性は、その後もずっと続いていきます。

「規模の経済と顧客の囲い込みの組み合わせ」という長ったらしい名前の障壁が、最強・最長不倒だということがおわかりいただけたでしょうか。

■理想は「小さな池の大きな魚」

この「規模の経済と顧客の囲い込みの組み合わせ」という障壁は、戦略的に、もう一つ重要なことを示唆しています。「大きな池の大きな魚」より「小さな池の大きな魚」のほうが、障壁は強靭で「利回り」が長続きするという示唆です（「池」というのは、ここでは市場の比喩です）。

大きな市場、成長する市場というものは、誰にとっても魅力的です。だからこそ多くの、そして強力なプレイヤーを自然に惹きつけます。ですから、そのような大きな池、成長する池で圧倒的な規模をキープすることは、誰にとっても困難です（無尽蔵の資金があれば別です）。大きな池にはきっと多種多様なお客さんがいるでしょうから、そんな多種多様なお客さんを自分だけが囲い込むことにも困難が伴うでしょう。大きい池、成長する池という市場は、「規模の経済と顧客の囲い込みの組み合わせ」という最強・最長不倒の障壁が築きづらいものなのです。

一方で、小さな池はそもそも多くのプレイヤーを惹きつけません。そしてそこでいったん規模を確保してしまったら、わざわざそんな小さな池を分割しようと莫大な投資をしてくるプレイヤーは出てこないものです。こうやって「小さな池の大きな魚」は悠々と持続する「利回り」を愉しむことができるのです。

たとえば、マブチモーターという会社は、自動車向けのブラシ付き小型モーターというニッチな市場で、「規模の経済と顧客の囲い込みの組み合わせ」を実現し、圧倒的なシェアを獲得しています。この市場自体はそれほど大きなものではなく、またブラシ付き小型モーター自体も技術的にはそれほど先端的なものでもありません。しかし、マブチモーターが実現している高品質×低価格×短納期×安定供給という高度なバランスに追いつくためには、相応の規模の設備投資と数年がかりの顧客開拓が必要です。他社にとってはわざわざこの領域でマブチモーターに戦いを挑むよりも、別の領域（自動車以外、ブラシ付き以外、小型以外など）を選択するほうがよほど合理的なのです。

大きな市場に打って出て血で血を洗う死闘を繰り広げている会社よりも、小さな池で悠々と泳いでいる魚のほうが、「みなで豊かになる経営」に、はるかに近い姿なのです。

■障壁が築けない事業でも使える唯一の手とは

最後にもう一つ。世の中には供給サイドの障壁も需要サイドの障壁も築けない事業が、たくさん存在します。実は、むしろそういった類の事業のほうが多いかもしれません。しかしそんな事業を営んでいる経営者にも朗報があります。それが図表4-3の下にひっそりと書かれている「障壁が築けない場合→効率化命」という点です。障壁が築けない事業の場合には、必死になって効率化を追求するしかないのですが、だからと言って悲観的になる必要はまったくありません。

どう転んでも障壁が築けない事業であっても、業務機能を磨き込み、効率化を図ることは可能です。そして、このように丁寧に磨き込まれていった結果、初めて達成される効率というものは、そう簡単に模倣できるものではありません。

たとえば、効率が悪い業務がある場合、現場の知恵を集めた改善活動で解決していく。そういう外部からは見えづらい、小さな行動が積もり積もっている会社には、(その一つひとつが小さく見えづらい努力であるがゆえに)他社はなかなか理解できない、模倣できない、だからいつまで経っても追いつけないというわけです。地味であるからこそ、大変息の長い障壁になるのです。

■戦略とは、障壁を築くことである

経営者ならではの醍醐味。それはなんといっても目が覚めるような、切れ味鋭い戦略を作り、実行することにあるのではないでしょうか。独自の事業観に基づき、他社に先駆けて事前にそっと布石を打っておく。その布石が時代の変遷に合わせてじわじわと効いてきて、競争相手が追いつこうと思っても追いつけない、大きな「障壁」に結実していく……。あの先輩経営者があのとき打った布石が、こんなにも長く効いているおかげで、後輩の私たちは安心して高収益を享受していられる。こういった感慨が世代を超えて伝播されていく……。

ことほど左様に「障壁」というものは「みなで豊かになる経営」のためには必要なものです。この章の最後では「戦略づくり＝障壁づくり」に他ならないという格好の事例を紹介したいと思います。

ジーユー代表の柚木治さんを取材した『日経ビジネス』の記事[*10]からの抜粋です。ジーユーはユニクロのグループ企業ですが、柚木さんの采配によっていまや、事業規模（額）

も収益性（率）も素晴らしいパフォーマンスを示しています。でも柚木さんが立て直しに入る前は、大変な状況にありました。柚木さんは、ユニクロの柳井正さんから苦戦するジーユーに副社長として派遣され、悩みながらいくつかの取り組みを開始しました。

当時のジーユーは黒字化が見えず、事業の継続が許されない瀬戸際に立たされていました。稼いでおらず、マーケティング費用も十分ではないため、一発勝負に賭けました。

悩んだ結果、当時はユニクロでも２９９０円で売っていたジーンズを、９９０円という破格の値段で出すことにしたのです。

原価率が高いので、その分枚数を売って稼ぐモデルになります。一般的な商品の10倍の量を発注して、在庫を大量に持つ大勝負です。

価格面だけではなく、在庫投資という意味でも起死回生の一手を打ったわけです。リーマンショック後の景気低迷期では、この９９０円という価格インパクトは大変大きく、この商品は大ヒット。「格安ジーンズ」という新しい市場が生まれ、会社自体も初めて黒字化しました。常識に挑戦しひっくり返した、素晴らしい経営判断でした。ところが、快調に走っていくと思われたジーユーは、すぐに再び窮地に陥ったのです。

ジーユーのヒットで競合も格安ジーンズを売るようになりました。常識を覆して掘り当てた新市場が、あっという間に常識になってしまったのです。既存店売上高は低下し、在庫が山のように積み上がり再び窮地に陥りました。

憎々しげに聞こえたドーシーのあのコメント、**「優れた製品が堀になることはめったにないが、もちろん短期的な利益は生み出してくれる……もう一度強調しておくが、事業を守ってくれる経済的な堀がなければ、ライバル企業がすぐに押し寄せて利益を侵食していく」**というコメントがよみがえってくるようです。障壁が伴わない「戦略」では、せっかく当てた新市場の発掘も、一時的な高い利益も無駄骨に終わってしまうのです。

しかし、さすがは柚木さん。手痛い失敗に学んだ柚木さんのリーダーシップによるその後のジーユーの躍進は周知の通りです。単に廉価なだけでなく、ファッション性という価値訴求へ舵を切り、「ガウチョパンツ」や「スカンツ」など次々と大ヒットを連発していきます。アパレル業界は基本的には障壁を築きにくい産業だと思いますが、商品開発に始まり、調達・製造・マーケティング・販売とつながる各種業務機能を徹底的に磨き込んだ、高い次元の「効率化」障壁の成果なのだと思います。

厳選投資家にとって「戦略」とは、「**障壁によって超過利潤レベルの利回りを獲得し、障壁によってその利回りを長きにわたって防御する構想**」だと集約されます。

「率の経営」に、「投下資本」という概念を持ち込んで「利回りの経営」に転換することは大事ですが、その「利回り」も守り抜いていかなければ、単なる一時的利益に終わります。第1章で解説した通り、企業というものは持続することが前提の「ゴーイング・コンサーン」です。障壁を作らずに一時的に高い利回りが出たとしても、それでは、一回こっきりのプロジェクトのようなもの、継続しないものになってしまうのです（これを「機会事業」と呼び、「障壁事業」とは明確に区別します）。

その逆に、障壁を築くことで利回りを長く続けることができれば、それは自然に「複利の経営」に導かれていきます。障壁と複利は手段と目的のように聞こえるかもしれませんが、私の感覚的には、コインの表と裏のようなものです。複利はどちらかと言えば結果であって、経営者が現実に目指すべきは障壁の構築と言ってよいかもしれません。「みなで豊かになる経営」を目指すみなさんには、数少ない障壁のうち、どれをターゲットにして手を打つのか、戦略の策定時にはこれを徹底的に考えていただきたいと思います。

障壁意識がない戦略、障壁を築けていない会社で、「みなが豊かになる」ことはあり得ないのです。

第4章のまとめ

・この第4章では「率の経営」から「利回りの経営」へ一段階ステップを登りました。PLの中で閉じた「率」を高めるという発想から、「投下資本」を意識した「利回り」を生むという発想への転換です。経営の打ち手や戦略には、すべからくなんらかの投下資本・インプットが必要です。大事なことは、その戦略からのアウトプットが、インプットの割に合っているのかどうかという点なのです。ブランドを築いたり、素晴らしい製品を作ったりしても、利回りにつながるとは限らないという考えにはビックリされたかもしれません。

・そしてその利回りを生み、守り抜くものとして、障壁について語ってみました。世の中には、障壁を意識していない戦略が溢れています。でも、そんな戦略が仮に当たって利回りが出たとしても、そこには永続性はなく、一過性のものにすぎません。長期投資家はそれをよく知っているのです。障壁を明確に意識しない戦略で「みなで豊かになる」ことはできないのです。

・障壁を意識すると言っても、それは言うほど簡単なことではありません。コツコツと開発してきた製品や、日々改善に取り組んできた製造プロセスやバリューチェーン、あるいは丁寧に関係を構築してきた顧客といった大事な事業要素をいったんすべて脇に置いてしまい、「ところでそれは、いったいどのような障壁となっているのだろうか？」とみずからに問いかける姿勢・思考が必要だからです。日々みなで営んでいる事業を、あえて「利回り創出マシーン」と突き放して捉え直してみたらどう見えるのか、そこには障壁は備わっているのだろうか、と問い直す姿勢・思考が必要なのです。

・さて、そんな姿勢を貫くことで、障壁という言葉を社内の日常用語にできたとして、必ず出てくる次の問いは「ではどうやったら障壁は立てられるのか？」になるはずです。これはなかなか一筋縄ではいきません。障壁づくりを「必要条件」と「十分条件」という2章構成にして、これから丁寧に議論していきたいと思いますので、ぜひお付き合いください。

第5章

障壁づくりの必要条件 ——リスクとコストという「投下資本」

第五ステップは「障壁づくりの必要条件」です。「利回り」を作り、守る障壁。それほど大事なものは、当然のことながら簡単に築くことはできません。ここからは必要条件と十分条件という二つのステップに分けて、その築き方を考えていきます。この第五ステップは必要条件のほうですが、ここでは通常、下手をすると企業を危機に陥れかねない「リスク」と「コスト」こそが、障壁を築く基礎となるという逆説的な話をしてみたいと思います。経営者が最も忌み嫌うリスクやコストがなぜ競合を退ける障壁になるのか。それを明らかにします。

ちなみにこの章は、私個人が感じている「認識」が中心です。「認識」ですから、科学的な分析やデータに基づいて論じているというよりは、自分自身の経験を通じて得た感覚や推定を手掛かりにして論が組み立てられています。私としては、みなさんとぜひ共有したい認識でもありますので、お付き合いいただきたいと思います。

■儲けの背後には二つのメカニズムがある

障壁というものは、超過利潤、つまり「儲け」を生み、守るために必要なものだと書いてきました。しかし、そもそもその儲けなるものは、いったいどんな代物なのでしょう？長らく経営コンサルタントをしたり投資家をしたりする中で、私もいろいろな事業を見てきたつもりですが、この「儲け」という言葉に隠された本質には、どうも二種類あるのではないかと睨んできました。

日本語では一つの言葉になってしまうのですが、英語の「儲け」には、ちょっとニュアンスの違う二つの言葉があります。「プロフィット」という言葉と、「リターン」という言葉です。

プロフィットを辞書で引いてみると、利益・収益・利得・採算・益金、といった言葉が出てきます。そしてリターンを引いてみると、同じように利益・報酬といった言葉も出てきますが、同時に、戻り・返還、あるいは還《かえ》るという言葉が出てきます。

このあたりのニュアンスの受け止め方は個人の感受性によって異なるのかもしれませんが、私にとってプロフィットという英単語に最もぴったりくる日本語は「採算」という言葉です。売上を立てるためにコストをしっかりとかけて、付加価値を作り込む。作り込まれた付加価値がお客さんに認められ、それなりの値段で購入され、ようやく採算がとれていくという（なぜか、職人さんや匠の世界をほうふつとさせる）商売のサイクルです。

一方で、リターンという英単語が最もしっくりくる日本語は、「報酬」という言葉です。こちらは戻りとか返還という訳語があてられている通り、リスクを取って投じたお金が、そのリスクテイクがうまくいった結果、報酬として還流してくるという流れを想起させる言葉です。これはこれで確かに同じ「儲け」ではあるのですが、先ほどの汗水たらした成果としての「採算」という言葉とは、ちょっとニュアンスが異なると感じませんか？

さて、このようなわずかなニュアンスの差異を手掛かりに、自分なりに「儲け」とその背後にある障壁づくりの極意を考えていったものが、この**図表5－1**です（「みさきドクトリン」として登録商標申請中です）。

図表5-1　儲けが生まれるメカニズムには二つある

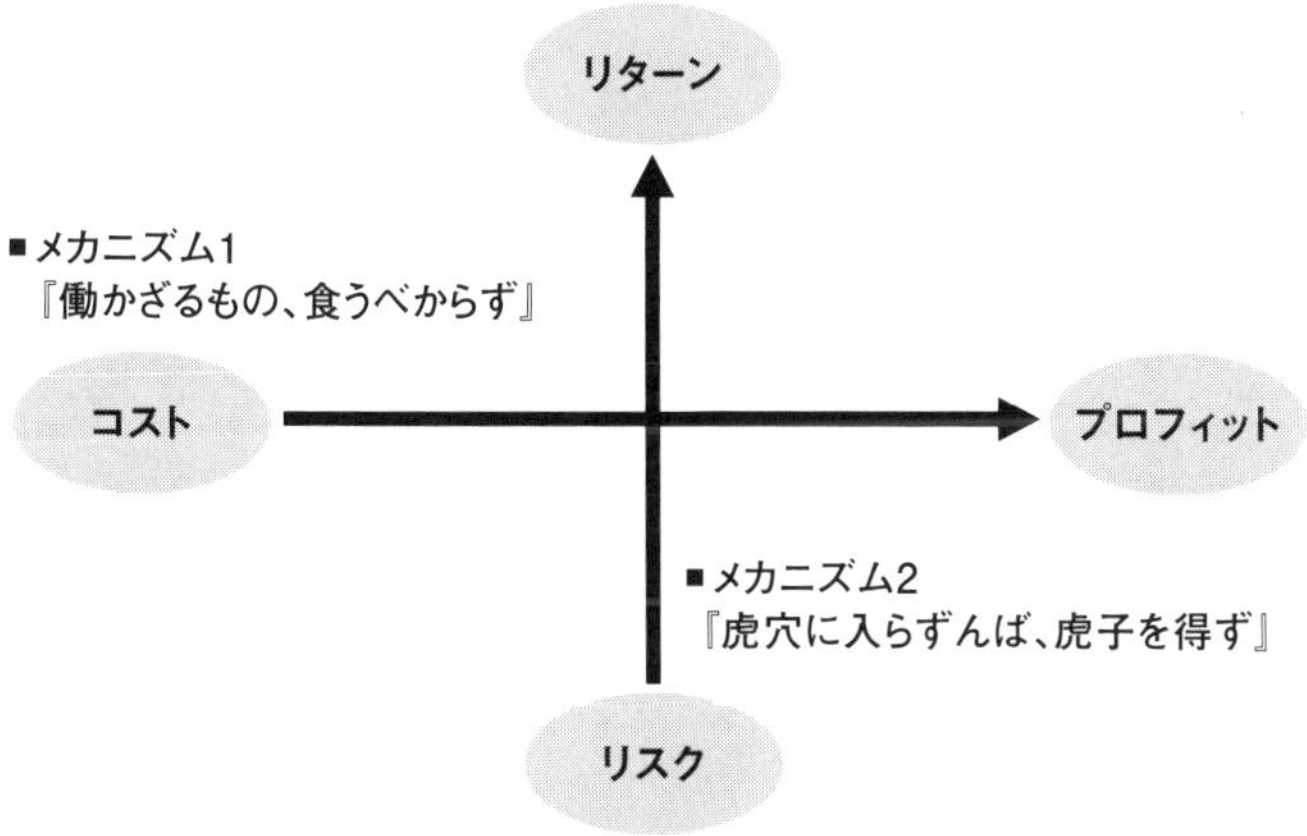

儲けのメカニズム1

呆れるほどのコストを投入する

儲けの一つ、プロフィット（「採算」のほうです）の出どころはコストです。プロフィットを生むには「働かざるもの、食うべからず」というメカニズムがあります。

私は昔、おばあちゃんからよくこんなことを聞かされていました。「ヤスノリ（私の名前です）や、よくお聞き。おいしいおマンマが食べたいと思ったら、額に汗かいて一生懸命働かないといけないよ。人より働きもしないのに、おいしいご飯は出てこないんだよ」という教えです。

おばあちゃんが伝えたかったことを私なりに解釈すると、プロフィットという儲けが欲しければ、人が嫌がる面倒くさいことを人一倍丹念にやりなさい、十分に汗をかきなさい、ということだったと思うのです。人が面倒くさがることにこそ、本当の価値があるというありがたい教えですし、コストをかけないで長く儲かるほどこの世の中は甘くないよという厳しい教えでもあります。

そしてそんなプロフィットが長く続いてほしいと願うなら（＝つまり障壁を立てたいのなら）、誰もがやりたくない面倒くさい労苦に、他の誰もが呆れるほどコストをかけて取り組みなさい、そうすればそのコストが「余人をもって代えがたい価値」に変わる。そういった価値は大げさに語らなくてもちゃんと伝わるからお客さんの支持も長く続いて、採算が持続するんだよという理屈です。**「呆れるほどのコスト投入→障壁が立つ→プロフィットが持続する」**という構図がここにでき上がります。

儲けのメカニズム2
腰を抜かすほどのリスクを取る

さて儲けには、もう一つ違う種類がありました。リターン（「報酬」のほう）です。こちらの儲けが出てくるメカニズムは「虎穴に入らずんば、虎子を得ず」です。リスクも取らないのに、都合よくリターンをもらえるはずがないという教えです。

そんなリターンが長く続いてほしいと願うなら（＝つまり障壁を立てたいのなら）、みんなが恐ろしくて手も足も出ない局面で、他の誰もが腰を抜かすほどリスクを取りなさい、そうすればそのリスクが報われて、人よりも高い報酬が持続するんだよという理屈です。こちらは**「腰を抜かすほどのリスクテイク→障壁が立つ→リターンが持続する」**という構図です。

長く続く「超過利潤」というものは本来、世の中にそうそうあるものではありません。むしろ経済学的には存在するはずがない、いや、存在してはいけないものです。常識に反するものと言ってもいいかもしれません（経済学が想定している自由競争に反するからです）。しかし「みなで豊かになる経営」を目指す経営者は、この長く続く超過利潤こそを目指さないといけません。そして、そのためには高く持続的な障壁を立てなければならないのです。どうやったらそんな障壁を立てることができるのでしょう？

みなが呆れるほど非常識なコストをかけているからこそ高い障壁が立っているのか、みなが腰を抜かすほど非常識なリスクを取っているから強靭な障壁が立っているのか。いずれにしても、長く続く超過利潤の裏には、このようなメカニズムが必ずあるはずです。

常識的なコストのかけ方で長く続く超過利潤が出るなら、競合は必ず追随してくるでしょう。常識的なリスクテイクで長く続く超過利潤が出るとしても同じことです。でも、それが明らかに非常識なレベルだから、競合は追随してこない。追いかける気にもならない。諦める。

経済学の常識に反する長く続く超過利潤というものは、結局このどちらかの（非常識な）構図によってのみ成立しているというのが、経営コンサルタントを約20年やり、投資業を約15年やったのちに得た私の個人的認識です。

■四つの事業を例に、儲けの出どころを探る

こんな認識を基礎にしながら、ここでいくつかの事業の儲けの由来を見てみましょう（図表5－2）。

事業1　フィービジネス——尋常ではない人件費をかける

まずフィービジネスです。たとえば私が長年やっていた経営コンサルティングですが、このビジネスにはそれなりのコストがかかります。信頼するに足る企業であることを示す

図表5-2　四つの事業と障壁

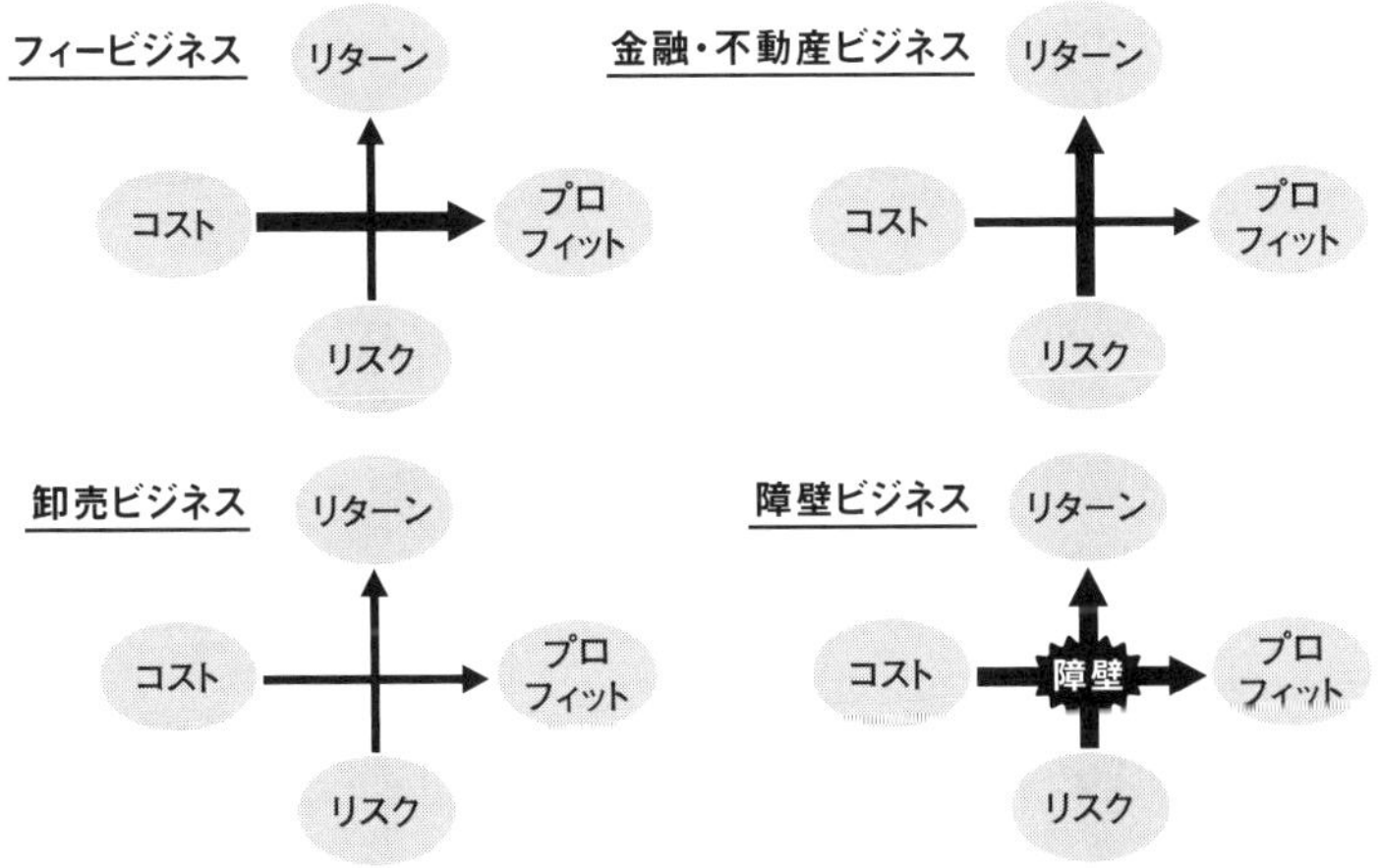

ために、ビジネス中心街に立派なオフィスを構える必要もあります。これはこれでコストがかかるものですが、しかしこのビジネスでは、なんといっても（広義の）人件費のかかり方が尋常ではありません。

まさに人だけが資産のビジネスですから、大学院やＭＢＡを出た程度の、右も左もわからない学生に何度も何度も面接をして、場合によっては世界に散らばるオフィスから面接官を呼んでまで徹底的に採用コストをかけたうえで、他の業界よりかなり高い給料を払って雇い入れます。入社したら徹底的に教育コストをかけます。

私が最初に入社したアンダーセン・コンサルティング（現アクセンチュア）という企業では、女子大だった施設を買い上げて整備したシカゴ近郊の研修センターに全世界で採用した全新入社員を集めて、まずは3週間缶詰にして研修をします。その後も採用した人材がマネージャーになるまでの数年間、最低半年に一回は、日常のフィーを稼げる仕事から引きはがし、その研修センターに呼び戻して何度も教育を続けます。ここまで教育コストをかけて、学校出たての学生を、いっぱしのビジネスパーソンに染め上げていきます（日本の企業からはよく、ヒトを育てる、ヒトにカネをかけるという話を聞くのですが、当時のアンダーセンの育て方・コストの費やし方とは比較にならないと思います）。そこまで教育コストを費やして訓練された若手コンサルタントを、現実のプロジェクトに何十人と動員し、それはもう、何日も連続で徹夜するほどクライアントを調査・分析してプロジェクトに取り組みます。

そこまでコストをかけているから、お客さんに少しは価値が認めてもらえて、うまくいけば同じお客さんからリピートオーダーがもらえ、採算が持続するという構図になっているのです（一方で、コンサルタントはよく言われる通り「言って終わり」「レポートを書いて終わり」の商売になりがちで、大きなリスクを取っているとは言えません。だからリスク由来のリターンは手に入れることができなくて、実のところそれほど儲かるビジネスではありません）。

事業2 金融・不動産ビジネス——儲けの出どころはとにかくリスクテイク

反対に、ある種の金融業とか不動産業、たとえば不動産ファンド事業などは、ほとんどコストがかかりません。もちろん企業全体としては大きなお金を預かっていますし、一つひとつの案件でも大きな金額の投資をしているのですが、人数的にはせいぜい20人とか最大でも50人程度で済むビジネスです。こちらのビジネスも立派なオフィスを構えていたりするのでコストは当然かかっているのですが、それよりも、この手のビジネスの儲けは、本質的にリスクテイクのほうからきています。リスクを取って投じたお金が、そのリスクテイクがうまくいった結果、報酬として還流してくる、報われていくという構図です。

事業3 卸売ビジネス——コストもリスクもかかっていない

第3章で規模の効かない分散型事業として紹介された卸売業はどうでしょう。昔からの伝統的な卸売業、中でも、誰もが知っていて売れることがほぼ確実なナショナルブランドだけを取り扱っているような卸売業は、大きなリスクを取ることにはなっていません。鶏と卵のようですが、利の薄い商売の特性上、オフィスや人件費、あるいは研究開発費や製造費などに大きなコストもかけられていないのが普通でしょう。伝統的で純粋な卸売業が儲からない本質的な理由は、コストもリスクもかかっていないという構図そのものにあるのです。

事業4　障壁ビジネス――呆れるほどのコストと腰が抜けるほどのリスクが必要

では厳選投資家が大好きな障壁ビジネスはどうなっているのでしょう。これはコスト、もしくはリスク、あるいはその両方のカタマリです。呆れるほど非常識なコストがかかっているから、競争相手は絶対そんなことはやりたくない、真似したくないわけです。とてもじゃないけどそんなコストはかけられないと、その業界にいる誰もが考える。だから障壁が立つ。だからそのご褒美として高いプロフィットが持続しています。

リスクも十分に取られています。みんなが腰を抜かすほど非常識なリスクを取っている。だから競争相手はとてもじゃないが、そんなリスクは取れない、真似する気にもならない。だから障壁が立つ。だからそのお返しとして高いリターンが持続していくというわけです。

■恐怖心に勝たなければ、障壁は築けない

さて、いったんでき上がってしまえば大変ありがたい障壁ですが、その障壁を実際に築

くプロセスは「言うは易く、行うは難し」の典型です。大げさかもしれませんが、障壁づくりというのは人間の性《さが》との戦いだからです。

コストを十分にかけなければ、障壁にはならないことは理解していただけたと思います。しかし、**コストを十分にかけたら障壁が自動的にでき上がるかというと、そんなことはまったくありません**。コストというものは経営からすれば普通、悪そのものです。普通なら、そんなにコストをかけて大丈夫かと、居ても立ってもいられないほど経営者が心配する代物、それがコストですから。でもその心配のカタマリであるコストを、しかもみなが呆れるほどかけないと、決して障壁にはなりません。中途半端なコストのかけ方で障壁が立つのなら、競争相手は喜んで同じようなコストをかけてきます。立てられたと思った障壁などは、簡単に崩されてしまうのです。

だから思い切ってコストをかけなければならない。でも下手をすると（というか、普通なら）コスト倒れする。かけたコストが、現実に「価値」としてお客さんから認められない限り、それは障壁になりません。非常識なレベルでかけようとしているこのコストは、本当にお客さんから価値として認めてもらえるのか、そこを読み切らないといけないのです。

このヒリヒリする恐怖心。この恐怖心との戦いがあるから、コストをかけきることは難しく、障壁はなかなか立たないのです。だから、呆れるほどコストをかけていったん障壁を築いてしまえば、競合は追随してこない、追随する気にもならない。だから超過利潤が続くというわけです。

リスクもまったく同じです。リスクを十分に取らなければ障壁にはならない。じゃあ**リスクを取ったら障壁ができるかというと、そんな保証はまったくない。**経営にとっては、リスクとは普通は悪です。経営者が夜も眠れないほど心痛の対象としている代物、それがリスクだからです。でもそのリスクを、競合が腰を抜かすほど取らないと障壁は立たない。中途半端で常識的なリスクテイクで立った障壁などは、簡単に崩されてしまう。だから思い切ってリスクを取る。でも下手をすると単なるリスクの取りすぎであっさりと潰れてしまう……。

障壁づくりとは人間の性との戦いである、と私が申し上げたのはこういう理由です。恐怖心との戦いなんですね。リスクであっても、コストであっても、恐怖心と戦いながら巨額の「投下資本」を払わなければならない。これがあるから、頭で考えて合理的にやろうと思うだけでは、なかなか障壁は立てられない。人間の性を克服してようやく立てられるもの、それが障壁なのです。

■呆れるほどのコスト投下の例1【大塚商会】
——新聞配達店と同程度の販売網を構築

呆れるほどのコストをかけて障壁を構築した事例の一つが大塚商会です。大塚商会は企業、特に中小企業を顧客に、コンピューターや複合機、通信機器などの幅広いIT製品の販売を行ったり、システム・インテグレーション・サービスの提供やシステムの保守、さらには事務サプライ供給などを行ったりしています。

中小企業という市場は、顧客となる会社の数こそ多いのですが、営業やサービスなどで手間暇がかかる割には顧客当たりの売上規模が小さい、という特性があります。そのため、各地域に小さなローカルプレイヤーが分散して存在し、そういったプレイヤーがこまめに顧客に出向き、ほそぼそと御用聞き営業をしているというのが典型的な商売のありようだと思います。コストがかかる割にプロフィットが少ないという、採算のとりづらい市場セグメントなのです。

にもかかわらず大塚商会の創業社長は、このセグメントに対して網の目のような支店網を築き上げました（毎朝と毎夕、近隣の住宅に新聞を配達する新聞配達店と同じぐらいの支店網の密度を目指したそうです）。そして各支店には、営業担当者とサービス担当者を配置し、担当地域の顧客企業に呼ばれたらすぐ駆けつけることができるような、迅速でき め細やかなサービスを提供できる体制を整えています。

業界の人が聞いたら「そんな馬鹿な！」と呆れるほどのコスト投下です。しかしこのコストは、中小企業という普通なら儲かりづらいセグメントを対象に莫大にかけているからこそ強靭な障壁となり、潤沢なプロフィットが生まれてくるという逆説が成り立っています。

中小企業という存在はこのＩＴ時代、なかなか苦しいものです（自分の会社がそうなので、肌で感じています）。ＩＴはどんどん進化していきます。取引先からは新しいＩＴ手法で取引を望まれることもあるでしょう。でも中小企業には、ＩＴの専任担当者を置くほどの余裕はありません。いまいる従業員にしても、ＩＴリテラシーはそれほど高くないはずです。

そういう企業にとって、ＩＴ回りを一手に引き受けて相談に乗ってくれる大塚商会は頼れる存在です。最初はコピー機だけの付き合いだったものが、うちにもそろそろそれなりのPCやサーバーが必要だね、となる。とするとそれを動かすためのソフトウェアも買わなければ、となります。外出が多い営業スタッフには携帯端末が必要だし、外からサーバーにアクセスするためにはVPNを整備しなければならないが、とするとその安全性を担保するためのセキュリティソフトウェアも必要だ……。大塚商会にお願いする商材は、どんどん広がっていきます。最終的には大塚商会なしでは、業務運営が成り立たなくなってしまうのです。

第4章で紹介した需要サイドの障壁で言えば、「習慣化」、「スイッチングコスト」、「サーチコスト」のどれもが磁力のように発生してしまうのです。

大塚商会にとっては、顧客一件一件は小さな取引でも、支店地域内に十分な顧客数が確保できてしまえば、巨大なコストをかけて張り巡らせた支店網がその力を発揮し、各顧客に効率よくサービスを提供することができます。お客さんの数が増えれば増えるほど、そしてお客さんに提供する商材が増えれば増えるほど、この巨大な「共有コスト」が薄まって利益に転じていきます。まさに、前章で紹介した「規模の経済と顧客の囲い込みの組み合わせ」が成り立っているのです。

ちなみに大塚商会の営業利益率は、おおむね7%と販売業としてはかなり高い水準です。別のデータを見てみると、この15年で一人当たり売上高は2倍の7500万円になり、一人当たり営業利益は6倍の465万円になったという驚くべき経営実績です。この水準の高さを実感してもらうために複合機関連の製造業と比較してみると、製造業平均は一人当たり売上高は2000万円、営業利益は115万円程度です。

大塚商会は製造付加価値を取らずに、一人当たり売上高はメーカーの3倍以上、一人当たり営業利益額は約4倍の数字ですから、大塚商会の収益創出力がいかに高いかが理解できると思います。働く人にとって優しい企業でもあります。年間休日を10日も増やす一方で、平均給与は15年で1・4倍になっているのです。

■呆れるほどのコスト投下の例2【参天製薬】——地方の開業医をも手厚く支援

参天製薬も、圧倒的なコスト投下で障壁を構築している例です。参天製薬は眼科というニッチな領域で、特に医療用眼科薬に特化している医薬品メーカーです。医療分野には消化器系や循環器系といったたくさんの分野があるのですが、参天製薬が事業領域にしている眼科という分野には、本来、メーカーが儲かりづらい特性がいくつかあります。その一つは、すべての診療科の中で最も開業医割合が多く、しかも中小規模の専門クリニックが全国に点在しているという点です。国内の眼科医は約1万3000人いるのですが、その6〜7割が開業医となっていて、大病院に多くの医師が属する内科とは市場構造が大きく異なります。大病院という数少ない顧客を攻略すれば効率的な営業ができる内科分野と違って、小さな取引を一つずつ積み重ねていかないといけない眼科分野は、そのままでは非効率で儲かりづらい分野なのです。

こういったセグメントに対して参天製薬は、全国に支店網を構築し、全国1万3000人の眼科医に対して、400名ものMRを配しています。これらMRの人々は、眼科医に薬の最新情報を提供するだけでなく、開業医が抱えるさまざまな悩みの相談にも乗り、院内勉強会の開催、病院経営に関する情報誌の配布、患者向け小冊子の配布、診療所内のレイアウトなど、実に幅広いアドバイスを行っています。眼科医がいくら小さなクリニックとはいえ、製薬メーカーのMRが病院経営の相談にまで乗るというのはちょっと驚きです。

ニッチで小さく、そして手間暇のかかる分野に、拠点網やMRの人件費、そして病院経営へのアドバイスまでできるほどの教育といった巨大なコストを投じて割に合うのかという疑問が頭をよぎりますが、実際には参天のMR一人当たりの売上高は3・3億円と、他の国内大手製薬会社と比べてもダントツに高い水準です。なぜでしょう。

それを理解するには、全国に薄く広がっている数多くのクリニックの特性を理解しなければなりません。彼らの最大の悩みは、薬や治療に関する最新情報を手に入れにくいということにあります。医療現場で日々の臨床医療をこなしているだけでは最新の治療情報を得ることができず、また、地域的にも分散しているので同業者間での情報共有も難しいという特性があるのです。

大病院中心の内科とは違って、情報弱者になりやすいという特性を持った眼科医に対して支店網を張り巡らせ、単に薬の最新情報にとどまらないレベルの支援をすることで、参天製薬は国内医療用眼科薬の約50%というシェアを築くに至りました。これだけでも高い数字ですが、医師のマインドシェアは7割近くあると言います。参天の眼科領域の製品は50品目以上あるので、参天製品がなければ眼科医は事実上診療ができないのです。

眼科医というセグメントをここまで徹底的に押さえてしまうと、おもしろい現象が起こってきます。海外製薬企業がいかに素晴らしい製品を開発したとしても、日本でその眼科薬を販売しようと思ったら、否が応でも参天製薬に頼まざるを得ない状況が出現しているのです。

仮に他社が参天の持続的な高利益水準を羨ましく思ったとしても、眼科医という小さなマーケットにすでにこれだけコストをふんだんに投下している参天製薬にいまさら対抗することは難しく、容易に参入できません。3・3億円という、医薬品業界でもダントツに高いMR一人当たりの売上水準は、「呆れるほどのコストをかけているからこそ、ダントツに高い生産性が生まれている」という逆説に拠って立っているのです。まさに前章で紹介した「小さな池の大きな魚」という感じがします。

■腰を抜かすほどのリスクの例【トラスコ中山】
――正気を疑われるほどの拠点・在庫投資

コスト投下の事例のあとは、リスク投下の事例を見てみましょう。卸売業らしからぬ圧倒的なリスクテイクで、障壁を築いているのがトラスコ中山です。ご存じの方は多くないかもしれませんが、トラスコ中山は工場や建設現場などで使用される機械・工具などの工場用副資材を、二次卸や三次卸に販売する一次卸です。障壁に裏打ちされた持続的業績を上げているのですが、背景にはどんなロジックがあるのでしょう。ここは中山社長ご自身の言葉を引いてみましょう[*11]。

中神　トラスコ中山は工具卸としては最後発ながら、業界屈指の業績を実現してきた会社です。年平均の売上成長率は業界平均2・5％に対して5％、営業利益率は業界平均3％に対して8％です。我々も職業柄、いろんな会社をみているつもりですが、トラスコ中山は単に業績が良いだけでなく、経営のユニークさが群を抜いています。まずトラスコの事業で特徴的なのは、**「在庫は磁石」**という言葉です。でも一般には在庫は軽いほうが良いとされますよね？

中山　常識や定石というのはそれなりに納得感のあるものです。「在庫は少ない方が良い」と言われると、いかにもそんな気がしてきます。しかし、もし在庫を減らしていたら、現在の当社は存在しないと思うのです。工具卸という事業にとって、在庫はお客さんに価値を提供するための手段です。**在庫が少ないと経営数値的には確かに良く見えるかもしれませんが、それでは品揃えや即日配送といった価値は提供できません。**当社で最近急成長しているネット販売業者向けビジネスも、在庫とシステムの価値をお客様に認められたからこそ捕捉できた事業機会です。おもしろいことに同業の卸業者に対する売上も増えてきました。小口注文の場合ならメーカーに注文するよりも、同業であっても当社に注文した方が早く安く商品を調達できるからです。世間の常識に挑戦して、初めて見えてくることはたくさんあります。たとえば、在庫を増やすと残業が減るというと驚かれるかもしれません。でも在庫をたくさん持つことで、時間のかかる発注オペレーションが劇的に楽になるのです。また、他社からすれば、正気を疑われるほどの在庫投資・物流投資もしてきました。

中神　実際、1拠点30〜200億円もかけた物流施設を全国26か所に配置するなど、工具卸業界的には「顎が外れる」ほどの設備投資をしています。

中山　実は、社長を継ぐと決まった当初は、戦略どころか会社をどのように運営していくかにさえ、悩みに悩む有様でした。ところが、開き直って「そもそもこの会社はいったい何者なのか」という原点から考え直してみたところ、道が拓けてきた気がしました。当社は工具卸ですから工具を販売店に売っている。でも、実際に工具を使うのは製造業です。ならば製造業そのものに貢献しなくてはならないと考えました。そうして生まれたのが「がんばれ!! 日本のモノづくり」という標語です。もちろん標語を掲げるだけで差異は生まれません。日本のモノづくりに貢献するためには何を実現すればよいか。それを考えた結果、日本全国津々浦々へのクイックデリバリー実現という姿が見えてきました。それには、各地に大きな拠点を配置し、各拠点に大量の在庫を持ち、さらには自社配送の仕組みまで持つことがどうしても必要なのです。こうしてできあがったのが現在の、在庫や物流拠点に大きな投資を行う事業モデルの原型です。

営業のあり方も他社とはかなり違います。工具卸業界では営業が御用聞きに徹して無理難題にも応じながら関係を維持していくスタイルが一般的ですが、トラスコ中山はそこに重きを置いていません。お客様であっても、理不尽なこと、間違っていることを言うこともあります。それらすべてに応えていては会社は持続しませんし、なによりも社員が誇りをもって仕事ができないでしょう？　間違っていることは間違っているとはっきりいう。それで嫌われても、関係を切れないような存在になれば良い訳です。言い方は悪いですが、「ホントはおたくからは買いたくないんやけど、それでも買わんと仕方ない…」と言われるような会社を作るのが究極の目標です（笑）。

中神　それが「問屋を極める・究める」ということなのですね。〝切りたくても切れない〟というのは関係づくりの真髄ですね。顧客に提供している価値は何であって何でないのか、考え抜くからそういった発想がでてくるのでしょうね。

工具卸というビジネスは、普通に営んでいると顧客別や商品別固有コストがどんどんかかってしまう分散型事業の典型です。第3章で紹介した事業経済性に照らすと、この「型」の鉄則は、細かな収益性の管理による店舗や商品、あるいは顧客のこまめなスクラップ・アンド・ビルドです。儲からなくなった商品や顧客はどれなのか、管理会計を精緻に行って、少しでも儲からなくなったものをこまめに切っていく。これが事業の鉄則で、大きなリスクテイクが必要な規模型事業の運営とはまったく違うはずです。

しかし、トラスコ中山はいくつもの大型物流施設、大量のトラックと人員が必要な自前の輸配送網、40万点を超える在庫などに莫大な投資をしています。分散型事業の経済性の鉄則に背を向け、大きなリスクを取っているのです。しかし、その逆説的なリスクテイクは、いまのところ業界平均以上の利益率につながっています。本来は分散型の事業においてリスクを取り、事業モデルを規模型に転換することで、「規模の経済と顧客の囲い込みの組み合わせ」を狙っているのです（このリスクテイクが本当に実を結ぶかは注視する必要があります）。

■経営者が果たさないといけない最大の義務とは

いくつかの事例で見ていただいた通り、障壁が立つのか立たないのか、その成否は非常識などのコスト投下、あるいはリスクテイク、いずれにしても圧倒的な「投下資本」にあるということを感じていただけたとすれば幸いです。障壁の構築は、経営者の乾坤一擲のジャッジメントにかかっているのです。

コスト投下にしてもリスクテイクにしても、それは最高難度の「投資」判断です。経営者は孤独だとよく言われますが、人が孤独になるのは、誰にも頼れないギリギリの判断をしなければならないからでしょう。現場で汗水垂らして働いているたくさんの従業員が、塀の外に転げ落ちてしまうのか、それとも守られた塀の中で温かいスープを飲んでいられるのか。経営者は誰に相談することなく、そういうギリギリのジャッジメントをしないといけない立場にあるのです。

先ほどの中山社長は、リスクテイクに関しても秀逸なコメントをされています。

「日本ではなぜか、堅実経営が評価されがちです。しかし、**堅実経営というのは実は、『臆病経営』を言い換えているだけではないでしょうか。**堅実経営を唱えて伸びた会社なんて、周りを見渡してもほとんど見当たりません。会社は過去と同じこと、他社と同じことを続けるだけでは成長できないのだと思います。誰もが行く道の先に『成功』の文字はないと思うのです」。

ギリギリの投資判断、これこそが経営者の仕事です。経営者が日々の業務に忙殺されるわけでもなく、高い給料を食めて、しかも割とゆったりした時間を持てる（というか、持たなければならない）理由は、この、業界他社とまったく異なる乾坤一擲のジャッジメントを行うという一点によってのみ、正当化されているのではないでしょうか。

経営者同士の会合に出たり、夜の会食や週末ゴルフに出かけて情報交換をしたり、場合によってはリラックスしたりすること。こういったこともすべて、このジャッジメントの瞬間のためにあるはずです。この灼けつくようなヒリヒリする瞬間に萎えてしまい、障壁を立てられない経営者に、「みなで豊かになる経営」は決して実現できないのです。

コラム　日本企業のコストとリスク

これまで話してきた、コストをかけ、リスクを取るという灼けつくような経営の行為。各国企業と比較すると、日本企業はこの点でどのような特徴があるのでしょうか？

一橋大学大学院の野間幹晴教授が、日本やアメリカなど7か国の企業の設備投資や研究開発投資額の調査をしています。**図表5－3**は、1985年以降に設備投資や研究開発を

図表5-3　投資を削減した企業の比率（1985年-2009年）

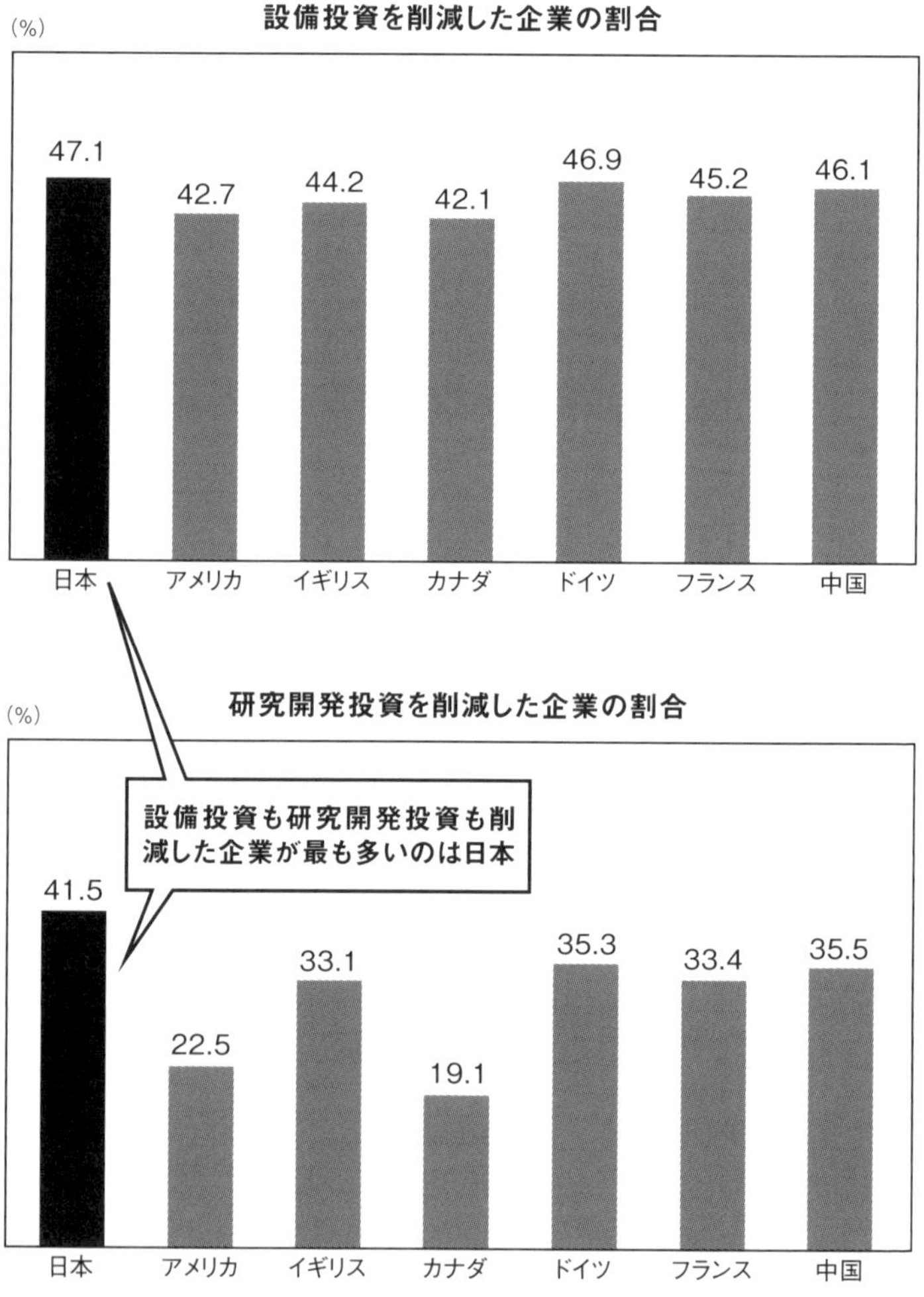

出典：＊12をもとにみさき投資作成

減らした企業の割合です。[12] このデータを見ると、設備投資というリスクを最も減らし、研究開発というコストを最も減らしたのは、実は日本企業でした。「日本企業は長期的視点に立って投資や研究開発を行っている」という常識的認識とは大きく異なる研究結果です。

この章ですでに書いた通り、「コストもリスクも、通常は経営にとって悪です。居ても立ってもいられないほど経営者が心配する代物がコストですし、経営者が夜も眠れないほど心痛の対象とするものがリスクだからです。そういう意味では、この25年間というもの、日本企業の経営者はスヤスヤとよく眠れているのでしょうね（すみません、ここは皮肉です）。

第5章のまとめ

・この章では、障壁づくりに関する私の認識をお話ししました。経済学の教えに反する持続的な超過利潤という代物は障壁からしか生まれませんが、それは競合が呆れるほどコストをかけるか、腰を抜かすほどリスクを取ることによってしか生まれないという認識が伝えられたとすれば幸いです。

・リスクとコストという「みさきドクトリン」自体は大変シンプルです。でもそのシンプルさの奥には、人間の恐怖心・弱さを呼び覚ます難しさが横たわっています。経営者がこの恐怖心に打ち勝ち、まずはしっかり「投下資本」を積むということが障壁づくりの必要条件なのです。現場で働いている多くの仲間を塀の外に突き落とすかもしれないほどのギリギリの投資判断、乾坤一擲のジャッジメントが求められているのです。

・さて、そのようなジャッジメントはいったいぜんたい、どのような思考様式から生まれてくるのかを考え、具体的な事例を紹介するのが、次の第6章の事業仮説です。障壁づくりの十分条件となる判断、その真贋が問われる章でもあります。読み進んでいただければ幸いです。

第6章

障壁づくりの十分条件——事業仮説

■

必要条件の次は、障壁を築くための十分条件です。リスクを取り、コストをかけたとしても、それだけでは障壁はでき上がりません。そこには事業の行く末を正しく見定め、その進化形をみずから作り出すような経営者固有の「事業仮説」が不可欠です。そして合理的に考えれば業界の誰もが納得するような常識的な仮説では、いくらリスクやコストをかけても障壁は立たず、「みなで豊かになる」ことはできません。この章では、みなを豊かにする経営者が備えるべき特有の思考様式とは何かに焦点を当てます。議論の対象は思考様式ですから、三木清のような哲学者や、「最後の宮大工」と呼ばれた西岡常一といった経営領域外の方々の思考様式も参照していきます。「経営者は孤独だ」とよく言われますが、その所以に迫っていくことになります。

■ビジョンは「大衆合議」からは生まれ得ない

2016年の『イェール・ロー・ジャーナル』に、コロンビア大学法科大学院のゴーセン教授とエルサレム・ヘブライ大学のハムダニ教授による"Corporate Control and Idiosyncratic Vision"（企業統治と事業仮説）という論文が掲載されました。[*13] とても興味深い論考なのでご興味のある方は読んでいただければと思いますが、ここではその中身自体について長々と語る余裕はありません。

この論文で私が強烈に惹きつけられたのは、それまでに出会ったことがなかった"Idiosyncratic"なる英単語です。自分でも不思議なほど気になったので、辞書を引いてみました。調べてみると「特異な」という意味のようです。もう少し見てみると「(一個人に) 特有の」とか「奇異な」「風変わりな」といった言葉が出てきます。これにVisionを組み合わせると、「その人にしか見えないビジョン、その人にしか見えない未来」というぐらいの意味になるのだと思います。

私は自分がなぜこの言葉に強く惹かれたのか、ようやくわかってきました。これこそが「障壁づくり」に立ち向かうときの思考様式だと感じたのです。

郵便はがき

料金受取人払郵便

渋谷局承認

2087

差出有効期間
2025年12月
31日まで
※切手を貼らずに
お出しください

150-8790

130

〈受取人〉
東京都渋谷区
神宮前 6-12-17
株式会社ダイヤモンド社
「愛読者クラブ」行

本書をご購入くださり、誠にありがとうございます。
今後の企画の参考とさせていただきますので、表裏面の項目について選択・ご記入いただければ幸いです。

ご感想等はウェブでも受付中です(抽選で書籍プレゼントあり)▶

年齢	(　　　)歳	性別	男性 / 女性 / その他
お住まいの地域	(　　　)都道府県 (　　　)市区町村		
職業	会社員　経営者　公務員　教員・研究者　学生　主婦 自営業　無職　その他(　　　)		
業種	製造　インフラ関連　金融・保険　不動産・ゼネコン　商社・卸売 小売・外食・サービス　運輸　情報通信　マスコミ　教育 医療・福祉　公務　その他(　　　)		

本書をお買い上げいただいた理由は？
（新聞や雑誌で知って・タイトルにひかれて・著者や内容に興味がある　など）

本書についての感想、ご意見などをお聞かせください
（よかったところ、悪かったところ・タイトル・著者・カバーデザイン・価格　など）

本書のなかで一番よかったところ、心に残ったひと言など

最近読んで、よかった本・雑誌・記事・HPなどを教えてください

「こんな本があったら絶対に買う」というものがありましたら（解決したい悩みや、解消したい問題など）

あなたのご意見・ご感想を、広告などの書籍のPRに使用してもよろしいですか？

1　可　　　2　不可

ご協力ありがとうございました。

【三位一体の経営】112250●3750

もう少し説明しましょう。Visionという言葉は、みなさんも慣れ親しんだ言葉でしょう。ビジョンづくりに取り組む会社はたくさんあります。そしてその際には「ビジョンは将来のものだから、次世代を担う若手の優秀なメンバーに考えてもらおう」となることも多いと思います。

その考え自体は決して悪くありません。でも、社内でも優秀とされる若手の面々が集まって将来ビジョンを描き始めると、言葉だけはきれいな「ビジョン」ができ上がることが多いように思います。その中身も、現在見えているトレンドをきちんと踏まえたものにはなっているのですが、どうもどこかで見たようなものになりがちです。「お客様に愛される」とか、「挑戦と革新」とか、「社会からの信頼」とか……。

未来を切り拓く指針となるべきビジョンとは、本当にそういうものなのでしょうか？

事業運営は、いつも難題に満ち溢れています。組織運営は、人間の感情が渦巻く世界です。きれいごとで未来を切り拓いていけるような、やわなものではないはずなのです。

「経営職を務める人に求められるのは、完成度の高い事業観、その1点である」。これは、神戸大学大学院の三品和広教授の言葉です。

事業の正しい進化を見通し、数多くの人に猛然と反対されようが、独自の考えで静かに道を進んでいくという気概。それこそが本物のビジョンなのだと思うのですが、いかがでしょうか。孟子は「自ら反《かえ》りみて縮《なお》くんば、千万人と雖《いえど》も、吾往《われゆ》かん」（良心に恥じるところがなければ、千万人の敵に対しても恐れることなく向かっていこう）と言っています。**未来を切り拓いていくようなビジョンとは大衆合議によって作られるものではなく、あくまでも個人の内面からフツフツと湧き出てくるもの**だと思うのです。だから属人的にならざるを得ないのです。

前章のいくつかの事例で見た通り、特異なビジョンがないところに、障壁は立ちません。競合が腰を抜かし、みなが呆れるほどコストをかける、リスクを取る。しかし、かけたコスト、取ったリスクが顧客に本当に価値として認められ、高い「利回り」を出してくれるかどうかは、この特異なビジョンが正しいか否かにかかっています。障壁を立てるためにはこの独特の事業観、そして気概が絶対に必要なのです。

それを Idiosyncratic Vision と言ってもよいですし、日本語で最もぴったりくる言葉は「**事業仮説**」ではないかと思います。このあとは、いくつかの具体的な事業仮説の事例を引いてみたいと思います。

■事業経済性の宿命も、「事業仮説」で打ち破れる

第3章では事業経済性の話をしました。世の中の事業は四つの「型」に分けられ、「型」によって儲けの出方や競争の構図といった宿命が自動的に決まってくるという話でした。事業の宿命がそれほど決められているのでは、経営者としてはやることがないではないかという恨み節が聞こえてきそうですが、この章では、運命というものは、やはりみずから切り拓いていくもの、いけるものだという事例をお話ししてみたいと思います。

外食チェーン事業を例にとってみましょう。いまは近代的にチェーン化されている事業も、もともとは街の食堂に近い存在だったはずです。

事業経済性の型で言うと、飲食業は典型的な分散型事業です。分散型ですから安い・早い・うまい、はたまたおかみさんの気が利いているというように、差別化の要素はたくさんあります。一方で規模の経済は効きません。街の食堂ならば家族総出でやっているぐらいの生業ですから、プレイヤーはたくさん存在し、分散して多数乱立しているわけです。

このような生業を続けているだけでは、いつまで経っても大事業にはなりません。しか

し、この状況をなんとか変えようとした男がいたのです（以下は、おおむね『日本経済新聞』の「私の履歴書[*14]」からのストーリーです）。

■ロイヤルホストはいかに一大外食チェーンを築き上げたか

ロイヤルホストは博多発祥の、外食チェーンの先駆けです。そこに江《え》頭《がしら》匡一《きょういち》さんという創業者がいました。かねて現状を打破したいと思っていた江頭さんは、外国の外食産業の研究をしたそうです。すると、かの地にはデニーズのような外食チェーン、ファミリーレストラン・チェーンという一大産業があることに気づきました。自分たちがやっている飲食業がこんなにも大きく近代的なビジネスになっているのかと驚き、自分もこれをやってみたいと思ったそうです。

しかし当時の飲食業を外食チェーンビジネスに発展させるためには、莫大な投資が必要だということも江頭さんはわかっていました。店舗は標準化したうえで規模は大きくしないといけないし、人もたくさん雇わなきゃいけない。大きなセントラルキッチンをいくつも作らなければならない……。

先立つものはなんと言っても、大きなお金です。さて、どうやってそのお金を調達したらよいでしょう。60年代初めのロイヤル株式会社は、上場などしていません。当時もいまも、そんな会社が起債できる社債市場もありません。結局銀行から借り入れるしかないのです。でも、当時は「飲食業＝水商売」という認識が一般的で、そんな事業にお金を貸してくれる銀行は存在しませんでした。

でも江頭さんは考えました。ここが、江頭さんがIdiosyncraticなひとつめのところです。重厚長大産業に長期融資することで戦後の復興に大きな役割を果たしていた日本興業銀行からお金を借りよう、と思ったのです。「天下の興銀」からお金を借りることができれば、都市銀行もみな喜んで貸してくれるだろう。地方銀行や、信用金庫や信用組合も貸してくれるに違いない。全部借りて、大きな投資をして外食チェーンを作り上げようと考えたんですね。そして実際に興銀の福岡支店に足を運んだ……。

当然のことながら、門前払いもいいところだったようです。中には「飲食業の産業化なんて」と苦笑する支店長もいたようです。

でもIdiosyncraticな人は、そんなことではへこたれません。興銀通いをずっと続けているうちに、ムラセヤストシ（カタカナで書く理由はあとでわかります）という支店長に出会います。この人だけは江頭さんの話に耳を傾けてみようと考え、会食がセットされました。

場所は料亭。しかもムラセヤストシは、はかま姿で来た。このあたりは時代がうかがわれます。その席で江頭さんは、外食チェーンなるものをどうしても作りたいと必死で訴えた。最後までじっと聞いていたムラセは、最後の最後にポツンと、「飲食業には人材が少ない。あなたでも相当なことをやれるかもしれない」と言ってその日は別れたそうです。

■外食産業に「規模の経済」が効くようになった仕組みとは

さてその後。

ムラセは興銀本店に一生懸命掛け合って、融資が出るように取り計らったそうです。役員会でも厳しい意見が相次いだそうですが、ムラセはずいぶん熱心に説得した。その結果、当時年商12億円しかなかった会社に、6億円に上る興銀融資が出た。水商売としか考えられていなかったビジネスに、あの天下の興銀が大きな融資を実行したのです。そのときのことを江頭さんは、「興銀からの融資ということで、何倍もの価値がある。産業化の夢が認められ、事業家として本当に冥利に尽きる思いだった」とおっしゃっています。

その融資を受けたのち、江頭さんがやったこと。それは、事業経済性の宿命を無視した「分散型事業を規模型事業化する」という（ある意味）暴挙です。飲食業はもともと分散型事業ですから、下手に規模を拡大すると収益率が落ちてしまうのです。

それなのに、江頭さんはその分散型事業の宿命に背を向けて、仕入れを集中化し、大きなセントラルキッチンを作りました。大規模な店舗群の急速な展開もしました。オペレーションも標準化・統一化し、ブランドの浸透を図りました。徹底的に大規模な共有コストをかけたのです。下手をすると、完全にリスク倒れに陥るほどのリスクテイクです。

でも、セントラルキッチンがあると、店舗では複雑な調理をしなくてよくなります。事業経済性的に言うと、単品ごとにいちいち調理という固有コストをかけなくてよくなります。そしてたくさんの食事が出れば出るほどセントラルキッチンが稼働し、共有コストが薄まって利益が出てくることになります。こうやって売上や利益を積み重ねていった結果、ロイヤルホストという一大チェーンができ上がったのです。


江頭さんは、当時の興銀福岡支店長であるムラセヤストシさんのことを、恩人だと「私の履歴書」に書いています。後日談として、江頭さんが会長職を辞したときには、そのムラセさんが訪ねてきて金一封を差し出し、「よくやりました」と言ってくれたという話も書いていらっしゃいます。

この話は（口悪く喩えて言えば）街の食堂に毛の生えたようなビジネスをしていた中小

企業のオヤジさんが「飲食業を産業化したい、外食チェーンビジネスを作りたい」という、トンでもないビジョンを持った。そしてそんなトンでもないビジョンに賭けようとした金融人がいたという話です。

それまで重厚長大産業を中心に産業育成・融資を行っていた興銀が、サービス産業にも融資をし、育てていく嚆矢となった。江頭さんもムラセも、甲乙つけがたい見事なIdiosyncratic Visionを持ったビジネスマンだったと言ってよいのではないでしょうか。

実はこのムラセヤストシというのは、私のおじいさんです。正確には大叔父さんなのですが、本当のおじいさんは二人とも早く亡くなってしまったので、私にとってはこのムラセがおじいちゃんのような存在だったのです。かっぷくが良かった（単に太っていた）ので「おすもうおじいちゃん」と呼んで随分可愛がってもらいました。村瀬泰敏と言います。

江頭さんの「私の履歴書」を読んだ当時、私はまだ経営コンサルタントをやっていたのですが、金融という仕事には、経営者に賭け、経営者とともに育つという価値があるんだなあと思いながら読んでいました。もしかしたらそれが、自分自身、15年前に経営コンサルティング業界から投資事業に転身した理由の一つになっているのかもしれません……。

図表6-1　外食産業には三つの事業の「型」ができ上がった

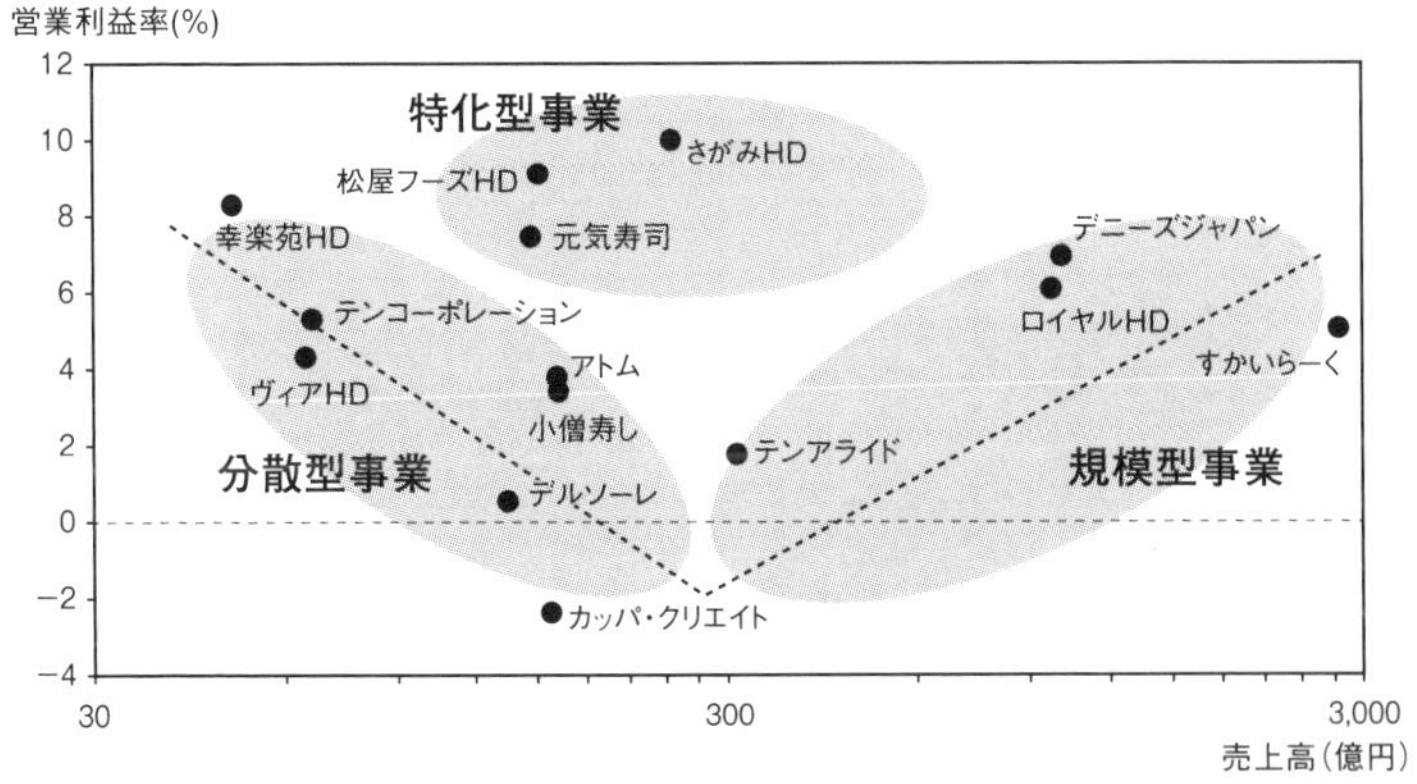

出典：SPEEDA、Bloombergのデータを元にみさき投資作成。
1996年度の数字を利用

■外食産業には三つの「型」が併存している

さて本題に戻りましょう。この話で本当におもしろいのは、江頭さんと村瀬という二人の Idiosyncratic Vision の持ち主の出会いが何をもたらしたか、です。少し前の外食産業の事業経済性マップを見てみましょう（**図表6-1**）。

左側には分散型プレイヤーがたくさん存在しています。飲食業は本質的に分散型事業だという宿命はそう簡単には変わらないので、こういうプレイヤーがいまだに数多く存在するのは、よく理解できます。規模が大きくなると利益率が下がってしまう分散型事業の

図表6-2　優れた事業仮説は事業の「宿命」すら変えていく
——ファミリーレストラン・チェーンの事例

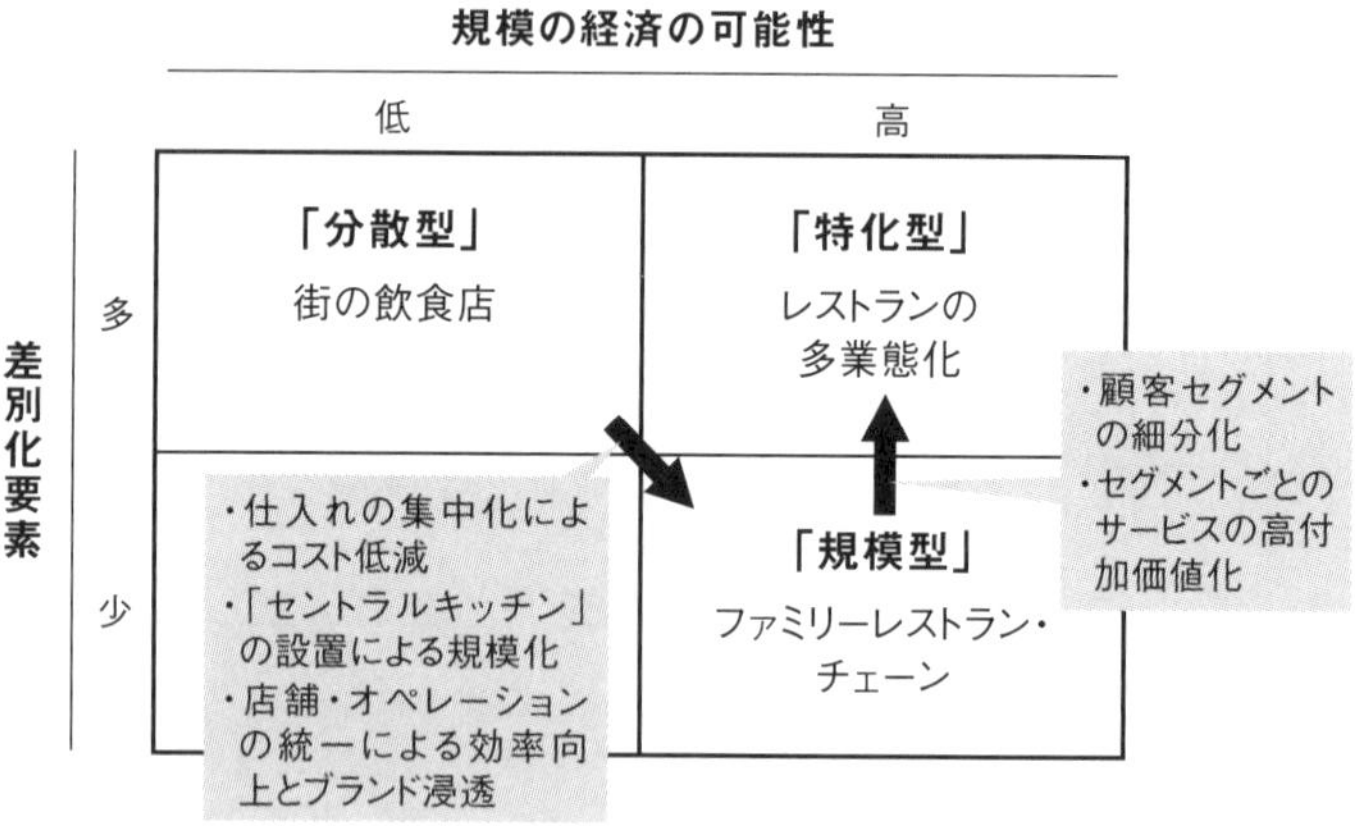

「型」通りの展開です。

一方で右側には、すでに規模化を完了したプレイヤーがいます。規模が大きくなればなるほど利益率も上がっていくという、規模型事業の「型」通りの理屈になっています。

利益率の妙に高いプレイヤーが中央上の方に散見される点も、この事業のおもしろいところです。風変わりなビジョンを持ち、大きなリスクを取った経営者がいたから規模型のプレイヤーが出現しました。でも、それだけだとお客さん、つまり食べるほうは困ってしまいます。事業の規模事業化が進んでいくということは、規模に優れる企業だけが生き残るわけで、プレイヤーの数がドンドン少なくなるということです。下手をすると、街中がファミリーレストラン・チェーンばかりになってしまって、いつも同じものしか食べられなくなってしまう。チョイスがなくなってしまうわけですね。

そんな顧客ニーズにちゃんと目を付けた別のIdiosyncratic Visionを持った経営者が独自の業態を興すことで、特化型事業が作り上げられています。顧客セグメントを細分化して、たとえばシニア向けの業態・若者向けの業態というように事業を作っていった結果、こうやって3つの「型」が併存する業界・産業ができ上がっているのです（図表6－2）。

このロイヤルホスト、そして外食産業の例は、Idiosyncratic Visionを持った経営者なら事業の宿命すら変えられるという話でした。Idiosyncratic Visionの迫力、インパクトの大きさが理解できる話だと思いませんか？

■誰がやっても採算がとれない個人宅配事業で、ヤマトはどう利益を上げたのか

もう一つ、私が心の底から愛してやまないストーリーを紹介させてください。ヤマト運輸が宅急便事業を始めたころの話です。実質的な創業者である小倉昌男さんの『小倉昌男経営学』という本に、障壁構築にまつわる要素、たとえば独創的な事業仮説が生まれた背

景や、仮説をバックアップするためのロジックと調査、そして周りからの強烈な反対といったすべての要素が収められているのです[*15]。引用が少し長くなってしまいますが、これ以上のリアルな戦略書籍はめったにないので、お付き合いください。

この本のまえがきは、こんな文章から始まっています。

とても事業として成り立つとは思えなかった宅急便、無謀ともいえた郵便小包への挑戦が、挫折することなく伸長している……ヤマト運輸の試みは、誰しも失敗するだろうと考えていた。（P1）

大正時代に創業されたヤマト運輸は、第二次世界大戦前は日本一のトラック運送会社でした。でも戦後、長距離路線の進出に遅れ苦境に陥りました。打開策として多角化を指向したものの、基幹業務の商業貨物輸送の収益も悪化し、いよいよ危機を迎えていました。

そういった状況で社長に就任した小倉さんは、当時、郵便局だけが独占していた個人宅配市場に着目しました。集配効率があまりに悪い個人宅配は、誰がやっても採算がとれないと思われている、いわくつきのビジネスだったにもかかわらずです。そのためこの事業は国家の独占事業とされ、戦後何回もの値上げによって、なんとか維持されている状態でした。

個人の生活に基づいて行われる小荷物の宅配は、需要が多くまったく偶発的でつかみづらいから、事業は不安定である……たった一個の荷物を求めて表札を探しながら依頼者のお宅にうかがうと、配達先は青森といわれるかもしれないし、鹿児島といわれるかもしれない。コストはいくらかかるかわからないが、運賃は郵便小包料金より高くは取れないはずだから、儲からないどころか大きな赤字が出ることは間違いない。（P71）

これが個人宅配市場に関心を持ち始めた当初の、小倉さんの初期的かつ常識的な観察でした。

■それまでなかったヤマトの集荷・配送の仕組み

しかし、小倉さんという Idiosyncratic な経営者は、そんな常識的観察から、違う思考を紡いでいきます。

人間が生活しその必要から生ずる輸送の需要は、個々人から見れば偶発的でも、マスとして眺めれば、一定の量の荷物が一定の方向に向かって流れているのではないか。個々の需要に着目しているうちは対応の仕方がわからないが、マスの流れに着目すれば、対応の仕方があるのではないか……。

商業貨物の輸送は、たとえてみれば、一升枡のような大きな枡をもって工場に行き、豆を枡に一杯に盛り、枡ごと運ぶようなものである。一方、個人の宅配の荷物の輸送はというと、一面にぶちまけてある豆を、一粒一粒拾うことから始まる。拾わない限り、仕事は始まらない……。

どうすればそんなことができるだろう……そんな発想から私が思いついたのが、取次店の設置である。（PP78―79）

小倉さんはそんなふうに考え、酒屋さんやお米屋さんといった主婦になじみのある商店を、一つひとつ取次店にしていきました。この取次店システムによって、バラバラに発生する荷物を集めるほうは仕組みができたのですが、今度は集めた荷物をどうやって輸送するか、どの程度の配送ネットワークの構築が必要なのかという難題に直面します。

問題は、私が思い描いたような全国的な輸送のネットワークをヤマト運輸がつくることができるかどうか、であった……ベースは各都道府県に一ヵ所としてセンターはいったいいくつ作ったらよいのだろうか、である。（P83）

そこで小倉さんが調べたのは、市民生活に関係の深い施設の数です。集配郵便局は5000、公立中学校は1万1250、警察署は1200と数えていき、地域の治安を維持している警察署が1200で済むのなら、ヤマト運輸の宅配センターもそのぐらいあれば間に合うと考えたのです。

■小倉昌男には利益の出る未来が明確に見えていた

着々と構想が進んでいく宅配ビジネスですが、問題はその事業経済性です。小倉さんは特段どこかで、事業経済性の理論を学んだわけではないと思うのですが、ここでも驚くほどの洞察を見せます。

個人小荷物の宅配事業は、……ネットワーク全体で収支を見ることになる。はじめはネットワークを作るのにコストがかかるし、利用度が低いうちは収入も少ないから必ず赤字になる。しかしネットワークができ、利用度が高まって収入が増えれば、損益分岐点を超え、利益が出るはずである。

宅配の事業は効率が悪いから絶対に儲からない、とは限らない。ネットワークの損益分岐点を超さない限り、たしかに利益は出ないが、ネットワークの上を荷物がどんどん流れれば必ず損益分岐点を超え、利益が出るという性質のものだ。それが私の結論であった。(PP86―87)

「共有コスト」と「固有コスト」の違いを明確に意識したきわめてロジカルな経済性の理屈がカミソリのように書かれていますが、別の章では、この事業が儲かっていくイメージを、まるで画家のようにありありと語っています。

一生懸命頑張ってネットワークを作り上げる。そのネットワークの上を毎日荷物が流れていく。それがある日、ある数を超したとき、じわりと利益が滲み出てくる。段々滲み出る日が多くなると、ネットワークのどこからか利益がぽたりぽたりと滴り落ちる。そしてやがてそれが集まって、ちょろちょろと溜まり始める。どこから出て来るのかはわからないが、全体として利益が出る。ネットワーク事業というものはそんなものではないだろうか――。（PP103－104）

経営コンサルティング、そして投資事業に長く携わってきた者として、これほどまでに見事な事業仮説とその論理的検証、そして事業経済性の洞察を語ってくれるストーリーには出会ったことがありません。まさに圧巻のIdiosyncratic Vision、「俺には見える」事業観の真骨頂です。何度読んでも、鳥肌が立ちます。

■事業仮説が大きいほど反対も大きい

しかしこの話はそれでは終わりません。この仮説がこれほどIdiosyncraticであるがゆえに、小倉さんは社内の猛反対に遭うのです。

役員たちの反応は悲観的なものだった……百貨店配送は、日本橋や新宿のデパートから荷物が出るから集荷の苦労はない。それに対して東京二十三区に散らばった市民の家庭から一個ずつ集荷するのは大変な苦労を要する。そんな仕事を始めれば赤字間違いなしというのが、役員全員の意見であった……極端に効率の悪い個人の宅配事業は、絶対に赤字が出るという先入観は抜きがたいものがあり、当初賛成に回るものは役員の中に一人もいなかった。（PP94－95）

社内の反対はある意味、当然です。基幹事業になっている商業貨物輸送を離れ、少なくとも当面は大きな赤字を出し続けることが決まっている個人宅配事業を始めようとするのですから。小倉さんのすごいところは、そういった社内の猛反対をしっかりと受け止め、説得し、事業の実現を果たしたところにもあります。

「百論を一つに止めるの器量なき者は、慎み惧れて匠長の座を去れ」とは、「最後の宮大工」と呼ばれた西岡常一棟梁の言葉ですが、経営者の仕事というものは、単に大きな事業仮説を立てるだけでなく、その仮説が大きければ大きいほど生じる猛反対を、論理と人徳で説得し組織を前に向かせる、という点にもあるのですね。

このように生まれた宅急便ビジネスのその後は、みなさんよくご存じの通りです。誰もが忌避する市場に着目し、人とは異なる事業仮説を立てる。他の誰にも見えない儲かる論理をありありとイメージし、誰もが嫌がるほどの圧倒的なリスクを取る、コストをかける。それが圧倒的なボリュームであるがゆえに、真似しようとしても真似することができないほどの高い障壁が築かれ、数多くの働く人々が長きにわたって温かいスープをいつまでも飲むことができる。超過利潤が生まれ、長く続く。経営者一人の仕事ぶりで、働く人・投資家、そして経営者自身も大きく報われる……。

障壁の構築には圧倒的な「投下資本」が必要条件であり、経営者の「事業仮説」が十分条件ではないか、という私の主張を、小倉さんの事例以上に雄弁に物語ってくれるストーリーはないのです。

■極端でなければ仮説とは言えない

私が高校時代に、とても難解で苦労しながら読んだ本の中に、三木清の『人生論ノート』という本があります。[*16] 哲学を考察している本なのですが、「仮説」という短い章に、障壁を築くための思考様式のヒントが隠されているような気がするので、少し引いてみたいと思います。

思想が何であるかは、これを生活に対して考えてみると明瞭になるであろう。生活は事実である、どこまでも経験的なものである。それに対して思想にはつねに仮説的なところがある。仮説的なところのないような思想は思想といわれないであろう。思想が純粋に思想として持っている力は仮説の力である。思想はその仮説の大きさに従って偉大である。（P127）

仮説的に考えるということは論理的に考えるということと単純に同じではない。仮説は或る意味で論理よりも根源的であり、論理はむしろそこから出てくる……。仮説は自己自身から論理を作り出す力をさえ持っている。（P128）

小倉さんの「個人宅配市場への参入は、大きな成功になる」という考えは、最初は単なる仮説でした。しかも常識や経験、そして国家独占事業であるという現実を論理的に考えれば、儲かるどころか、大きな赤字を垂れ流すことが明々白々だと考えられていた事業への参入仮説でした。しかし当初は仮説にしかすぎなかった構想は、小倉さんという稀代のIdiosyncratic Visionを持った経営者によって、事業経済性への洞察を交えながら「集配ネットワーク」「輸送ネットワーク」という、確かな事業の論理を生み出していきました。

すべての思想らしい思想はつねに極端なところをもっている。なぜならそれは仮説の追求であるから。これに対して常識のもっている大きな徳は中庸ということである。しかるに真の思想は行動に移すと生きるか死ぬかといった性質をもっている。（P130）

小倉さんの仮説は大変なリスクを伴うものでした。そして小倉さんは、自分でもそれをよく知っていました。事業開始当初は必ず大きな赤字が出ると。それは下手をすると、当時のヤマト運輸を倒産させかねないほどの大赤字になるかもしれなかったのです。

■厳選投資家は、常識的な戦略には目もくれない

思想は仮説でなくて信念でなければならぬといわれるかも知れない。しかるに思想が信念でなければならぬということこそ、思想が仮説であることを示すものである。常識の場合にはことさら信仰は要らない、常識には仮説的なところがないからである。常識は既に或る信仰である、これに反して思想は信念にならねばならぬ。（P130）

誤解を受けることが思想家のつねの運命のようになっているのは、世の中には彼の思想が一つの仮説であることを理解するものが少ないためである。（P131）

これまで一緒に事業を推進してきた仲間たち、役員陣は全員で反対に回ります。彼らが悪いわけではないのです。大きな事業仮説、つまり巨大な障壁を打ち立てるほどの仮説は、常識や経験では理解できないものなのです。だから誰も追随してこない、追随する気にもならない。だから障壁が立つのです。

折衷主義が思想として無力であるのは、そこでは仮説の純粋さが失われるためである。それは好むと好まないとに拘《かか》わらず常識に近づく、常識には仮説的なところがない。（P131）

江頭さんの、外食チェーンを作るという構想も、当初は単なる仮説だったはずです。その仮説が力強い事業の論理を生み出していったのです。江頭さんの場合はセントラルキッチンへの巨額の投資を必要としました。それは下手をすると会社を窮地に追い込むほどの乾坤一擲の勝負だったはず。当然社内外の反対は数知れないほどだったでしょう。でもきっとこういう人たちはひるむことなく、妥協にも走らず、ただひたすら純粋にその仮説を追求したはずです。だからこそ巨大な障壁が立ったのです。

厳選投資家がIdiosyncratic Visionというこむずかしい言葉に妙に反応する一方で、**常識的な「戦略」には目もくれないのは、仮説のない思考からは障壁は立たないことを知っているからです。**強靭な障壁を立てることで「みなで豊かになる経営」を目指す経営者が持つべき思考様式とは、この「事業仮説」という言葉に集約されると思うのです。

コラム 日本企業はどれだけリスクテイクしているのか

日本企業は「稼ぐ力」が弱いという話をしました。持続的な儲けの裏には、コストかリスクか、いずれにしても大きな投下資本が必要条件だという話もしました。この章では、障壁を立て超過利潤を出すためにはIdiosyncratic Visionという、経営者ならではの事業仮説が十分条件になるという話もしたつもりです。Idiosyncratic Visionとはコストをかける、リスクを取る、そしてその背景に事業仮説を持つということと同義語だと思いますが、日本企業はどこまでそういったリスクテイクをしているのでしょうか。

早稲田大学大学院の蟻川靖浩准教授らの研究を紐解いていくと、**日本企業は、（1）世界各国企業と比べてそもそもリスクテイク水準が極めて低い、そして（2）取ったリスクに見合うリターンも上げられていない**という研究成果に出会います。[*17]

この研究のおもしろいところの一つは、「リスクテイク」というなんともつかみづらい抽象的な概念を、具体的な指標に落とし込んでいるところです。やり方としては、個別企業ＲＯＡと産業中央値ＲＯＡとの差分をとって標準偏差で表現しています。詳しくはオリジナルの論文に拠るべきですが、簡単に言えば、業界他社と違う投資行動をリスクテイクと捉えます。たとえば他社が躊躇してやらないときに、誰もやらないレベルで大規模設備投資を行えば、アセットが他社よりも大きく積み増しされるわけですから一時的には業界平均よりＲＯＡは下がります。一方で、その後、その投資が成功してリターンが上がれば、業界平均より高いＲＯＡを示すはずです。

いずれにしても業界中央値との差分に変動が発生するわけです。業界他社と横並びの行動しかとっていなければリスクテイク水準は低く、業界他社と異なる投資行動をとればリ

図表6-3　世界で最もリスクを取っていない日本
——世界各国のリスクテイクとリターンの関係性

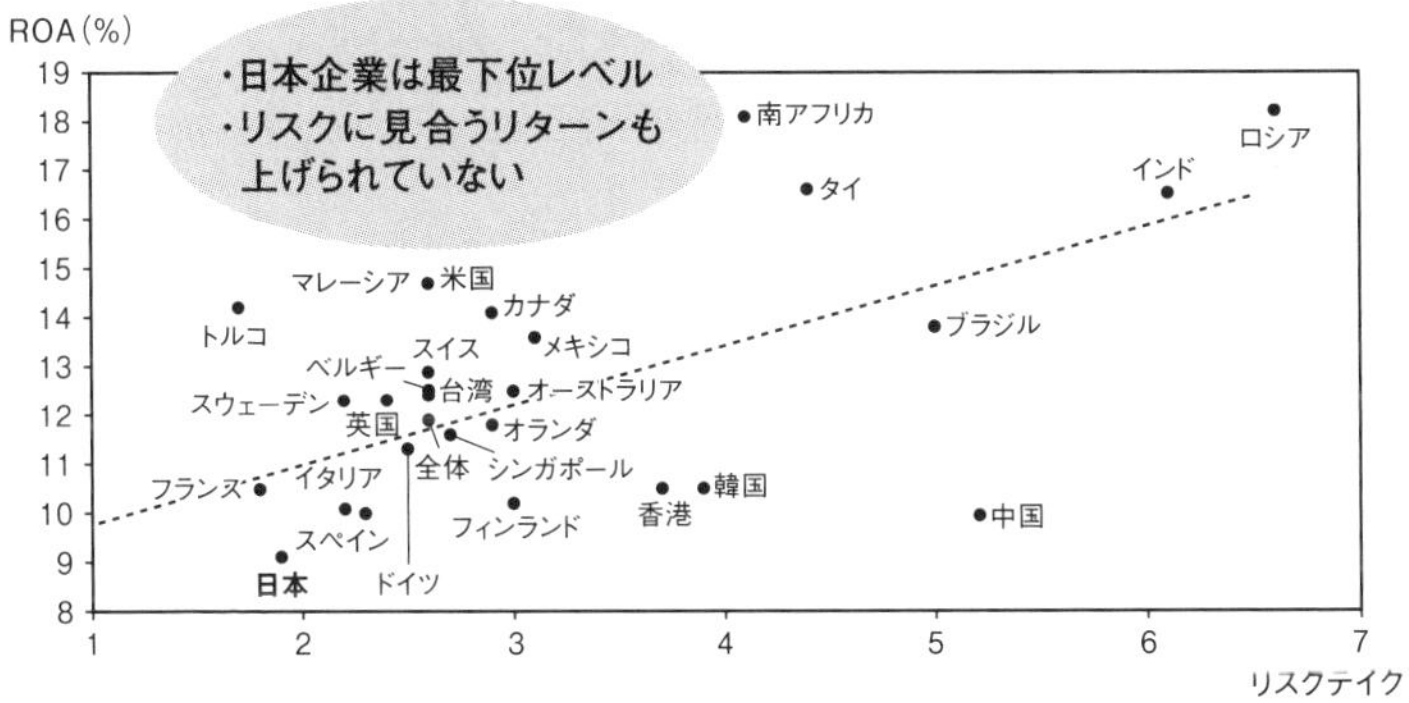

注：ROAは2006−2012年度の7年間の中央値。リスクテイクは個別企業ROAの産業中央値からの差分について標準偏差を算出

出典：＊17をもとに、みさき投資作成

スクテイクしているということになります（図表6－3）。

このグラフを見てすぐわかる通り、**日本の企業は世界各国の企業と比べると、最もリスクテイクしていません。**業界他社との横並びばかりが目立ち、業界他社と異なる敢然たる投資行動をとっていないという姿が見られるのです。さらには、日本企業のポジションがリスクとリターンの回帰線上よりも低いポジションにいるということは、取ったリスクに見合うリターンすら得られていないということでもあります。

このように、リスクテイクに及び腰な日本企業の行動は、Idiosyncratic Vision の真逆だと思います。リスクを取らずしてリターンが生まれるほど現代の事業環境は甘くありません。障壁を築くためには乾坤一擲の判断が必要、と口を酸っぱくして言ってきましたが、日本企業は総体として、それから最も遠い姿になっているようなのです。

よく叫ばれている「稼ぐ力の再興」とは日本企業のリターンを高めようということですが、その核心は煎じ詰めて言うと「リスクテイク力の再興」のはずです。事業はいつだって不確実です。そういった不確実な状況の中でもリスクを厭わない大胆な経営判断を経営行動に埋め込めるか否かが、「稼ぐ力の再興」を決する分岐点だと思うのです。

第6章のまとめ

・投資家が、自分には持ち得ないがゆえに経営者に求めるもの、それがIdiosyncratic Vision、または事業仮説です。「この事業はこのように進化するはずだ、俺にはそれがありありと見えるんだ」という経営者ならではのビジョン。これが事業の宿命すら変え、なかなか追いつけない障壁と、長く持続する超過利潤を生む正体です。場合によっては新たな産業まで生み出すのです。

・まさに経営者にしか作れない仮説であり、経営者にしか持ち得ない勝負勘です。金融世界の住人には持ち得ない「企業家」ならではの付加価値と言ってもいいかもしれません。こういった仮説に触れると、厳選投資家はシビれます。雷に打たれたように身体中に電流が走ります。大きなリターンポテンシャルを感じるのが、まさにこの瞬間です。経営長期投資に値する経営者に出会ったと思える、投資家冥利に尽きる瞬間なのです。経営者自身や従業員が「みなで豊かになる経営」の十分条件がここにあります。

・世界各国のリスクテイクとリターンの図は、厳選投資家として最も落ち込むグラフです。経営者の仕事のど真ん中にあるべきはずのリスクテイク、それが世界で最も低いレベルにあるという衝撃。取ったリスクに見合わないリターン水準も問題かもしれませんが、そんなこととは比較にならないほどの、心が折れそうになるデータです。

・「みなで豊かになる」とは、ことほど左様に、アニマルスピリット溢れる経営者個人にかかっていると言っても過言ではないのです。一方で、会社には図抜けた個人から集団意思決定に移るタイミングが必ず生じます。この移行をうまく行えなければ、せっかく立てた障壁を維持し超過利潤を守りきることはできません。次章ではこの集団意思決定について考えていきたいと思います。

第
Ⅲ
部

全社を導く

第Ⅱ部までで強い事業ができ、「障壁経営」が実現します。しかし、事業が強いというだけでは、残念ながら「みなで豊かになる」ことはできません。

この第Ⅲ部では、「みなで豊かになる」ことを目指す全社経営者が、神経を尖らせて細やかに気を使わなければならない経営の隅々・端々を、三つの章を使って解説していきます。

全社最適を追求し、「みなで豊かになる」経営を完成させるために、議論を進めていきましょう。

第7章 リスクテイクに向けた体制をつくる——勝者の呪い1 集団意思決定

■

前ステップまでをしっかりこなすことで、障壁がようやく立ったとします。ここでホッと一息、「さあ、これからはみなで豊かになれる」と思ったら、それは大間違いです。「みなで豊かになる経営」は、**生み出すことよりも、実は持続させるほうがよほど難しいもの**です。

障壁を築けた素晴らしい経営には、そこまで行ったからこそ降りかかってくる災難（勝者の呪い）があるのです。勝者の呪いには少なくとも二種類が存在し、これをしっかり解かなければ、「みなで豊かになる経営」を目前にしながらも、転がり落ちていってしまうことになりかねません。第一の呪いは「集団意思決定」です。ともするとリスクテイクを避けがちな意思決定のあるべき姿について考察していきます。

■ガバナンスは「所有と経営の分離度合い」で三つの段階に分けられる

ここで白状しなければいけないのですが、私はガバナンスの「食わず嫌い」だったようです。日本取締役協会という先駆的ガバナンス団体に加入し、コーポレートガバナンス・オブ・ザ・イヤーの選考委員になったり、経済産業大臣賞の審査委員に任命されたりしても、ガバナンスそのものというより、それが生み出す超過利潤や複利、あるいはその背後にある事業仮説の太さにばかり興味がありました。

しかしIGPIグループの冨山和彦会長が務めていた独立取締役委員長職を譲られることになってからというもの、さすがにそれではまずかろうと考えました。「障壁を立てるために必要不可欠なリスクテイクとガバナンスは、どう関係しているのか」、「事業仮説を生み出す不世出の経営者と、その後の集団意思決定体制はどうあるべきか」といった点について、考えを巡らせ始めたのです。

そうやって私なりに考えてきたことの一部がこの章です。確かにガバナンスを語っている章ではあるのですが、私の切り口はあくまでも、「**乾坤一擲のリスクテイクを行い続け、超過利潤を維持・拡大していくための集団意思決定とはどうあるべきか**」という視点を貫いているつもりです。

最初に整理しておきたいことは、会社の発展段階、すなわち「所有と経営の分離度合い」によって、ガバナンスの力点というものは大きく変容していくというポイントです。株式会社という制度は、もともと「所有」と「経営」の分離を前提とした制度です。大がかりな事業を行うためにはたくさんの資本が必要ですし、そんな大がかりな事業を行うためには専門経営者が必要でしょう。そして、資本を出す人と、専門経営者は必ずしも一致するわけではありません。

株式会社の発展に伴って、所有と経営の分離は必然的に進んでいきます。当初はオーナー企業としてスタートした企業も、徐々に多くの株主からの資本を得て発展していきます。そしてオーナー創業者も年を経るにつれ、多数の株主に株式を承継していくことになります。

こういった所有と経営の分離度合いに着目して企業を分類してみると、**図表7－1**のような三つの段階に分けることができます。

第一段階は大株主がみずから経営者として関与するケース。いわゆるオーナー経営の姿

図表7-1　所有と経営の分離軸による企業の発展段階

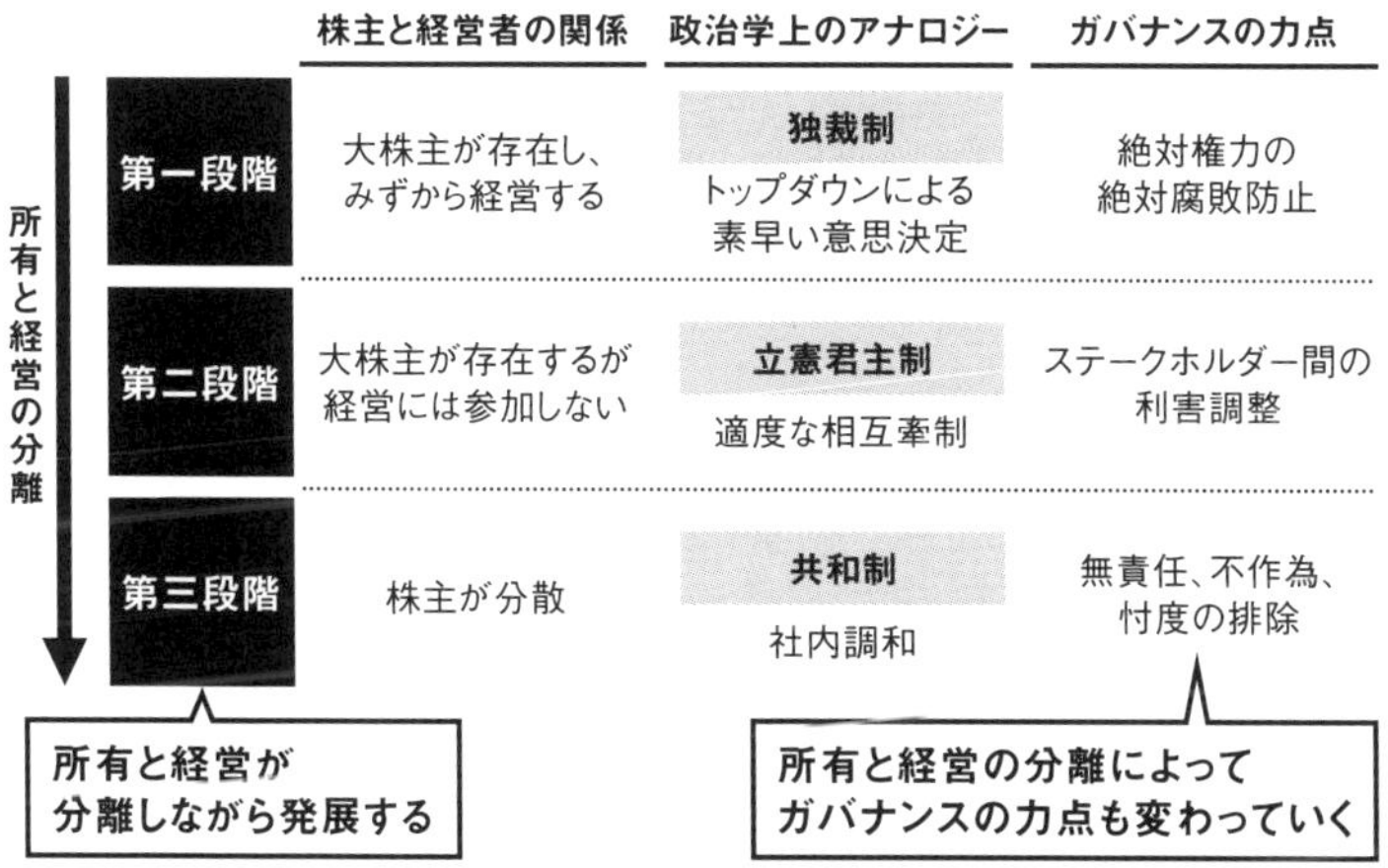

ですね。第二段階は大株主が存在するものの、経営者としては関与しないケース。たとえば創業家が存在するけれど、経営は創業家出身ではない人が担っているというパターンです。第三段階は社歴が長くなるにつれ株主は多数に分散し、創業家も経営から離れて久しいというケースです。

この分類は政治制度に照らし合わせてみると、それぞれ独裁制・立憲君主制・共和制に似た性質を持つのではないかと思います。このような会社の発展段階によって、ガバナンスの力点は明らかに変わっていきます。

第一段階　独裁制
——経営者の監視と暴走抑止が焦点

第一段階においては、オーナー社長が絶対

権力を握っています。トップダウンによる素早い意思決定や果断なリスクテイクが期待できる一方、「絶対権力は絶対に腐敗する」と言われるように、腐敗の心配もつきまといます。実際、長く君臨したオーナー経営者が暴走したり、晩節を汚したりする例は枚挙にいとまがありません。この段階におけるガバナンスの力点は、強力な経営者の監視と暴走抑止に置かれるはずです。

第二段階　立憲君主制——株主と経営者の利害調整が要

第二段階は、立憲君主制のような経営形態です。大株主と経営陣が経営機能を分担しうる一方で、悪いケースでは相互に強い緊張関係や利害対立を生んでしまいます。最近でも、専門経営者を迎えながら創業家が不透明なプロセスで解任し復権を狙った事例や、親会社が上場子会社の社長と社外取締役を解任するといった事例も見られました。

このような潜在的緊張関係をはらんでいるパターンでは、株主と経営陣双方の利害調整を図ること、そして少数株主利益保護の観点から適正な監督を行うことが、ガバナンス上の力点になるのだと思います。

第三段階　共和制——指揮命令系統が弱まりがち

第三段階では多くの資本を集めることができるというメリットがある一方で、株主が分散し所有責任が曖昧になります。経営に対する監視も弱まりやすいでしょう。この段階まで発展した企業は、ある程度の社歴と社格を備えた大組織となっていて、上下関係や昇進昇格ルートも確立されていたり、同質の社員で構成されていたりすることも多いと思います。

いわゆる「サラリーマン共和制」的な姿です。物事が民主的に決まりやすいという利点はあるのですが、社内融和が優先されすぎたり、権力分散構造が生じて指揮命令系統が弱まったりする傾向もあります。

集団意思決定体制と言えば聞こえは悪くないのですが、多人数合議によって責任も不明瞭になりがちで、不作為の罪や忖度も発生しがちです。いわゆる大企業病になりやすい段階で、場合によっては保守主義・前例主義さえはびこる危険性があります。断固とした意思決定が失われがちな発展段階といってよいでしょう。

リスクテイク力の弱体化が起きやすい段階が、まさにここにあります。日本企業の「稼ぐ力」が低下しているという問題と、戦後75年が経ち第三段階に属する企業が多数を占めるようになったという事実には、密接な関連があると私は考えています。

■日本企業はいまだに集団意思決定の術《すべ》を開発できていない

その傍証として、一つの興味深いデータがあります。日米企業の起業後の資本生産性を調査した学術成果を見てください[*18]（図表7－2）。

このグラフを見ると、起業された日本企業の資本生産性は設立直後から力強く上昇し、15年経ったころには米国企業を抜くほどになります。日本の起業家がIdiosyncratic Visionに基づいて敢然とリスクを取る姿が目に浮かぶようです。しかし残念なことに、その後は急激な下降軌道を描きます。設立後50年を迎えたあたりからは低いレベルの資本生産性が定着し、資本コストを上回れない「株主価値破壊」状態が続いていきます。

一方、設立直後は日本企業に劣後していた米国企業の資本生産性はしぶとさを見せ、むしろじりじりと上昇を続けていきます。設立から100年を経ても、高位安定しているのは驚異的です。日本企業とは好対照になっているのです。

前章では世界各国と比べた、日本企業のリスクテイク水準の低さをご紹介しました。これらの学術的研究と「所有と経営の分離」パターンを併せて考えてみると、みなさんの頭

図表7-2　日米企業の発展段階と資本生産性の推移

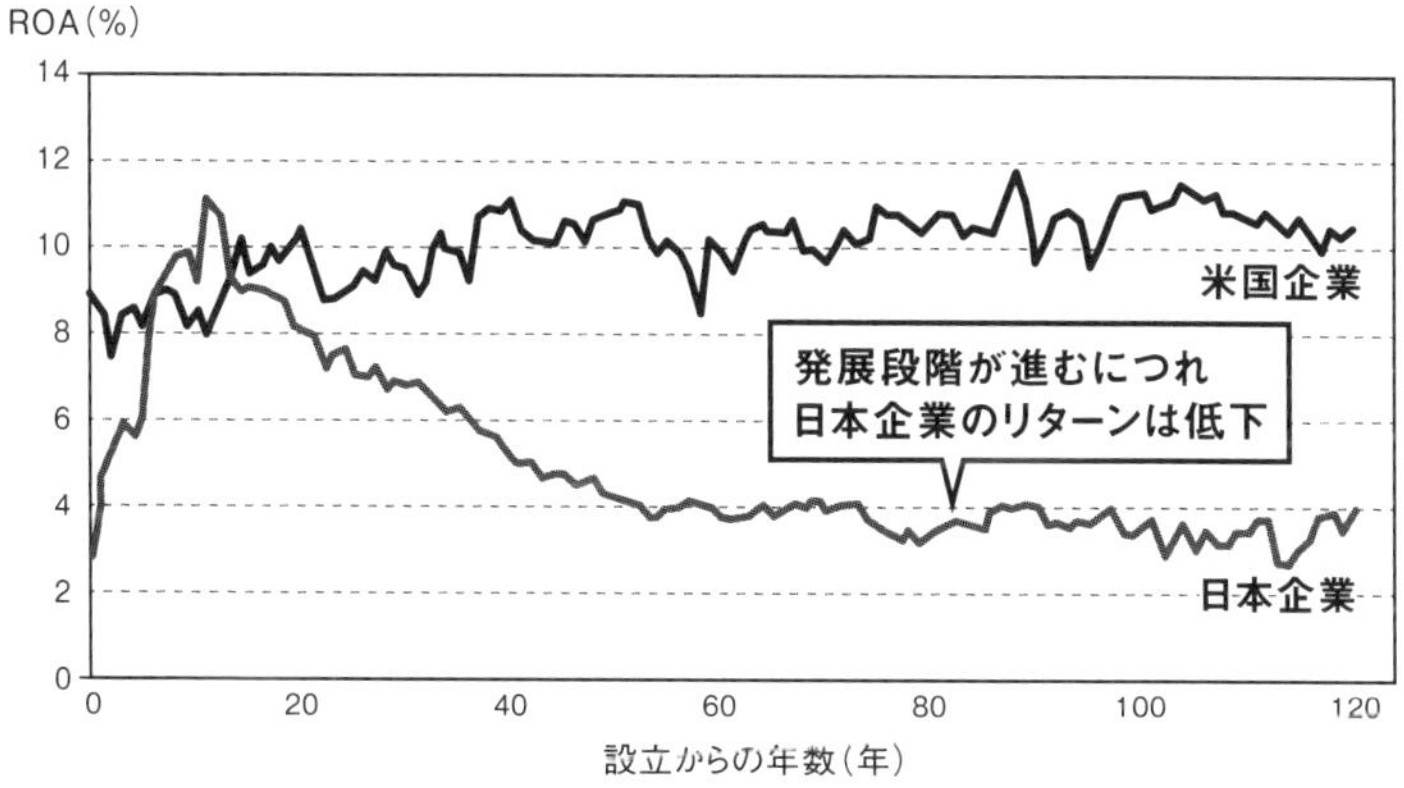

出典:*18

にこんな姿が浮かんできませんか？

日本企業は起業家・オーナー経営者時代（第一段階の時代）では骨太な事業仮説で障壁を構築し、高い「利回り」をたたき出す。しかし非創業家経営者時代（第二段階）、そしてサラリーマン経営者時代（第三段階）と発展段階を進むにつれ果断なリスクテイクができなくなり、せっかく築いた障壁も崩れ、結果として利回りを急速に落とし、「複利の経営」どころではなくなる……。

創業経営者が強靭な障壁を作れば作るほど、後輩たちはその障壁に安住し、果敢なリスクテイクをしなくなっていく、という「勝者の呪い」がここに見えてくるようです。日本企業はオーナー経営者体制から集団意思決定体制への移行がうまくできていない、言い換えれば、リスクテイクをし続けていく「術（＝議論の作法）」を開発できていないという問題意識を持つべきなのではないでしょうか。

この呪いを乗り越えなければ、せっかく確保した高い超過利潤は急激に低下していってしまい、「みなで豊かになる」道筋は見えてこないのです。

■「集団でリスクを取る術」には、すでに正解がある

第三段階企業が多いこと自体は、日本に固有の事象ではありません。欧米でもこの発展段階を迎えている企業が大半です。一方、かの地では、リスクテイク力の弱体化をどう解決すべきかの解答も、すでに出つつあるようです。

第5章で見てきた通り、人間の本性からして、リスクテイクとはそもそも難しいものです。そして（個々人のリスク選好度が異なるがゆえに）**集団としてのリスクテイクは、その難易度がさらに増します**。集団で議論すると、リスクを最も取りたくない個人に引っ張られますし、リスクとは「将来うまくいくかもしれないが、いかないかもしれない」こと

ですから、人によってその行く末に関する認識は当然異なります。そして、リスクテイクを伴う提案は、現時点で見えている事実（のみ）に拠って立つ「合理的」な議論に負けてしまいがちです（ヤマト運輸の役員陣が全員反対したこともうなずけます）。

不確実性が高い環境や限られた情報の中で、日本企業が得意としてきたコンセンサス・スタイルで敢然とリスクを取ることは容易ではないのです。ですから、ここからはそれを満たす必要条件と十分条件を考えてみたいと思います。

■集団でリスクを取る必要条件——経営陣は原則CEOの指揮命令に従う

まずは必要条件のほうを考えてみましょう。

みなが判断に迷いがちな局面では、誰かの事業観に頼らない限り、物はなかなか決まらないはずです。日本的経営の美点となってきた全員経営主義・多人数合議制はこういった局面ではその良さを発揮できず、むしろ足かせになりがちです。リスクテイクとはその性質上、多人数合議制とは甚だ相性が悪いものなのです。そのような状況でリスクを取るには、どのような集団意思決定体制が望ましいのでしょうか。

CEOという存在は、企業の「フルポテンシャルを引き出す」という重い責務を背負っています。そして、その責務を全うするためには、圧倒的な裁量権をもって、みずからと意を同じくする経営チームを「組閣」することが不可欠なのだと思います。

政治のアナロジーで言えば、就任にあたってアメリカの大統領は、みずからが選んだ数多くの専門家を政府の要職に任用します（政治的任用：Political Appointee）。政治観を同じくする人々とともに働くことで、直接民主主義的に選ばれた重責を果たそうとするのです。間接民主主義である日本の首班指名・組閣においても、このロジックは基本的に変わりません。閣僚間で意見の不一致が発生し、付託された責任がもはや果たせないとなれば、内閣総辞職することになります。

ある世界観を持ったリーダーのもと、組織が一丸とならなければ重い責任など果たせるはずがないというロジックは、政治体制だけでなく、企業経営においても通底する論理のはずです。

「CEOに強大な権限を与える」という考え方は、第一段階や第二段階時代に強い社長による弊害を経験したり、多人数合議制に親しんできたりした人々にとっては、強い違和感を覚える考え方でしょう。それほど強大な権限を託せるCEO人材がそもそもいるのかという現実的な課題も頭に浮かんだりするかもしれません。

しかし、特に**第三段階企業の執行チームには、CEOが付託されている責任の重さを理解し、よほどのことがない限りはCEOの指揮命令に従うという取り決めが不可欠**なのだと思います。強大な権限なしに、不確実性や限られた情報のもと、敢然とリスクを取ることなど、はなからできない相談なのです。

■集団でリスクを取る十分条件——取締役会にCEOを監督させる

次に十分条件のほうを考えてみます。

果断なリスクテイクは、暴走と表裏一体でもあります。だからこそ、強大な権限には強い制御が必要です。具体的には、経営の意思決定機関である取締役会にいくつかの工夫を仕込んでおかなければなりません。

強大なCEOを擁する取締役会が実践すべき機能を挙げてみると、

1.「監督」と「執行」をまずは明確に分離したうえで、

2. 取締役会では多様な議論に基づいて、事前に大方針や監督指標を定め、
3. 大方針に沿った執行を、ＣＥＯが強力にリードできるように権限を付与し、
4. みずからは執行には口をはさまず、事後的な監督と評価に徹し、
5. 低パフォーマンスが続く際には冷徹にＣＥＯを交代させる

という姿が浮かび上がってきます。ずいぶんガバナンス論らしくなってきました。なぜ取締役会に、このような機能が必要なのでしょう？

アダム・スミスの言葉を待つまでもなく、近代資本主義の原動力の一つは「Division of Labor（分業）」にありました。個々の人間がてんでバラバラに一つの成果を生み出すよりも、それぞれが得意なことに集中して分業するほうが、生産性を上げながらより良い成果を出すことができるという考え方ですね。

「集団でリスクテイクする」という難題に立ち向かうときにも、この分業という優れたシステムを経営の意思決定に導入できないかを考えてみましょう。

図表7-3　経営の意思決定に分業を導入したのがモニタリングボード
——取締役会の3種類

		マネジメントボード	アドバイザリーボード	モニタリングボード
監督		概念不在?	概念不在?	社外取締役中心の取締役会
執行	(狭義の)経営	執行陣	執行陣	執行陣
	(狭義の)執行	執行陣	執行陣 +社外取締役	執行陣

■役割の違いから見る3種の取締役会

経営の意思決定と言えば、その正式な機関は取締役会です。ですから、ここでは取締役会における分業の種類を整理してみます（**図表7－3**）。

種類1　マネジメントボード
——非公式の決定を追認する

我が国の取締役会は長らく、経営上の意思決定と業務執行を一緒くたに担う「**マネジメントボード**」が標準形でした（会社法上は監査役会設置会社がマネジメントボードに相当します）。

この類型には、いわゆる監督という概念

（あるいはそれを分業するという概念）が存在していません。取締役会は通常、社長の部下で構成されていて、社長自身は第三者からの監督に晒されているとは言いがたい状態です。

取締役会の議論の中身は執行に関わる議論が中心です。右に行くか左に行くかというジャッジメント（経営）は、たいていの場合は経営会議や常務会といった非公式組織で、すでに決定されています。取締役会の場は、正式ではあるけれどその追認になっているという姿が実態ではないでしょうか。意思決定において、最も分業が進んでいない形態と言えるでしょう。

種類2　アドバイザリーボード――執行に対してアドバイスをする

二つめは、社外取締役は導入されているものの、主として業務執行上の「アドバイス」をするよう期待されている「**アドバイザリーボード**」です。

社外取締役に監督を期待するというよりは、法律や会計といった専門的知識、あるいは業界経験者から執行上のアドバイスを期待するパターンです。「当社の業界や実務に詳しい方に来ていただき、要所要所でアドバイスをいただきたい」というコメントは、社外取締役にアドバイザリー機能を求めている企業に典型的に見られる姿勢です。経営の意思決定における分業概念は、ここでもまだ導入されていません。

断っておくと、私はアドバイザリー機能自体を否定しているのではありません。ですが、社外取締役が過度に執行に関わってしまうと、監督機能を阻害する危険性があることは認識されるべきだと思います。本来は監督者であるべき取締役が執行についてアドバイスしてしまうと、結果が悪かった場合にみずからそれを厳しく取り締まることができないというジレンマが発生するのです。

種類3　モニタリングボード——監督機能を分業する

三つめは、企業の意思決定に監督、経営、執行という機能分化を持ち込み、分業するシステムです。

取締役会は独立社外取締役が中心的な存在となり監督機能に特化することで、CEO以下の執行陣が行う業務執行と明確に分離します。取締役会の役割は業務執行に介入することではなく、「執行成果を評価する」というモニタリングが主たるものとなります。

経営の成否を大きく左右する**ジャッジメント（経営）については、取締役会で事前に多様な意見を取り入れ広範に議論したうえで、CEOに強大な権限を付与する**ことになります。会社法上では、指名委員会等設置会社と監査等委員会設置会社がモニタリングボードを想定しています。

■監督・経営・執行を分業することで大企業病を排除する

さて、ガバナンスの第三段階では、意図する／しないにかかわらず、リスクを過度に嫌う保守主義・前例主義が発生しやすいと言いました。上長や先輩への忖度や追従、あるいは権力分散も発生しがちです。こういった大企業病、特に高い超過利潤を安定的に享受できるようになった企業から「勝者の呪い」を排し、持続的で力強いリスクテイクを促すために、監督・経営・執行の分業システムが役に立ちます。

監督レベルでは、勝者の呪いに陥りがちな集団意思決定体制の中で、リスクテイクを促す主体を確立します。取締役会は、多人数合議制で発生しがちなリスク回避傾向を正すとともに、執行陣はＣＥＯの責任の重さをしっかり理解できているか、指揮命令系統に則ってスピーディーに動いているかといった点にまで、目を光らせた監督を行います。

次に経営レベルでは、そんな取締役会のバックアップのもと、ＣＥＯがみずからの事業観に拠って立った経営判断を行います。

そして執行レベルでは、ＣＥＯの事業観を共有する執行陣が、経営判断の実践を迅速に行っていくのです。

不確実な経営環境のもと、人間の本性に反するリスクテイクを行っていくために、監督・経営・執行を分業するべき理由が、少し見えてきたのではないでしょうか。

こうやって分業の論理を経営に取り込んでいった場合、経営における意思決定はどのようなダイナミズムの中で進んでいくのでしょうか。そのイメージを膨らませてみたいと思います。

■監督機能を担う社外取締役は、取締役会でどのようにふるまうべきか

取締役会の場にはさまざまな議案が出てきます。しかしその重要性は決して均一とは言えません。投資先の経営判断が投資リターンに直結する事業を営んでいる身からすると、**企業価値を大きく左右する重要議案は、以下の六つぐらいしかない**と考えています。

企業価値を大きく左右する六つの重要議案

1. 中期経営計画などの経営計画
2. 大規模なM&A
3. 撤退を含む事業ポートフォリオの再構築
4. 大規模な投資（設備投資、研究開発投資、IT投資など）
5. 資本政策、BS最適化、株主還元
6. 意思決定プロセス／ガバナンス機構の設計

「みなで豊かになる経営」を目指すには、これら六つの事案が取締役会に上程された際に、クオリティの高い議論が十分になされるか、そしてその議論が企業価値を正しく増大する結論に導かれるかが重要です。

中でも日本企業が特別苦手とするテーマが、「大規模なM&A」と「撤退を含む事業ポートフォリオの再構築」だと思います。以降ではこの二つのテーマで、取締役会、中でも（これまで日本企業経営では概念が存在しなかった）監督機能を担う独立社外取締役が、現実の取締役会で何を意識し、どうふるまうべきかを考えていきます（以下のフレームワークは、私が委員長を務める日本取締役協会・独立取締役委員会が発表した『独立社外取締役の行動ガイドラインレポート』に沿っています。M&Aと事業ポートフォリオ再構築以外の四つのテーマについてもご興味ある方は、同レポートをご覧ください）。[19]

■独立社外取締役のふるまい方1　M&Aの意思決定を分業する

M&Aはいまや日本企業の成長にとって重要な選択肢の一つです。一方、その性質上、M&Aには大きな資金を投じるものですし、また過去の歴史上、日本企業が巨額の特別損失を計上し続けてきたテーマでもあります。まさに「企業価値を直接的に左右する」事案なのです。

まずは**図表7−4**を見てください。過去、世間の耳目を集めた大型M&A案件が、その後どのような展開になったかを一覧にしたものです。

発表当時は新聞の一面を華々しく飾った案件も、実際には大きな成果を上げたわけではなく、むしろ死屍累々と言ったほうがよいことがわかります。

果敢なM&Aは経営者としては賞賛されがちです。魅力的な買収案件や希少価値のある案件が飛び込んできたりすると、経営者としては生来のアドレナリンが分泌して、是が非でも買収したいと考えがちです。

図表7-4　華々しかった大型M&Aは死屍累々の歴史
──日本企業による過去の大型海外企業買収の実績

企業名	買収年	買収金額（億円）	対象国	対象企業	その後の経営状況
NTTドコモ	2000	11,380	米国	AT&Tワイヤレス	2004年に7000億円で売却
JT	1999	9,400	（米国以外）	RJRインターナショナル	EBITDAが2000年の3.4億ドルから2006年に10.9億ドルに
松下電器	1990	7,800	米国	MCA	1995年に4730億円で売却
ソニー	1989	6,440	米国	コロンビア・ピクチャーズ	1994年にのれん代償却で3100億円の損失
NTT	2000	6,000	米国	ベリオ	2005年までに計8000億円の評価損失計上
NTTドコモ	2000	4,080	オランダ	KPNモバイル	2005年に750億円で売却
ブリヂストン	1988	3,300	米国	ファイアストン	追加経営支援後、1993年12月期に黒字化
古河電工	2001	2,800	米国	ルーセントの光FB事業	2004年3月期にリストラ。特別損失1663億円
日立	2002	2,500	米国	IBMのHDD事業	2007年3月期に評価損1600億円
NEC	1995	2,000	米国	パッカードベル	1999年に清算。特別損失1900億円
三菱地所	1989	2,000	米国	ロックフェラーセンター	1995年に連邦倒産法第11条申請。評価損1500億円
富士通	1990	1,900	英国	ICL	2003年3月期まで赤字
新日鉱HD	1988	1,500	米国	グールド	1994年に清算。損失額920億円
富士通	1997	1,000	米国	アムダール	大型汎用機から撤退。北米事業は2005年3月期に黒字化

しかし、M&Aには落とし穴があちこちに隠れていることも多いのです。競争相手との入札競争に競り勝ってようやく手に入れた買収先が、かえって価値を大きく毀損することは多々あります。**いかに魅力的な案件だったとしても、その会社の価値以上の価格を出すべきではありません。**高い値段で買ってしまったため、後輩経営者に利益何年分もの損失を負わせてしまう事例には、枚挙にいとまがないのです。

このテーマにおける独立社外取締役の役割を考えてみましょう。監督・経営・執行のそれぞれの視座ごとに、客観的で冷静な外部の視点を入れることを考えてみます。

監督の視座――常日頃から体制を整備しておく

具体案件の是非に関わる徹底的な議論はもちろん必要です。しかし**監督の視座でより重要なことは、常日頃から事業観の統一やM&Aドメインの設定、M&A事案を検討するための組織・体制・プロセスの整備を促しておくこと**です。M&Aはその性質上、いったん案件が出てきたら時間を置かずに結論を出さなければならないことが多いので、案件判断の前提となる事業観や検討体制を議論している時間がないからです。

またM&Aは、日常の業務遂行と異なる「有事性」が高いテーマです。しかも企業価値算定や買収契約締結といった専門的知識・知見が迅速に求められます。ですから平時から、案件を検討する専門体制を構想しておく必要があるのです。さらには、M&Aの成否は時間が経たないと判定しづらいという特性に鑑みて、執行陣の評価・報酬を長期的な視点で設計しておくことも必要でしょう（のちほど出てくるヤマハの報酬制度に少しヒントが出てきます）。

経営の視座——適正価格について客観的な意見を述べる

経営の視座としては、経営理念やドメイン、自社のコアコンピタンスからの当該事案の乖離や、（日本企業では特に甘くなりがちな）買収の適正価格算定について、客観的な意見を出すことが求められます。

執行の視座——ポストM&Aのあり方について釘を刺す

（本来の独立社外取締役の役割ではないものの）執行の視座からは、ポストM&Aの統合プロセスやガバナンスのあり方について、釘を刺しておくことも有効でしょう。

かつて世界で一番M&Aがうまいと言われてきた会社の一つがGEです。これはGEの方から直接聞いた話なのですが、ＧＥの各事業部門のトップは、常日頃から買いたい企業の一覧（Wish List）を持っていて、それらの企業の価値をいつも算定・改定し優先順位付けをしているそうです。価格が高くなりすぎたら優先順位を下げ、安くなってきたら上げます。

さらに、その会社を買ったときにはどのように統合して価値を向上させていくかを常に思考実験しているようです。こういった「日頃の思考実験」があるからこそ、あれだけ数多くの企業の買収や、逆に不要になった事業の売却を迅速に進められるのですね。

■独立社外取締役のふるまい方２
事業ポートフォリオ再構築の意思決定を分業する

事業ポートフォリオの新陳代謝も、日本企業が苦手とするテーマの一つでしょう。従業員の雇用や先輩経営者への配慮から集中と選択が進まず経営の複雑性を抱え込み続けたり、メリハリを利かせた資本投下が十分に行われず海外競合に劣後したりする例も多いのではないでしょうか。ここではまず、コラムで実際の事例を紹介してみます。

コラム

オムロンの車載事業売却

２０１９年10月31日をもって、オムロンが営んでいた車載部品事業が日本電産に譲渡されました。譲渡金額は約１０００億円です。

車載部品事業はオムロンを支える五つの事業の一つでした。約１３００億円の売上で60億円を超える営業利益も出していました。ＲＯＩＣも10％を継続的に超える水準でしたから、超過利潤もきちんと出ていた事業です。

車関連ビジネスは今後も成長が見込める分野とされ、数多くの会社が部品事業に参入している事業分野でもあります。拡大・成長を目指すことはあっても、売却の対象にする領域ではないはずです。

私は発表の直後に、山田義仁ＣＥＯとやり取りをしました。「断腸の思いでしたが、社長にしかできないこととして決断しました」とおっしゃっていたことが印象的でした。山田ＣＥＯはなぜ断腸の思いをしてまで、事業を売却するという、大きなリスクを伴う決断をしたのでしょうか。以下は、私が独自に山田ＣＥＯに行ったインタビューの一部です。

車載部品事業は、これまでも現在も、オムロンにとって重要なビジネスです。売上・利益は多少伸び悩んではいますが、利益率やROICもきちんとした数字を出しています。いまだけをとってみれば、決して悪いビジネスではないのです。

でも、今後この事業領域はどうなるのでしょうか。ゲームのルールはどうなっていくのでしょうか。私はこの事業領域における最も大きな変革は、自動車部品のモジュール化がどんどん進むこと、具体的には、現在70個ある電子制御ユニットが三つのビークルコンピューターに集約され、その先にはハードとソフトの分離が行われることだと考えています。現在、オムロン得意の制御技術は、電子制御ユニットに内蔵されて価値を発揮していますが、オムロンを含むすべての電装部品メーカーは、生き残りをかけた変革の渦に巻きこまれ、誰もその渦から逃げられないはずなのです。

そういった大きな変革が進む事業で勝ち残れるのはどんなプレイヤーでしょうか。私はエンドゲームでは、すべてを持つメガティア1か、ある分野で突出したスーパー・ティア2しか生き残れないと考えています。そして、オムロンがスーパー・ティア2になるには、膨大な開発リソースの投入が必要になるはずです。

もしオムロンがそこまでの膨大な投資を仕掛けていくことができないのなら、車載部品事業をナンバー1に位置づけ、かつスーパー・ティア2になれる可能性のある企業に事業譲渡することがベストな選択であると結論づけました。そして、オムロンの事業に一番価値を見出してくれた日本電産様に事業譲渡を決めたのです。

思い入れのある事業を売るというのは、断腸の思いです。でも、日本電産のモーター技術とオムロンの制御技術を組み合わせれば、最強のモーターモジュールが作れる可能性があります。そのほうがこの事業に真摯に取り組んでくれている社員の幸せにも繋がると思い、事業譲渡を決断したのです。オムロンの取締役会も、この大きなリスクを伴う私の意思決定を支持してくれました。

いかがでしょう、「エンドゲームはどうなるのか」という事業観や、「この事業を最もよく運営できるのは誰か」というベストオーナー思想が詰まった、経営トップにしかできない判断だと思いませんか。こういう思考は、思い入れのある事業を突き放して捉えなおすという姿勢なしには、出てこないとも思うのです。

そして、取締役会が山田さんのリスクを伴う経営判断をしっかり支持したことも、「集団意思決定におけるリスクテイクはどうあるべきか」に対する模範的な回答になっていると思います。

こういった現実の事例をもとに事業ポートフォリオの再構築というテーマを考えてみましょう。

監督の視座——少数メンバーによる意思決定を促す

このテーマにおける監督上の重要な視点は、「**ベストオーナー**」という考え方です。コアコンピタンスから外れた事業で勝ち続けていけるほど、現在の競争環境は甘いものではありません。過去の経緯に囚われるのではなく、自分たちの会社は一つひとつの事業をベストオーナーとして価値向上できるのかを、改めて吟味しなければなりません。ベストオーナーであることが疑われる場合には、事業がまだ健全なうちに売却することで、その事業に従事している従業員がずっとハッピーになることもよくあるのです。

事業ポートフォリオの再構築というテーマは、利害関係者を含む多人数合議には特に向かないテーマでもあるため、強い権限を持った少数の経営メンバーによる意思決定体制の整備を促しておくことも重要だと思います。

経営の視座——個別事業の超過利潤を常にチェック

経営の視座としては、個別事業が超過利潤を生んでいるかどうか、常にチェックしておくべきでしょう。

「経営の複雑性」への認識共有も重要だと思います。人間は元来、それほど器用にはできていません。経営において最も希少な資源は、次々と判断を下さなければならないトップの物理的時間とマインドシェアのはずです。多数の事業を抱える複雑な事業体であること自体が、経営トップの思考集中を阻み競争劣後を生みかねないというポイントは、取締役会でも常に共有していただきたいと思います。

執行の視座——戦略の有効性を問う

社外取締役の本来的役割ではありませんが、この本を熟読された方であれば、個々の事業について詳細に知っていなくても、個別事業の将来性に対する適切な質問・指摘ができるはずです。個別事業の「事業経済性」や「障壁」、あるいはリスクやコストといった「投下資本」とその背景にある「事業仮説」といった、事業を見立て・見切るための重要な論点を挙げ、その事業を仕切っている執行陣が意味のある戦略を策定し、実践できているかを問うてほしいと思います。これらの問いにしっかりとした答えが用意できない場合には、撤退を含むオプション出しを提案してみてはどうかと思います。

■リスクテイクのために、監督機能を三つの委員会に分ける

この章では、ここまで法で定められたガバナンス制度について語ってきませんでした。制度選択という「形式」にとらわれることなく、リスクテイクを洗練させていくという「実質」にフォーカスしたかったからです。

今後もこのスタンスを変えるつもりはないのですが、この章の結びを迎えるにあたって「集団意思決定における洗練されたリスクテイク」という大命題を置いた際の制度選択についても、少し考えてみたいと思います。

何回もお話ししてきた通り、リスクテイクと多人数合議は本質的に相性が悪いものです。ですから、リスクを取ろうと思うと、誰かの属人的な判断（「事業観」と表現してもよいです）にゆだねるしか、本質的な解決策はありません。それが前章で申し上げたIdiosyncratic Vision、あるいは事業仮説に基づく判断です。ここで問題となるのはその「誰か」（＝CEO）のリスク洞察力とリスクプロファイルが、本当に適切か否かという点

図表7-5　リスクテイクの洗練のために、監督機能を分業する

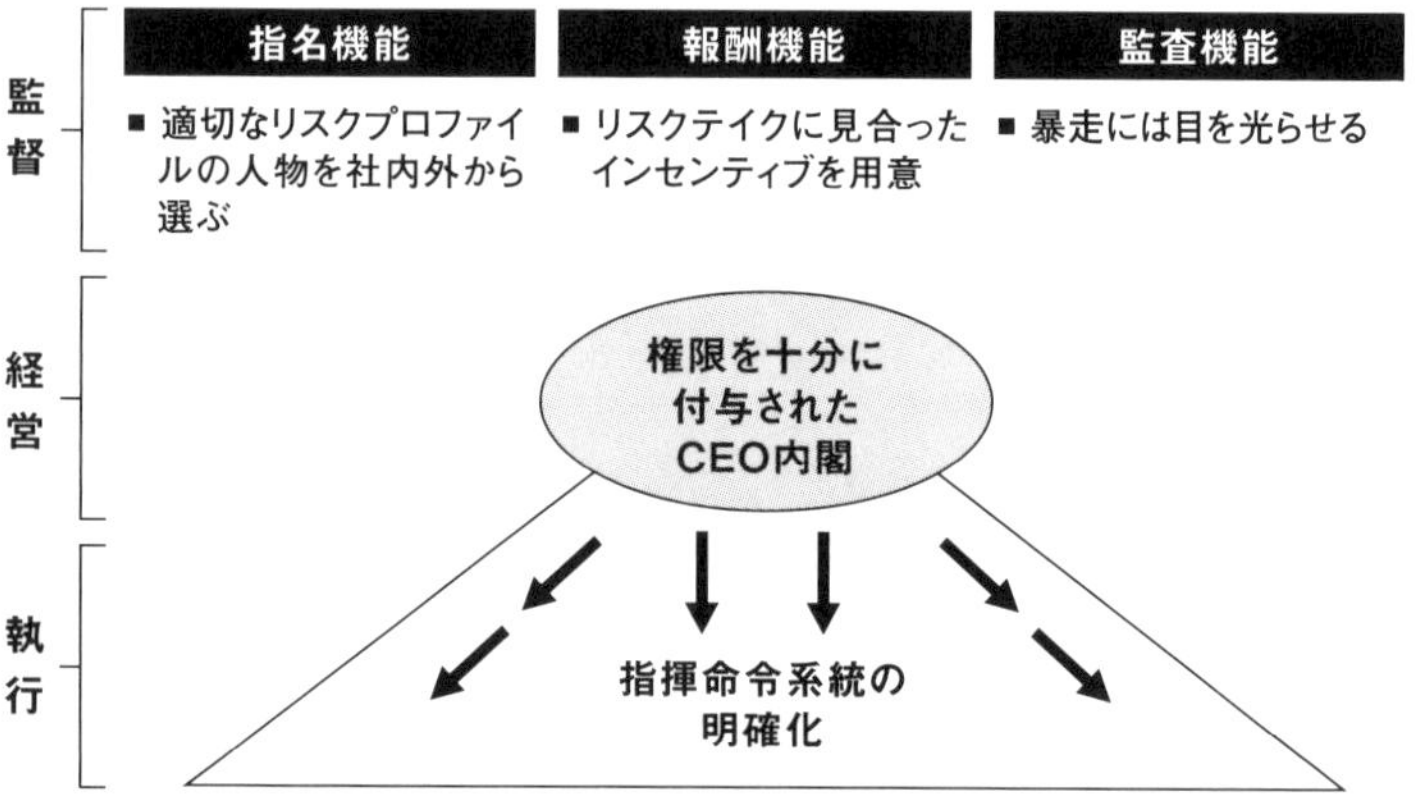

指名委員会制度とは、高度なリスクテイクを連鎖させるためにこそ、活用するもの

でしょう。

リスク洞察力が低ければ、CEOは簡単に企業を危機に晒してしまいます。リスクプロファイルが保守的に過ぎれば、企業のフルポテンシャルを引き出すことができません。ここにリスクテイクの本質的な難しさがあり、そして、実はここにこそ、指名委員会等設置会社という制度を導入する意味が出てくるのです。

指名委員会等設置会社には、「指名委員会」「報酬委員会」「監査委員会」という三つの委員会を置き、明確に分業することが求められています。この監督機能を横に三つ並べて分業した委員会が正しく機能すれば、「ガバナンスの第三段階におけるリスクテイク力の再興」という難題に、優れた回答を出せる可能性があるのです（**図表7－5**）。

さて、三つの委員会が正しく機能している姿とは、どんな姿でしょうか。

委員会1　指名委員会

指名委員会のミッションは、言うまでもなく正しいCEOを選ぶこと、そして場合によっては解任することにあります。この人選いかんで、その会社のリスクテイクのあり方がほぼ定まるわけですから、責任は重大です。

適切なリスクテイクのためには、企業のフルポテンシャルを引き出せそうな人物を、社内外から広く募ることが求められます。委員会は、候補者のリスク洞察力とリスク選好度を評価し、どの人物が現在の事業環境にフィットするのかを考え、CEOとして選任しなければならないわけです。これだけでも十分に分業し、集中して議論すべき難題でしょう。

委員会2　報酬委員会——魅力的な報酬制度を用意する

報酬委員会のミッションも重大です。まずは**リスクテイクに優れる人材を社内外から惹きつけるために魅力的な報酬制度を用意**しなければなりません。そして選ばれたCEO

が、実際にリスクテイクし、リターンを上げた際には、十分な報酬で報いる必要がありま す。

日本企業の経営者報酬は一般に低いのですが、リスクテイクの障害になりかねないことは、報酬に強いインセンティブも厳しいペナルティも備えていない点です。経営者は、単に経済的な報酬が目的で身を粉にしているわけではないと思うのですが、リスクテイクという難題にあたってもらうにもかかわらず、十分なお金で報いないような報酬制度にも無理があると思います。清貧な聖人君子リーダー像は理想ではありますが、常にそうした人材が得られることを期待することは現実的ではありません。国内外から有為な人材を惹きつけることも難しいでしょう。

委員会3　監査委員会――暴走リスクに目を光らせる

指名委員会がリスクを適切に取れるCEOを選び、出したリターンに見合う報酬を報酬委員会が提供したとして、最後に残された**監査委員会がやるべきは、果断なリスクテイクとは表裏一体の、コンプライアンスや暴走リスクに目を光らせることです。**アニマルスピリットの発揮はCEOに最も求められることとはいえ、それは当然、社会規範に則ったものでなければなりません。

このように、**「第三段階企業におけるリスクテイク力の再興」という視点から指名委員会等設置会社という制度を見直してみると、実はこれほどフィットのよい制度はないよう**に思えてきます。

監督・経営・執行という垂直方向に分業を持ち込むだけでなく、適切なリスクテイクを促すという点に着目して、監督レベルに水平分業を持ち込んでいる制度なのです。

リスクテイク力が低迷しがちな第三段階においては、可能な限り「指名委員会等設置会社」、せめて「監査等委員会設置会社」という制度を選択すべきではないかと私が思うゆえんです。

コラム　指名委員会等設置会社という制度は、リスクテイクのためにある

ここで実際に指名委員会制度をリスクテイクにうまく生かしている事例として、ヤマハ株式会社の中田卓也社長のコメントを紹介します（中田社長の経営哲学にご関心がある方は弊社Ｗｅｂサイトで公開している「みさきニューズレター」をご覧ください）[*20]。

中神　私は日本取締役協会による「コーポレート・ガバナンス・オブ・ザ・イヤー」の審査委員の一人として、先日、Grand Prize Company にヤマハさんを選ばせていただきました。私が考える選考理由は、「実質と形式を同時に」変革してきたから、というものです。経営の実質をどんどん変え、収益性を劇的に上げてこられた中で、指名委員会制度導入などの形式をどのように整えてきたのかをお話しいただけますでしょうか。

中田　形式を満たすために取り組んできたという感覚は一切ありません。この会社を良くするためにこの形を使わせていただいているということです。

中神　それが本来的なガバナンス改革の位置づけですね。具体的には指名委員会等設置会社への移行、社外取締役比率の引き上げ、執行役の導入など、これまでに様々なガバナンス改革を実行されてきました。

中田　実は監査等委員会設置会社も選択肢として考えたことがあります。指名委員会等設置会社に決めた理由は、執行役員の多くがことあるごとに「それは取締役会で決めてほしい」と言っていたことなのです。これはいけない。社外の目で経営の妥当性などをチェックしてもらうのは良いが、「決めるのは自分たちだ」という強い覚悟がなければダメだ、と。調べてみたら、執行役は株主代表訴訟の対象になり得るじゃないですか。別に執行役員を脅すつもりはないですが（笑）、そうなるかもしれないという強い危機感を持って執行にあたってほしいと考え、執行役員という制度から、指名委員会等設置会社が要求する執行役という制度に変えました。

中神　モニタリングボードという先進的制度を導入されたということですね。モニタリングボードの下で執行と監督がアクセルとブレーキとして機能するという仕組みは、事業改革とどのように連動しているのでしょうか？

中田　我々の強みをきちんと理解しているのは、あくまでも内部の役員です。事業を良くわかっている人間が意思を持って「こうしたい」と議論することで、ヤマハの強みが最大限に発揮される。これがアクセルの基本です。一方で、「我々の常識は世の中の非常識」でもあります。たとえば工場投資など、ウチウチでは大義を語れてしまうものに対して「ふーん、それで？　実際のところ、ROIはどうなの？」といったチェックを、世間の常識から社外役員が行う。そういうブレーキがきちんと踏まれる安心感があるからこそ、執行側は思い切ってアクセルが踏めるのです。ガバナンスの形式というものは、実質を確かなものにするための手段に過ぎません。

中神　ヤマハの有価証券報告書を読み込んでみると、リストリクテッド・ストック（R

S、譲渡制限付株式）にクローバック条項（将来不正が発覚した場合など、過去に支払った役員報酬を返還させる仕組み）などがあります。仕事柄、多くの会社の評価報酬制度を分析していますが、とても珍しいと思います。

中田　長期で全社最適を実現するための最後の「くさび」がRS導入でした。ヤマハのRSは、中長期の財務KPIの達成度次第では、せっかくもらった株式を返さなければならない。先に株式を支給しているのは、株主に対して我々のコミットメントを示すためです。支給を金額ベースではなく株数ベースにしたのは、金額固定にすると株価が上がればもらえる株数が減ってしまい、短期的にはかえって逆インセンティブになってしまうためです。

RSのテクニカルな設計にも気を配り、「みんな、今だけでなく10年後のヤマハのことを考えないと、せっかくもらった株式が紙くずになるよ」、「もらった株式を生かすも殺すも10年後の経営陣にかかっているわけだから、自分の部署だけで優秀な人材を囲い込むのではなくて、次の経営陣をみんなで育てる感覚で経営していこうよ」と訴えたら、皆も10年後のことを考え、将来の経営者候補人材を出しあうようになりました。実はうちにはこんな優秀な人間がいて、この人間を経営陣に育てればヤマハの将来の企業価値が高まる、と。

中神　改革が徹底していますよね。技術的に精緻でもある。執行役員という任意の制度から、法的裏付けのある執行役制度にすることで、経営陣個々人に責任を意識させる。RSを導入するだけでなく、クローバック条項を入れることで経営陣の目をしっかりと将来に向けさせる。ちょっと我田引水かもしれませんが、中田さんの背景思想は「経営が良くなれば企業価値は上がる、価値が上がれば株価もそのうち上がる」という、みさきの考え方と相通じるところがあるような気がします。

いかがでしょうか。中田社長は、ついこの前までわずか2％程度だった営業利益率を12％程度まで劇的に引き上げた立役者です。時価総額も就任前の2000億円規模から、いまや1兆円規模に。業績や株価といった定量面だけでなく、企業風土や働く人の生きがいという意味でも、ヤマハはいまやすっかり生まれ変わったようです。指名委員会制度をうまく使って、「眠れる獅子」を呼び覚ました興味深い事例でもあるのです。

第7章のまとめ

・会社はゴーイング・コンサーンです。優れた経営者が強い障壁を築いたとしても、その後に優れた集団意思決定が続かなければ、せっかくの超過利潤も剥落していきます。設立直後は高い資本生産性を出していた日本企業が、加速度的にその数値を落としていくことは大変気になります。経営とはすなわち意思決定に他ならないとすれば、日本企業はまだ自分たちらしい集団意思決定の「作法」を開発できていないと言ったら言い過ぎでしょうか。「所有と経営の分離」が否応なく進んでいく中でも、洗練されたリスクテイクをし続けるための仕掛け。それがガバナンスであり、経営における分業システムです。

・分業には監督・経営・執行という「タテの分業」に加えて、指名・報酬・監査という「ヨコの分業」もあります。大事なことは、すべてを「リスクを取る」ことに焦点を当てたシステムだと捉え、一つひとつの機能を設計することです。責任が不明瞭になりがちな第三段階企業に、特に向いた分業システムなのです。

・優れた個人から集団意思決定体制への移行が難しいことは、優れた経営者自身に問題が潜んでいるのかもしれません。優れた経営者というものは往々にして、みずからに絶対の自信を持ちがちです（そしてそれは必要不可欠な資質でもあります）。しかしみずからに絶対の自信を持つ経営者は、なかなか集団意思決定の仕組みを整備する気にならない。ここに優れた個人リーダーシップと、優れた集団意思決定体制のトレードオフが存在します。

・優れた先人が強い会社を作ったとしても、そんな強い企業ができてしまったからこそ、次の世代やその次の世代は無理にリスクテイクに走らなくてよくなる。それが続いてしまうと、リスクを取らないことが当たり前になる。超過利潤を出し続けづらい理由はここにあります。勝者の呪いのひとつです。「みなで豊かになる経営」を目指すための条件の一つは、洗練されたリスクテイクの恒久機関を作り上げることにあるのです。

・超過利潤を出し続けることの難しさは他にもあります。次の章では、もう一つの勝者の呪いを見ていきたいと思います。

第8章

高い利回りを持続させるためのBSマネジメント——勝者の呪い2　平均回帰

■

二番めの呪いは「平均回帰」です。高い障壁ができれば、「みなで豊かになる」ために必要な超過利潤がこんこんと湧き出てきます。それだけでなく、その高い利潤はずっと守られ続けます。狙った通りの最高の成果です。しかし、この最高の成果には強い重力がかかっていて、その自重はせっかく到達した高みからみずからを平均レベルまで引きずり下ろすような慣性を生み出します。これが「平均回帰」という呪いです。財務・ファイナンス理論をもとに、この呪いにもきちんと対応することが「みなで豊かになる」ためのもう一つのステップになります。

■資本生産性を表す三つの指標

第1章でお話しした通り、資本生産性とは、事業を営むことで（誰かから拠出された）お金をどの程度効率よく回し、利益を生み出したかを表す指標です。具体的な指標には主に三つの種類があり、それぞれ異なった意味合いがあります。**図表8－1**を見てください。

指標1　ROA——すべての資産を使ってどれだけ利益を上げたか

一つめはROA（総資産利益率）です。**貸借対照表（BS）の左側のすべての資産を使って、どれだけの利益を得たかを表す指標**です（ROAの分母である総資産の裏には、株主だけではなく債権者から調達した負債が含まれているため、分子にも株主および債権者の利益を含むように、支払利息および税金控除前利益［EBIT］を使います）。

簡便に資本生産性を表せる指標なのですが、事業には直接使っていない資産をたくさん保有している企業の場合、数値が低く出てしまうことに注意が必要です。

図表8-1　三つの代表的な資本生産性指標

	ROA	ROIC	ROE
定義式	$\frac{\text{EBIT}}{\text{総資産}}$	$\frac{\text{事業利益}}{\text{投下資本}}$	$\frac{\text{当期純利益}}{\text{純資産}}$
測定対象	会社資産全体の生産性	投下資本の生産性	株主資本の生産性
誰にとっての利益か?	株主・債権者	事業への投融資者	株主

指標2　ROIC——真水の投下資本から どれだけ利益が生まれたか

二つめはROIC（投下資本利益率）です。**BSから「事業に使われている資産」（IC：Invested Capital）のみを抽出して、それに対してどれだけの利益が生まれているかを表す指標です**（ROAの分母である総資産から、事業に使われていない資産や買掛金などの運転負債を差し引いて、事業に使われている真水の投下資本だけを分母に用います。分子にする利益も、事業から生まれている利益のみ［事業利益］とします）。

投資家がROICを好む理由は、（余剰現金や余剰資産の影響を取り除いた）事業に使われている真水の投下資本から、どの程度の純粋な事業利回りを出しているかがわかるからです。財務レバレッジの有無も影響を与えません。「事業そのものの稼ぐ力」をストレートに表す指標なので、そこが見たい長期投資家の好みに合っているのです。

指標3　ROE──株主資本からどれだけ利益を生み出したか

三つめはROE（株主資本利益率）です。これは「株主から拠出された投下資本」に対して、どれだけの金額を利回りとして生み出したかを表す指標です（したがって、利益は「株主に残された利益である」当期純利益を使うことになります）。

企業がどのような事業活動をしていようが、どの程度の利回りを株主に対して生んでいるのかということが理解できる指標です。上場企業では開示を義務づけられており、異業種比較が行いやすい指標でもあります。

一方で、ROEは財務レバレッジをかけることで人為的に高めることができます。ROICが低い（≒事業そのものの利回りは低い）のに、株主にだけは高い利回りを提供するということも可能なのです。もちろんそんな小手先の操作をしても、長期投資家には評価されないことは言うまでもありません。

図表8-2　資本生産性指標の理想的な関係
——みさきの黄金比®

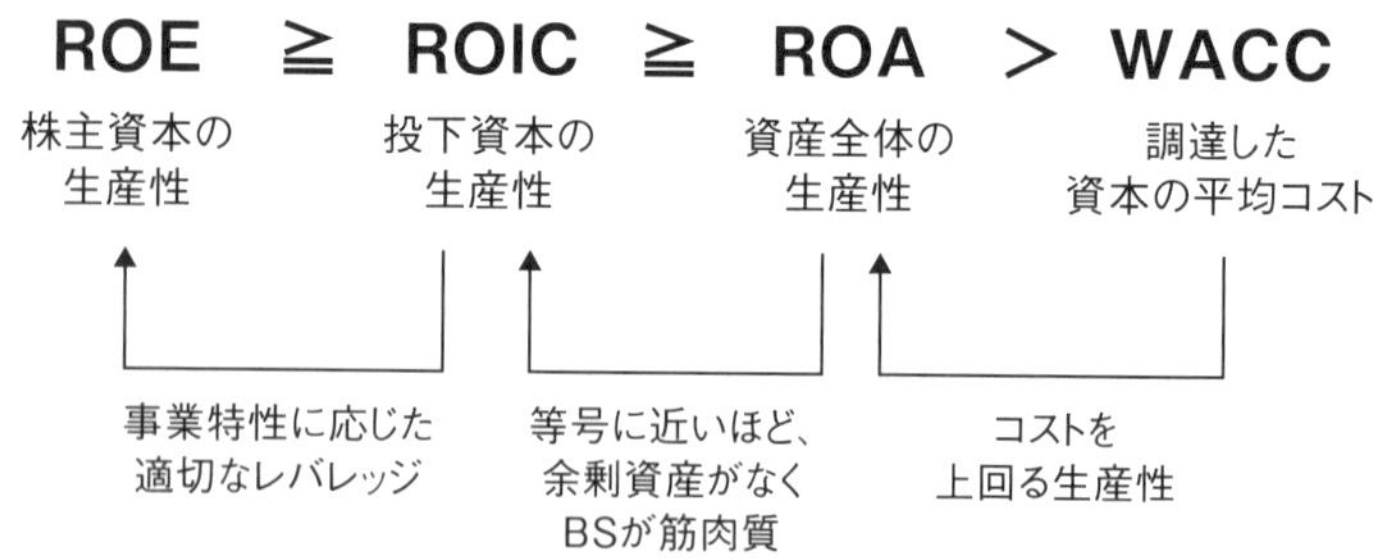

注：各指標の分子は理論的・技術的にはそれぞれ異なるため、厳密には大小比較することができない。分子のずれがあってもなお、各指標の持つ意味合いとしてこのような大小関係を持つのが望ましいとの認識に基づいている。

■みなで豊かになるための資本生産性の三つの条件

このように資本生産性指標にはいくつかの種類があるのですが、いずれにしても、これらの指標が資本コストを上回って超過利潤を出していることが重要です。

中でも、みなで保有する株式の価値を最大限に高めるためには、これらの指標間に**図表8－2**のような等号・不等号関係が成立していることが理想です。解説していきましょう。

条件1　ROAが資本コストを超えているか

まず右側の資本コストから見てみましょ

う。資本コストの代表的なものはＷＡＣＣ（Weighted Average Cost of Capital、加重平均資本コスト）と呼ばれます。会社というものはＢＳ右側全体、つまり負債と株主資本を足し合わせた形で資金を調達しています。ですから資本コストも、債権者に対する負債コストと株主に対する株主資本コストによって構成されます。そしてＷＡＣＣとは、負債と株主資本の比率によって、負債コストと株主資本コストを加重平均し、企業の資金調達に伴う平均的なコストを計算した指標です（たとえば、負債が40で株主資本が60という合計１００の資本を使っている企業があったとします。負債コストが２％で株主資本コストが８％だったとすると、加重平均資本コストＷＡＣＣは、２％×40％＋８％×60％＝５．６％ということになります）。

「超過利潤を出す」ということは、資本生産性が資本コストを超えるということですから、まずはこのＷＡＣＣを超えてくださいということになります。**ＷＡＣＣはＢＳの右側全体なので、ＢＳの左側全体から生まれている資本生産性がこれを超えているかという点が最初のハードルになる**わけです。つまりＲＯＡがＷＡＣＣを超えていますか、という視点が最初の不等号になります。

条件2　ROICはROAより高いか

次に右から二番めの不等号です。会社の資産の中には通常、ある程度の現預金や遊休不動産、あるいは政策保有株式など、直接的には事業に使われていない資産が存在します。ですから、そのような資産を差し引いて算定されるROICはROAより高くなるはずです。**余分な現金や余剰な資産を持っていなければROICはROAとイコールに近づくはず**です。

条件3　ROEはROICより高いか

最後の不等号ですが、ROEは事業の特性や競争力の高低によって、たとえばリスクが低く安定した収益が見込める事業を営んでいるなら、多少のレバレッジをかけることでより高い資本生産性を実現することが可能です。多角化によって会社収益の安定性を高めているのであれば、適切なレバレッジをかけることで資本生産性も同時に追求することができます。

レバレッジというと拒否反応を示す経営者が多いことは承知していますが、事業の安定性や競争力の高低をよく理解したうえで適切に負債を起こすことは、まっとうで洗練された経営手段だと思います。**事業の特性をよく理解した経営者であればあるほど、適切なレ**

バレッジをかけることができ、ROEとROICをあるべき関係に近づけることができるのです。

安定性や競争力が高い事業特性なら多少のレバレッジをかけることでROEはROICより高い数字にできますし、さらにはWACC自体を引き下げることもできます。ただ、事業の安定性や競争力が高くなければレバレッジは逆に危険になりかねないので、無理にかけるべきでなく、その場合はROEとROICはほぼイコールに近づくはずです。一番ダメなパターンは、ROEのほうがROICより低くなっているパターンです（すぐあとの事例で解説します）。

みさきではこの不等式を「みさきの黄金比®」として提唱し、さまざまな会社の経営を鑑定するために使っています。資本生産性指標すべてが資本コストを上回っていれば「超過利潤」を生み出している経営ということになりますし、その等号・不等号がきれいに並んでいれば（＝ROAやROICよりもROEの複利水準が高ければ）株主資本の増殖スピードが速いわけですから、「みなで豊かになる」ことに一段早く近づいている経営というわけです。

図表8-3　「みさきの黄金比®」を使って経営を判定する

製造業A社の場合

ROE	>	ROIC	>	ROA	<	WACC
19%		10%		8%		9%

■ROIC・ROAともに、（比較的高めの）WACCとほぼ同じレベルにとどまる
■ROEだけは高いが、ROIC・ROAとの差が大きく、財務レバレッジで高いROEが出ているにすぎない

IT企業B社の場合

ROE	<	ROIC	>	ROA	>	WACC
40%		160%		49%		8%

■どの資本生産性指標を見ても驚くほど高いが、不等号の向きが正しくない
■バランシートに大量の現金があるため、ROEがROICの4分の1に薄まっている

■資本生産性指標を使って実際に経営を判定する

ここではいくつかの具体的な企業の事例を見ながら、「みさきの黄金比®」を使った経営判定をもう少し詳しく見ていきましょう（図表8－3）。

Ａ社のような経営は、あまりバランスが良いとは言えません。ＲＯＥの数字は高いのですが、その前提となるＲＯＩＣやＲＯＡはそれほどでもなく、本業自体の利回りは高くありません。

この会社の場合は、財務レバレッジが効いているため、ＲＯＥの数字が極端に高く出て

いるようです。一方で、ＷＡＣＣの数字は９％と比較的高い数値です。リスクが比較的高い事業を営んでいることが想定されるのですが、それであればなおさら、財務レバレッジによって高いＲＯＥを出していることはマイナスポイントです。まずは本業の利回りであるＲＯＡとＲＯＩＣを高めない限り、安心して「みなで豊かになる」道筋は見えてきません。

今度はＢ社を見てください。この会社は大成功しているＩＴ企業で、すべての数値が大変高いレベルにあります。特に投下資本（ＩＣ）がそれほど必要とされないＩＴ企業らしく、ＲＯＩＣの数値は驚異的です。

ただし残念なことに、これだけ儲かった結果の現預金がＢＳに膨大に積み上がったまま放置されています。それがあだとなって、ＲＯＩＣに比べるとＲＯＡがかけ離れた低い水準になっているのです。自己資本も厚すぎるため、ＲＯＥとＲＯＩＣのあるべき不等号が成立しておらず、これも良いバランスとは言えません。稼いだお金を新たな成長のために投資するのか、株主に還元するのか、次のステップを考えることで、みなで持つ株式価値を最大化できるはずなのです。

■みなで豊かになるためのチェックリスト

ここで、ROAやROICよりもROEの複利水準を高め、「みなで豊かになる経営」に早く近づくためのチェックリストを挙げてみましょう。みなさんの会社でもいくつか当てはまる点があるはずです。

□ROA……ROAとROICの乖離は大きくなっていないか？　事業に直接使っていない資産（現預金、持ち合い株式）が膨れてはいないか。低稼働な固定資産の売却や、高額で買収した企業ののれんの償却は考えられないか。

□ROIC……キャッシュ・コンバージョン・サイクル（CCC）はもっと短縮できないか。売掛金サイトはむやみに長期化していないか。在庫水準は安全サイドに振りすぎていないか。買掛金のサイトは適切か。

□ROE……ROEとROICがほとんど同じ数値になっていないか？　適切なレバレッジを考えずに、資本コストの高い株主資本が過大になっていないか。配当政策や自社株買いポリシーが横並びで、自社の独自性に合っていないのではないか。

□WACC……事業リスクと見合った財務レバレッジを考えてあるか。適度な負債を活用してWACCを下げられないか。

これらのチェックポイントをしっかりとつぶしていけば、「みさきの黄金比®」を満たし、複利を効かせて株主資本の増殖を極大化できるわけです。

■高いROE自体が引き起こす大問題――勝者の呪い2

さて、こうやって「みさきの黄金比®」をもとにROEを極大化できたとして、実はここからもう一つの勝負が始まります。それが二つめの勝者の呪いへの直面です。高いROEを出せる企業になったということは大変喜ばしいことですし、「みなで豊かになる経営」に一歩近づいたということに他なりません。しかし、その高いROE自体が「みなで豊かになる経営」からみずからを遠ざけることにもなりかねないのです。どういうことでしょうか、よく考えてみましょう。

高いROEを出せる企業になったということは、株主資本に比して高い最終利益を出せ

図表8-4　「率」は高いが、「複利」は並以下に

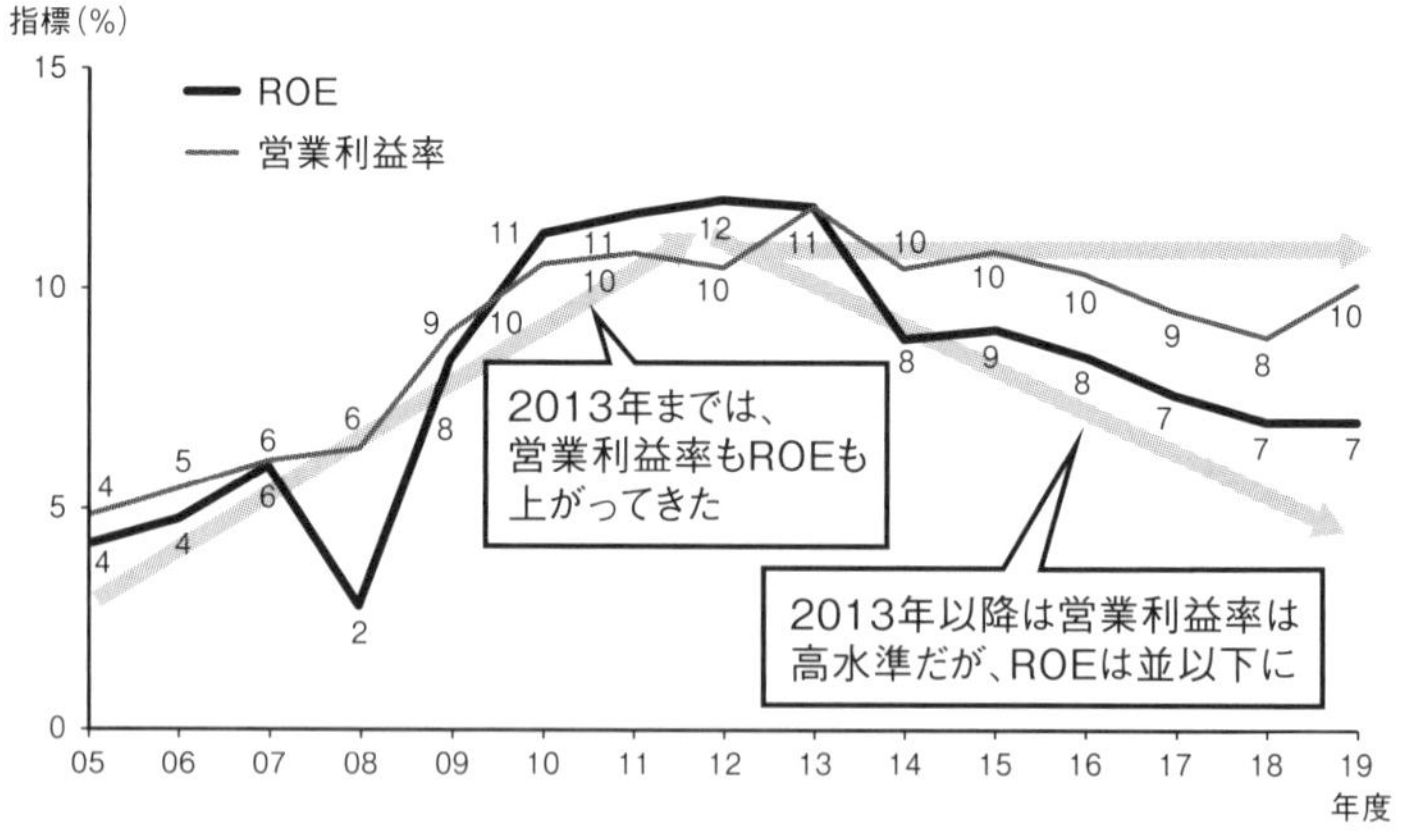

出典：SPEEDAをもとにみさき投資作成

る企業になったということに他なりません。

一方でそれは、ＢＳに現金が溜まっていくスピードが高まっていくことを意味します。そのまま放っておけば、ＢＳの左側には保有現預金がどんどん溜まり、右側の株主資本の額もどんどん膨らんでいきます。出せる最終利益の「額」やＰＬ上の利益「率」自体はしっかりキープできたとしても、株主資本の膨張によってＲＯＥはどんどん下がっていきますし、保有現金の増加に伴ってＲＯＡも下がっていきます。**図表８－４**を見てください。この会社はたゆまぬ経営努力と障壁の構築により、利益率もＲＯＥもグングンと上げてきた会社です。２０１３年ごろには利益率もＲＯＥも12％という素晴らしい数値を叩き出しています。

問題はここからです。これだけ儲かる企業になると、保有現金がBSの左側に溜まると同時に、BSの右側では株主資本が膨らんできます。この会社の例でも営業利益率は依然として10%程度をキープしている一方、（であるがゆえに）ROEはどんどん下がっています。12%という高かったROEは、いまや7%という並の水準で、下手をすると資本コスト割れの水準にまで下がってしまったのです（ここに「額」や「率」の経営と、「利回り」「複利」の経営との差が歴然と表れているのです）。

保有現金や株主資本の急速な膨張を回避しようとして、**本業の周辺に見えている投資機会に資本を投じても、もしそれらの投資機会がいまより低い複利しか生み出さないものであれば、懸命に再投資してもROEやROAは結局薄まっていきます**（高い複利で回る投資機会は、そんなに簡単には見つからないものですよね……）。

みなが目を見張るような複利を出していた企業が、いや、そんな素晴らしい企業だからこそ、まるで何かの重力に強烈に引っ張られるように、どこにでもある複利水準に落ちていくわけです。これが平均回帰という恐ろしい現象です。この平均回帰という重力に立ち向かわない限り、ようやく近づいてきたと思った「みなで豊かになる経営」は、急速に遠ざかっていってしまいます。

この平均回帰に抗って高い複利を維持・極大化するためには、こんこんと湧き出てくる最終利益を、再投資と株主還元、そして現金保有／内部留保にどう分割すべきかを真剣に考えなければなりません（**図表8－5**）。

最適な分割バランスは個別の企業ごとに違うとして、よく理解しておくべきは「**誰のためでもなく、高い複利を作り上げた企業ほど、株主還元を前向きに考えなければ平均回帰の罠にはまっていく**」ということです。以下では平均回帰の罠を避けるための、いくつかの手法について考えていきます。

■平均回帰から脱却するための方策1　現金保有を最適な水準に保つ

まずは最適現金水準について考えてみましょう。いろいろな会社の投資検討をしていると、総資産の相当な比率が現金になっている会社に出会います。経営者に理由を尋ねてみると、「会社には思いもかけない危機が訪れることがある。そういうときに慌てないために、ある程度の現金を保有しています」とおっしゃいます。

実は、私もまったく同感です。私はリーマンショックの際に、経営していた投資顧問会

図表8-5　「複利の経営」を維持・極大化することの難しさ

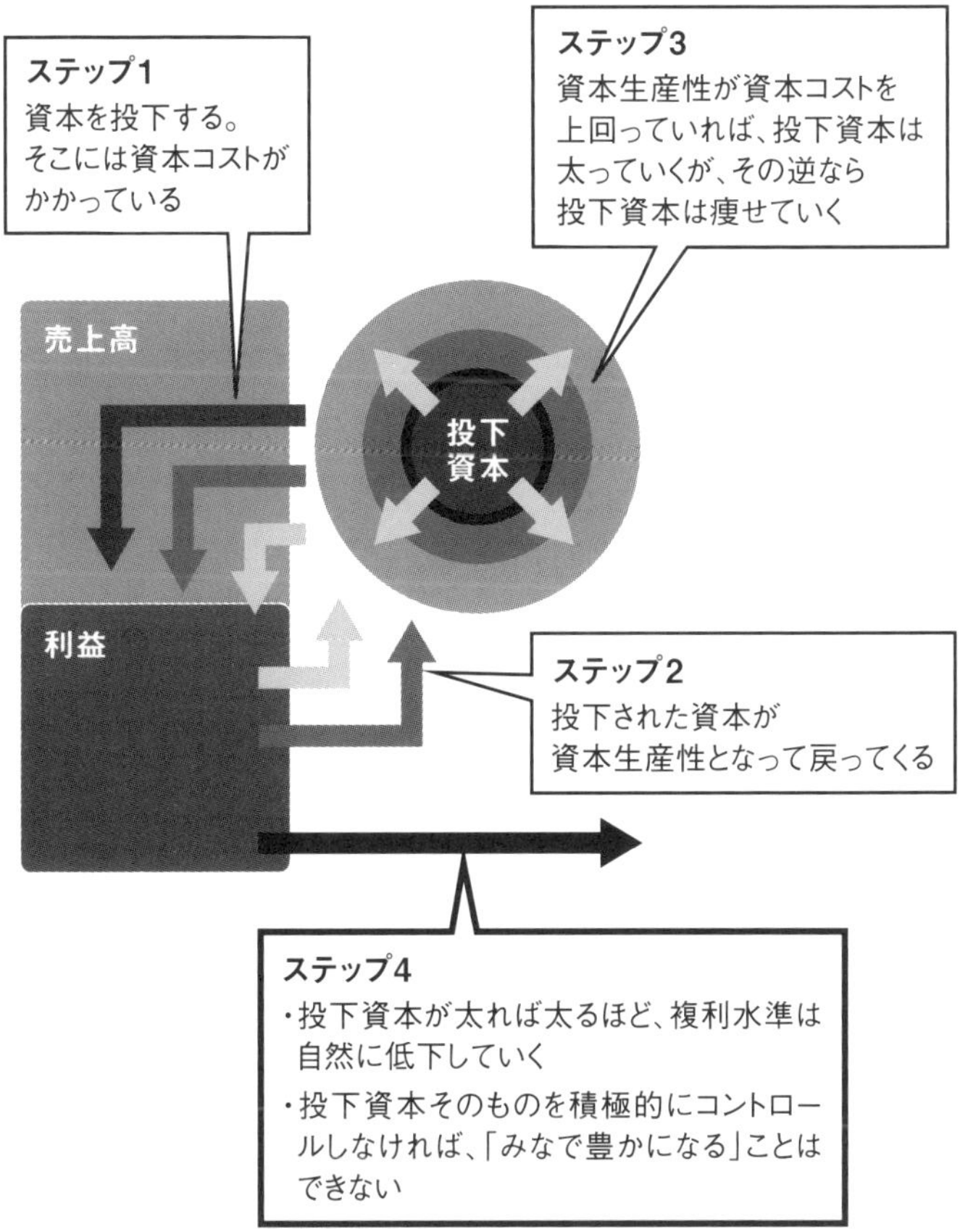
ステップ1
資本を投下する。
そこには資本コストが
かかっている
ステップ3
資本生産性が資本コストを
上回っていれば、投下資本は
太っていくが、その逆なら
投下資本は痩せていく
売上高
投下
資本
利益
ステップ2
投下された資本が
資本生産性となって戻ってくる
ステップ4
・投下資本が太れば太るほど、複利水準は
自然に低下していく
・投下資本そのものを積極的にコントロー
ルしなければ、「みなで豊かになる」ことは
できない

図表8-6　現金保有はどの程度が適切か

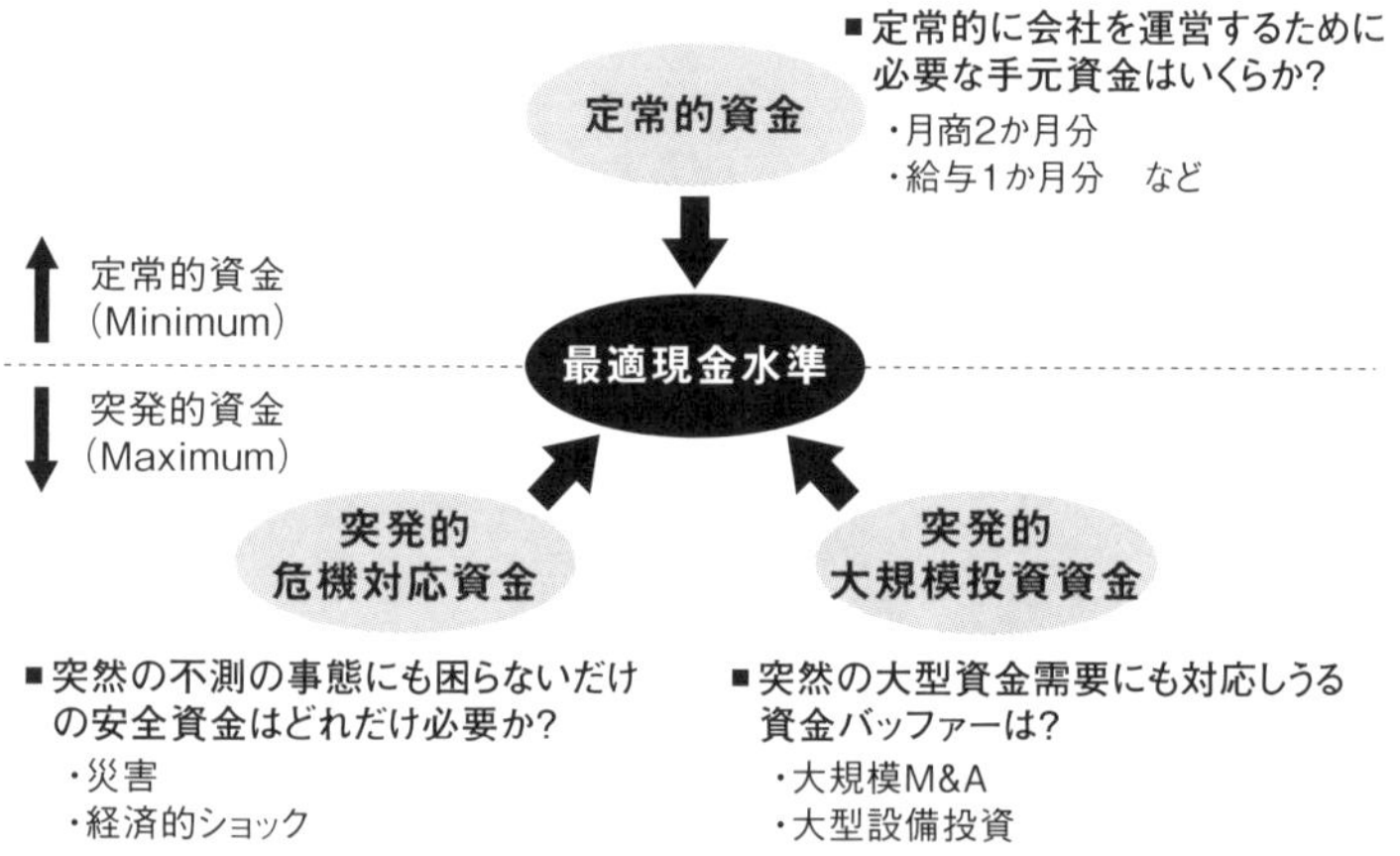
定常的資金
■定常的に会社を運営するために必要な手元資金はいくらか？
・月商2か月分
・給与1か月分　など
定常的資金（Minimum）
最適現金水準
突発的資金（Maximum）
突発的危機対応資金
突発的大規模投資資金
■突然の不測の事態にも困らないだけの安全資金はどれだけ必要か？
・災害
・経済的ショック
■突然の大型資金需要にも対応しうる資金バッファーは？
・大規模M&A
・大型設備投資

社の預かり資産が5分の1になるという経験をしました。投資顧問業にとって預かり資産が5分の1になるということは、売上もほぼ5分の1になるということです。大変な経営危機です。

メンバー全員に減給をお願いし、みんなで歯を食いしばって乗り越えようとしましたが、内部留保があったおかげでなんとか危機を乗り越えることができました。危機的状況を実体験した者として、「会社にはある程度の現金が必要」という主張には、大いに共感できるのです。

一方で、物事には必ず適正な水準というものがあります。私は次のようなフレームワーク（**図表8－6**）を自分の中に設定しています。

最適現金水準を算定するには「定常的資金」としていくら必要かという視点と、「突発的資金」としてどれだけ備えておけば安心かという視点があると思います。

「定常的資金」とは、どの程度持っていれば日々の運転資金として十分かという視点です。これは通常、給料の何か月分とか月商の2か月分、あるいは売上の2%程度といわれる水準になります。いろいろなロジックはありますし、定常的な資金の出入りによっても変わりますが、常識的な範囲に収まることが多く、あまり議論にならない範疇です。

議論が分かれるのは「突発的資金」のほうでしょう。そしてこの領域には二つの「突発」が考えられます。一つは災害や経済ショックへの突発的危機対応であり、もう一つは大型M&Aなどへの突発的投資対応です。

■コロナ危機で海外の企業は現金をいくら積み増したのか

この突発的危機対応については、日本経済新聞本紙におもしろい記事が載っていました。[*21] コロナ危機を受けた海外企業の現預金積み増しの状況報告です。

世界の企業が手元に持つ資金を増やしている。3月末の手元流動性……は月商の2・4カ月分と過去最高の水準となった。新型コロナウイルスの感染拡大で経済が事実上停止し、売り上げは急減しているが、固定費の支払いなどで資金は出ていき、資金不足への危機感は強い。各国の中央銀行が異例の金融政策に乗り出すなか、資金不足を防ぐために借り入れを通じて確保を急いでいる。

……QUICK・ファクトセットで2020年1～3月期決算を公表した金融除く世界の上場企業約5500社を集計した。

3月末の手元資金は3兆7000億ドル（約390兆円）と1年前に比べ15％増えた。1～3月の平均月商の2・4カ月分で、0・4カ月分増えた。

ここで注目していただきたいのは、手元流動性の水準とその増加分です。コロナ危機はリーマンショックのような金融危機とは違って、実体経済における供給・需要両面での未曽有の危機と言ってもよいと思うのですが、それでも**積み増しされた資金は、平均月商のわずか0・4か月分**です。そもそも手元にあった資金はたったの2か月分だけなのです。

日本企業が現金を溜め込んでしまうという指摘やデータは数多くあるのですが、

2019年9月のブルームバーグによれば、日本企業の手元現金は過去最高の506兆円になったとのことでした。[*21] 2019年の日本の名目GDPは約550兆円ですから、さすがに多すぎるのではないかと思います。

こういう危機が発生すると、日本では「ほら見たことか、現金を保有しておいてよかった」と喧伝されます。その概念自体は正しいのですが、ロジックなしに野放図に現金を溜め込むことは複利効果を薄め、「みなで豊かになる経営」からみずからを遠ざけてしまいます。適正な水準とは何かを合理的に検討しておくべきなのです。

■「総人件費の2年分」が現金保有の一つの目安

ここで、一つの考え方を紹介したいと思います。SHOEI元代表取締役会長の山田勝氏の考えです。

SHOEIはプレミアムヘルメットの世界で圧倒的なシェアを誇るグローバルNo.1企業です。いまでこそ、このポジションを不動のものとしていますが、約35年前には会社更生法を申請した会社でもあります。その際に山田勝氏が事業管財人に就任、数々の経営改革を実践し、現在の地位を築くに至りました。

倒産、という最も厳しい時期を乗り越えてこられた経営者らしく、山田さんはお金の使い方について規律の利いた思想を持っています。設備投資の基準は厳格ですし、本社も（製品の華やかさとは正反対に）とても質素です。「会社の金は株主のもの」と考える山田さんは、株主のお金を無駄に使うことを嫌って上場記念パーティも開かなかったぐらいです。そんな山田さんも自社を守るためにはキャッシュがある程度必要と考えています。一方で、その算定方法は独自の方針に基づいていて、以前私たちにこんな話をしてくださいました。

私は人件費の二年分だけのキャッシュを会社に備えておきたいと考えています。経営には不確実性がつきものです。売上が突然大きく落ち込むことは十分あり得ます。そういうときに大事なスキルを持った人員をリストラしてしまっては本末転倒です……。しかし、**二年分の人件費さえ確保していれば、時間的猶予を持って危機に立ち向かうことができるはず**です。二年間あれば大概の事業は再生できるはずですし、二年も猶予があるのに事業を再生できない経営者は、経営者としては失格だと思いますよ。

必要現金と経営能力を天秤にかけ、総人件費の2年分ぐらいを現金として持っておくという考えは実践的、かつ規律が利いている気がします。

もう一つの「突発的投資」資金に関しては、大概の場合、「突発的危機」資金の範囲に収まると思います。事業内容にもよりますが、総人件費の2年分以上の資金を賭ける大型M&Aはリスクが大きすぎる気がしますし、仮に大型の設備投資が必要になるとしても、そんな大きな資金が「突発的に」必要になることも不自然でしょう。

余裕を多めに持ってゆったりと経営にあたりたい、できれば厳しい制約の中に自分を置きたくないという気持ちは、どの時代のどの国の経営者も同じなのだと思いますが、それによってROAとROEの水準が平均回帰の罠にはまってしまっては、「みなで豊かになる経営」には決して近づけないのです。

■平均回帰から脱却するための方策2　配当は投資機会の有無で決める

個人投資家か機関投資家かにかかわらず、配当をあてにしている投資家は多いと思います。でも長期投資家は、配当することが必ずしも望ましいと考えているわけではありません（高い複利を出している会社であれば、むしろ配当なんかしないで、再投資に回してほしいと考えています）。特に会社の状況を理解せず、増配ばかり主張する投資家はいかがなものかと思います。

一方で、日本企業の配当行動にも少々風変わりな特徴があります。**図表8－7**を見てください。日本のＴＯＰＩＸ５００と米国のＳ＆Ｐ５００に属する企業の配当性向と、自社株買いを含む総還元性向を比較してみました（２０１８年度データ）。

日本企業の配当性向・総還元性向の分布には明らかな集中が見られます。配当性向が20～30％に集中しているのです。自社株買いを含めた総還元性向は、配当性向よりやや右方にシフトしていますが、これまたある程度のゾーンに集中しています。

今度は米国企業のグラフを見てみましょう。アメリカの経営というと「株主資本主義で配当も高い」と思われがちです。でも実際には、まったく配当を出していない企業数が一番多いことに驚かされます。

アメリカでも配当性向20～40％程度のところに、ある程度の小高い山は見られます。一方、全体に広く分散していて、山がかなり平らになっていることも見て取れます。ひとこ

図表8-7　あまりに異なる日米の配当性向・総還元性向

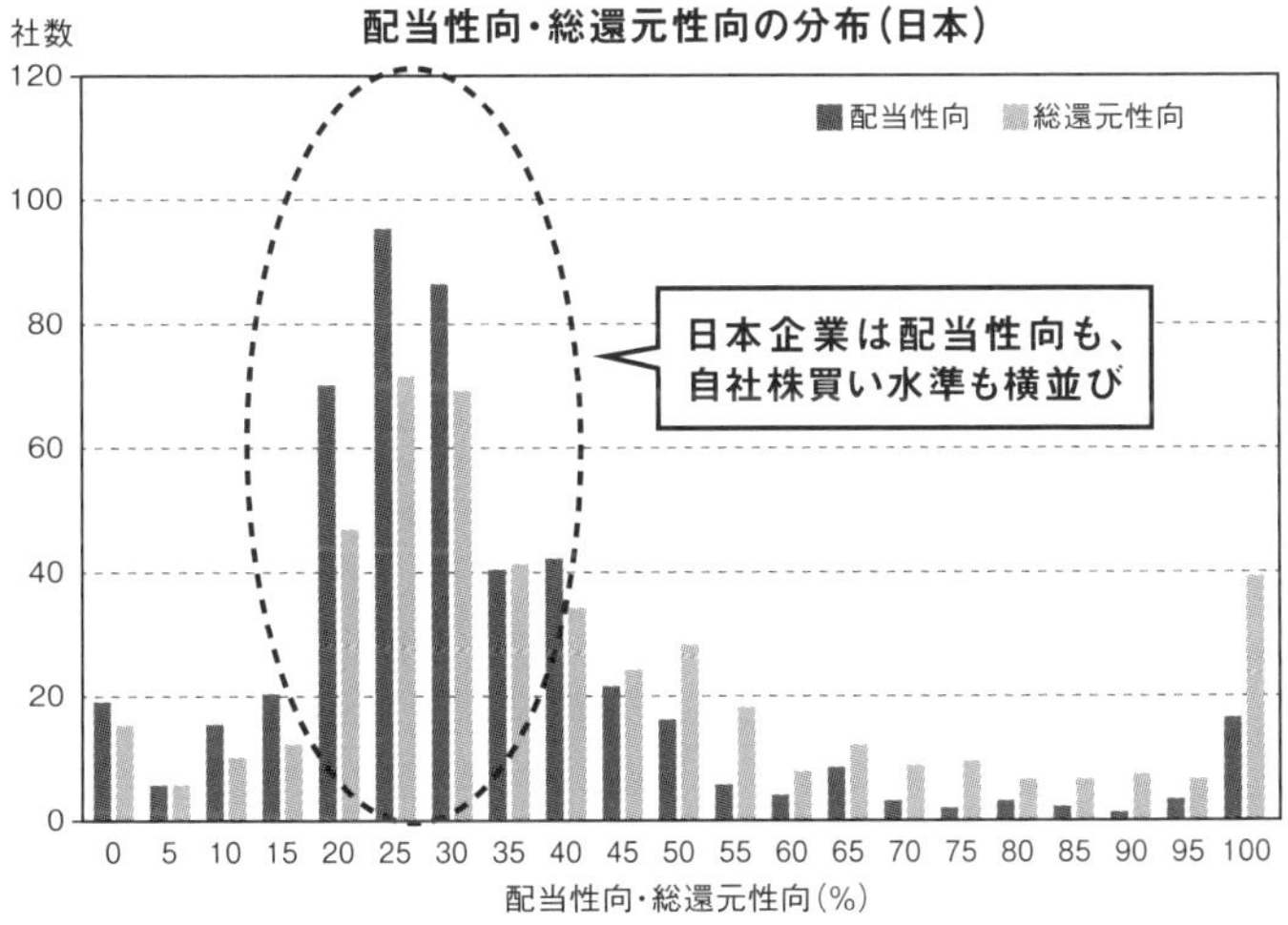

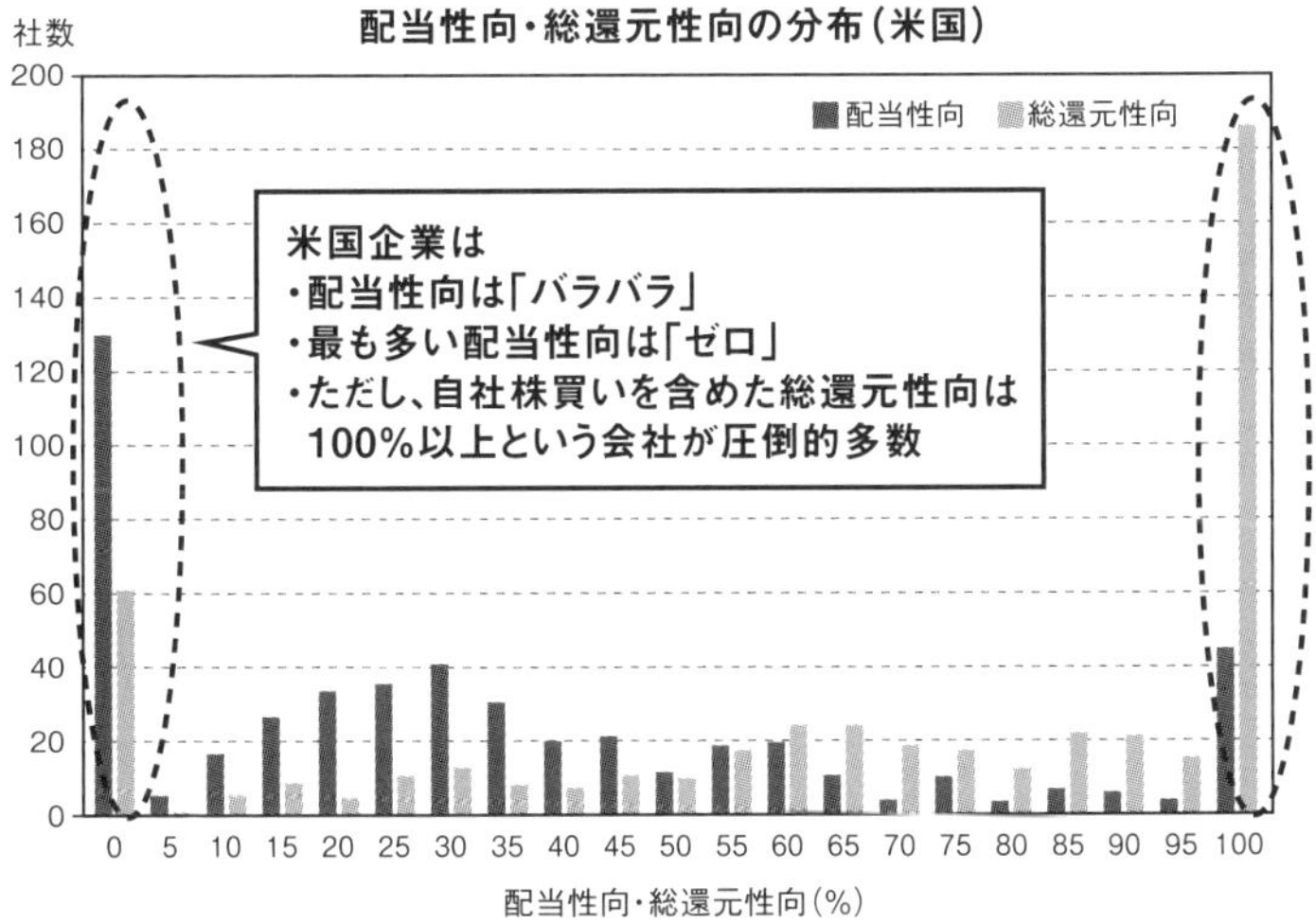

とで言うと、「配当性向はバラバラ」なのです。

背景には「配当というものは、企業ごとの投資機会の有無に合わせて、個別に決定されるべきものである」という考え方があります。配当というものは業界他社や世間標準を見ながら横並びで行うのではなく、その企業固有の投資機会を見ながら柔軟に配当していくべきだという考え方が徹底されているのです。

配当ゼロの会社数が最も多いということは、アメリカの企業にはまだまだ高い利回りが期待できる投資機会が多く、「**配当を出すぐらいなら、その資金をどんどん事業に投資させてもらって、複利を生み出すことを狙っていく**」という会社が多いということです。

■平均回帰から脱却するための方策3　自社株買い

今度は配当性向に自社株買いを加えた総還元性向のほうのグラフを見てください。

100％以上の会社が圧倒的に多いことに驚きます。配当方針はバラバラでゼロという会社がたくさんあっても、その脇では自社株買いを十分に行っていて、多くの会社の総還元性向が100％を超えているという姿です。これは「自社株式というものは、実は大変良い投資対象なのだ」という、日本ではまだあまり浸透していない考え方に基づいていいます。どういうことでしょう。

現在、既存の事業で高い複利を出せている会社があるとします。一番良いのは、この複利レベルと同等か、それ以上のレベルで投資できる機会がある場合です。その際には、配当や自社株買いなどの株主還元をするのではなく、それらの投資機会に敢然と投資し、高い複利を出し続けていただきたいと思います。

問題になるのは、現在の複利レベル以上の投資機会が見つからない場合です。その際にもいくつかオプションがあります。一つめは単純に配当してしまうこと、二つめはM&Aによって新たな事業機会に乗り出していくこと、そして三つめは自社株買いをすることです。

有力な投資機会が見つからないときに単純に配当してしまうことは財務理論的にはアリなのですが、会社の将来発展性を摘んでしまう気がします。M&Aももちろん有力な選択肢ではあるのですが、第7章で紹介した通り、M&Aには独特の困難がつきまといます。買い手と売り手間には「情報の非対称性」（売り手は自分のことをよく知っているが、買い手は買い物の中身を正確には把握していない）が構造的に存在するために、買い手が入り乱れた買収合戦に勝てたとしても、その後に思わぬ課題・問題が発見され、苦労に苦労を重ねることもしばしばです。

そこで第三の選択肢として、自社株買いが有力なオプションになってきます。現在すでに高い複利で回っている自社株式という資産を買う。しかもその資産内容は誰よりも自分がよく知っています。そこに「情報の非対称性」はまったく存在しません。

複利企業になることによって溜まっていく現預金、そして株主資本ですが、それらを単純に配当に出してしまったり、無理な再投資やM&Aに走って複利を薄めてしまったりするよりも、現在すでに高い複利で回っている**自社の株式自体を買い進んでいけば、保有現金や株主資本の膨張を免れながら、高い複利を維持することができるのです。**

平均回帰という勝者の呪いを避けるための有力な手段、自社株買い。それを存分に活用した姿が、このグラフに見られる米国企業の総還元性向の数値なのです。

■平均回帰から脱却するための方策4　レバレッジは事業リスクとの兼ね合いで決める

最適資本構成というテーマは、経営者には最も抵抗感のあるテーマかもしれません。BS左側の過剰資産には厳しい目を向けている経営者でも、BSの右側の資本構成に関してだけは、アレルギーのある方も多いようです。

このテーマを議論しようとすると、「理論的にはわからないでもないが、借り入れを起こすつもりは一切ない」といった強い口調に遭遇したり、（銀行出身者の事業会社社長ですら）「自分は銀行を信頼してないから借金はしない」という声を聞いたりすることもあります。「レバレッジをかけてROEを上げるアメリカ型の経営なんて、そもそもいかがなものか」という主張に出会うこともしばしばです。

しかし、思考停止は経営の大敵です。例によって、データを見ながら思考を深めてみましょう。日米欧の大手食品関連企業の主要財務データを比較した**図表8－8**をご覧ください。

それぞれの地域を代表する時価総額上位の食品会社を並べていますが、一見していくつかの特徴に気がつきます。

・当期利益率：そもそも欧米企業の利益率は、日本企業より圧倒的に高い
・レバレッジ：負債活用は米企業で特に活発だが、欧州企業でも適度に活用されている

食品や飲料は生活必需品です。消費者の嗜好も比較的保守的で、普段買い慣れたものを

買う傾向が強い製品群です。売上・利益の変動性が最も少ない業種の一つと言ってよいでしょう。そういった事業リスクが低い業種では、ある程度の財務リスクを負うことも十分可能ですから、欧米企業では適度に借り入れを活用して、高いＲＯＥを実現するという経営が実践されているわけです。

誤解していただきたくないのですが、私はむやみにレバレッジを勧めているわけでは決してありません。半導体関連や工作機械関連といった、市況連動性が高い産業はたくさんあります。こういった業種では、財務体質が強固で無借金経営を行っていること自体が、優位性になり得ます。周りのプレイヤーが厳しくなる不況期を狙って、逆張りで力強く投資できる体力があるからです。こういう業種では短期的な資本生産性だけを追いかけてレバレッジをかけることは、長期的には価値を毀損することになりかねません。

逆に食品や卸、ある種の小売、または業界のデファクトスタンダードを押さえてしまった企業の事業リスクは相当低いものです。多角化しているがゆえに業績の変動性を低く押さえられている企業群も同じです。そういう**事業リスクの低い企業ならば、ある程度の借り入れリスクを取ることはまったく不自然ではありませんし、企業価値をリスクに晒すことなく持続的に高い複利を上げることが可能**なのです。逆にレバレッジを効かさない経営

図表8-8　米国のみならず欧州でもレバレッジは活用されている
——日米欧の食品業界の財務比較

		純利益率（%）	総資本回転率（倍）	レバレッジ（倍）	ROE（%）
日本	味の素	2.6	0.8	2.3	4.7
	カルビー	7.8	1.3	1.3	13.2
	キリンHD	8.5	0.8	2.5	17.6
	サントリー食品インターナショナル	6.2	0.8	2.2	11.4
	東洋水産	4.6	1.1	1.3	6.4
米国	ケロッグ	9.9	0.8	7.1	55.9
	コカ・コーラ	18.8	0.4	5.0	37.8
	ゼネラル・ミルズ	10.4	0.6	4.6	26.6
	タイソン・フーズ	7.6	1.4	2.4	25.9
	ハーシー	15.1	1.2	5.7	101.8
	ペプシコ	19.4	0.8	6.2	98.7
欧州	アンハイザー・ブッシュ・インベブ	8.2	0.2	3.5	6.4
	ハイネケン	8.5	0.5	3.0	13.7
	ネスレ	11.0	0.7	2.3	17.1

※2018年度の決算を使用

は、本来の複利のポテンシャルを引き出していないことになります。

いまは歴史的に見て借り入れ金利が低い時代にありります。一方でさまざまな圧力もあり、株主資本コストは高止まりしています。レバレッジを適切にかけることでWACCを低く抑え、かつ同時にROEを最大限に高めることで「みなで豊かになる経営」に近づいていくことに、意味は十分あるのではないでしょうか。

第8章のまとめ

・この章はほとんどがバランスシート回りの議論でした。ベースとしている理論が欧米で磨かれてきた現代財務・ファイナンス理論なので、もしかしたらとてもバタ臭い匂いがプンプンしたかもしれません。

・しかし私は、「みなが豊かになる」という大きな目標のためには、欧米型とか日本型という荒っぽい議論、二項対立的な議論は、生産的ではないと考えます。みなが保有する株式価値を最大限高めるために、複利効果を極大化すること。そして「平均回帰」という恐ろしい「勝者の呪い」に抗うために、最適現預金水準や、配当政策、自社株買いや財務レバレッジに取り組むことは、洋の東西や時代の移り変わりにかかわりがない、経営の普遍的なテーマだと思うのです。

・このような経営の普遍的なテーマに取り組まず、複利効果の維持・極大化ができていない経営には何が起きてくるのでしょう。次章ではそのような経営の撹乱要因を考えていきます。

第9章 「経営を撹乱するもの」から身を守る——アクティビズム

■

最後のステップを乗り切ったのちは、総まとめと最終提言に進んでいきますが、その前に、今後の経営が避けて通れない潮流の一つに触れます。「アクティビズム」です。

アクティビスト、いわゆる「物言う株主」と言うと、経営者のみなさんは身構えると思います。長期視点に立った経営の阻害要因となってきた歴史を振り返ると当然です。

2000年代中盤のスティール・パートナーズや村上ファンドの活動はまだ記憶に新しいうえに、2010年代後半にはサード・ポイントがソニーやセブン&アイといった規模の大きな企業を対象に、事業の切り離しや経営人事に介入するアクティビズムを展開しました。最近ではJR九州、TBSといった企業も、アクティビストからの提案を受けています。

このようなアクティビズムというものは、今後どのような存在になっていくのでしょう。株式市場の鬼っ子のような存在だったアクティビストはいま、どんどん進化していきます。この流れをきっちりと押さえ、本質的な対応方針を立てておかなければ、「みなで豊かになる経営」への道筋を攪乱されかねません。

■アクティビスト垂涎ものの日本の株式市場

アクティビストが日本企業をどう見ているか、それを考えるために、日本企業経営の現在地を改めて評価してみたいと思います。

この本のあちこちにちりばめられていたコラムやデータを思い起こしてください。第1章、第2章では、この10年間というもの、半分以上の上場企業がマイナスの超過利潤だったというデータを紹介しました。

さらっと書いていますが、これは驚愕すべき事実です。一定の資本リターンが求められる資本主義経済において、半数以上の上場企業がその基本原理に背いた経営になっているということですから。日本の株式市場が長らく低迷を続けてきた本質的理由はここにありますし、アクティビストは好んでこういう状態にある企業を狙ってきます。「株主価値破壊」企業であることを声高に叫ぶことで、経営に介入しやすいからです。

第3章、第4章では、日本企業の事業収益率が欧米企業の約半分しかないことを明らかにしました。上場企業の過半が「株主価値破壊」企業となっている原因は、資産回転率や財務レバレッジといった少々テクニカルな経営手腕にあるのではなく、事業で稼ぐという「経営者本来の仕事」に深刻な問題があるという指摘です。この点も、アクティビストにとっては大変都合が良い状況です。経営者の能力を厳しく指弾して退陣を要求し、取締役会にみずからの息のかかった人物を送り込みやすい状態にあるからです。

第5章、第6章では、日本企業のリスクテイクが世界最低水準にあること、そして、取ったリスクもリターンに結びつけられていないという分析が示されました。他国に比べて、設備投資や研究開発投資を真っ先に削減する傾向も見ました。経営者にしか持ち得ない"Idiosyncratic Vision"やアニマルスピリットは、まるでどこかに消えてしまったかのようです。

リスクテイクに関する厳しいデータは、第7章、第8章でも見られました。設立直後は米国企業より高いリターンを見せる日本企業ですが、創業世代を終えて集団意思決定体制に入ったとたん、長期低迷に喘いでいくというデータです。低業績企業の経営陣を糾弾するのはアクティビストの常套手段ですが、その前提として経営者がリスクを取らず自己保身に走っているという主張は、典型的な攻撃手段でもあります。

日本企業の現在地は、ひとことでいって、アクティビストの突っ込みどころ満載なのです。逆に、高い超過利潤を出し、複利で回すことで「みなで豊かになる経営」を目指すという攻めの一手は、アクティビストからの守りの一手にもなるのです。

■アクティビストに狙われる企業の二つの特徴

図表9－1を見てください。これはダイヤモンド・オンラインの特集[*23]に載った「アクティビストに狙われやすい日本企業ランキング」のリストです。ここで挙げられている企業が実際に狙われているのか否かは別として、ここで把握しておきたいことは、狙われやすい企業の特徴です。

図表9-1　アクティビストに狙われやすい日本企業ランキング

総合順位	証券コード	企業名	業種	総合得点	予想PER(倍)	3期平均ROE(%)	予想配当利回り(%)	ネットキャッシュ倍率(倍)	金融資産比率(%)	自己資本比率(%)	参考PBR(倍)	参考株価(円)
1	5541	大平洋金属	鉄鋼	86.7	16.3	▲0.3	1.9	2.1	58.4	89.3	0.8	2699
2	9401	TBS HD	情報・通信	81.1	21.0	3.6	1.5	4.3	60.7	73.2	0.5	1729
3	1799	第一建設工業	建設	80.7	13.0	6.9	2.0	1.4	51.4	86.5	0.6	1686
4	6706	電気興業	電気機器	80.4	20.5	2.2	1.4	2.4	44.6	72.0	0.9	3260
5	3302	帝国繊維	繊維製品	80.0	15.6	6.3	2.0	2.7	64.1	75.4	1.2	2027
6	6485	前澤給装工業	機械	79.9	13.1	5.4	1.8	1.9	39.4	82.9	0.7	2088
7	6804	ホシデン	電気機器	79.6	11.7	9.0	1.7	1.4	55.9	70.5	0.8	1205
8	6247	日阪製作所	機械	79.3	15.1	3.9	2.1	2.0	44.2	82.0	0.5	968
9	6809	TOA	電気機器	78.6	15.8	5.1	1.7	2.1	45.1	74.8	0.9	1146
10	6929	日本セラミック	電気機器	78.3	27.8	5.2	1.8	2.2	64.0	89.2	1.5	2823
11	4530	久光製薬	医薬品	78.1	21.5	8.3	1.6	3.8	62.1	82.8	1.7	5110
12	7292	村上開明堂	輸送用機器	77.8	6.4	9.6	1.8	1.3	41.8	74.6	0.5	2533
13	7931	未来工業	化学	77.6	15.4	6.2	1.8	2.2	42.2	80.7	0.9	2196
14	5344	MARUWA	ガラス・土石製品	77.2	18.0	10.6	0.7	4.2	35.5	85.0	1.7	7770
15	5262	日本ヒューム	ガラス・土石製品	76.9	10.6	5.6	2.2	2.5	49.4	64.5	0.6	827
16	8595	ジャフコ	証券・商品先物	76.8	14.5	8.3	2.7	1.1	103.6	88.6	0.7	4235
17	5988	パイオラックス	金属製品	76.7	12.7	9.7	2.0	2.7	47.9	87.3	0.9	2211
18	6151	日東工器	機械	76.5	14.7	6.7	2.7	1.7	55.7	87.4	0.9	2331
19	4301	アミューズ	サービス	76.5	18.8	11.0	1.2	2.1	62.3	63.3	1.6	2874
20	3657	ポールトゥ・ウィン・ピットクルーHD	情報・通信	76.2	19.3	14.0	1.1	4.3	61.1	81.7	3.0	1046

出典：*23

特徴1　PBR1倍以下

一つめは、株価回りに見られる特徴です。業界内の同業他社と比べて株価そのものが長期低迷していることは、経営陣の責任を追及する格好の口実になります。

PBR（Price to Book-value Ratio、株価純資産倍率）が1を切った株価水準は、アクティビストが改善を迫ってくる典型的なきっかけを作ります。ある企業の株価が、一株当たりの純資産額より低いということは、株式を買い占めて会社を丸ごと買収したあと、持っている資産を全部売り払えば大儲けできるということです。アクティビストが喜んで買いあげてくる典型的な株価水準がこの水準です。

特徴2　「みさきの黄金比®」を守れていない

アクティビストが狙う会社の二つめの特徴は、経営回り、特にBS回りにあります。**図表9-1**を見ると、「ネットキャッシュ倍率」とか、「金融資産比率」、あるいは「自己資本比率」というように、いくつか警戒すべき指標が示されています。これはこれでその通りなのですが、もっと体系的にアクティビスト対策を講じることができます。実はここに、前章でご紹介した「みさきの黄金比®」の大きな役割が出てくるのです（**図表9-2**）。

アクティビストの攻撃対象になりがちなBS回りの特徴が、すべてここに集約されてい

図表9-2　みさきの黄金比®（再掲）

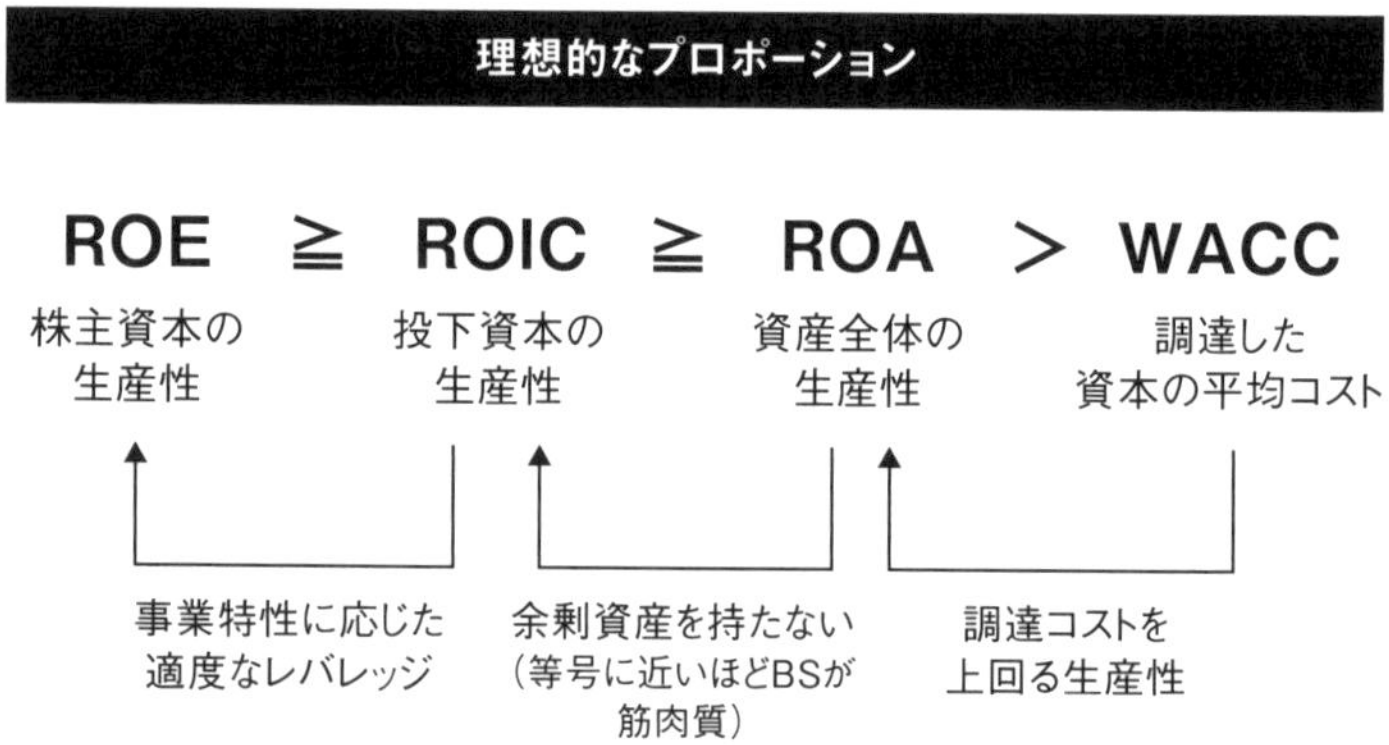

ます。（1）調達した平均資本コストをROAが上回っていないこと、（2）BSに余剰資産が溜まっていること、そして（3）事業特性に応じた適切なレバレッジをかけていないことは、鵜の目鷹の目で攻撃対象を探しているアクティビストのレーダーには、すぐに映ってきます。BSをこのように放置している企業は、アクティビスト格好の攻撃対象であることを、みずから公言しているようなものなのです。

第8章でBSのチェックリストとして挙げた以下の項目は、「みなで豊かになる経営」を目指すための攻めの一手ですが、同時にアクティビストからの攻撃をかわす守りの一手でもあります。

□ROA……ROAとROICの乖離は大きくなっていないか？　事業に直接使っていない資産（現預金、持ち合い株式）が膨れてはいないか。低稼働な固定資産の売却や、高額で買収した企業ののれんの償却は考えられないか。

□ROIC……キャッシュ・コンバージョン・サイクル（CCC）はもっと短縮できないか。売掛金サイトはむやみに長期化していないか。在庫水準は安全サイドに振りすぎていないか。買掛金のサイトは適切か。

□ROE……ROEとROICがほとんど同じ数値になっていないか？　適切なレバレッジを考えずに、資本コストの高い株主資本が過大になっていないか。配当政策や自社株買いポリシーが横並びで、自社の独自性に合っていないのではないか。

□WACC……事業リスクに見合った財務レバレッジを考えてあるか。適度な負債を活用してWACCを下げられないか。

このチェックリストをもう一度よく見て、みなさんの経営がアクティビストに狙われやすいものになっていないか、再度点検されてみてはいかがでしょう？

■アクティビストにいったん狙われると何が起きるか

　アクティビストの攻撃手法はさまざまです。典型的な行動は、（1）大規模な資金なしに大株主になりやすい中小型企業をターゲットにして、（2）不要な資産や過剰な現預金を抱えた企業を狙い、（3）大幅な配当や自社株買い、資産売却を迫るというパターンです。

　たちの悪いアクティビストの手にかかると、株主総会への株主提案権行使に始まり、経営陣へのレターの送付や公開質問状、ホームページを開設してのキャンペーン、さらには訴訟にエスカレートすることもあります。自己の主張を通すために経営陣のスキャンダルを暴き、メディアに公開するといったことまでします。いわゆる「劇場型」アクティビストです。こうなると「みなで豊かになる経営」を目指すどころではなく、その対応に日々追われることになります。

　一つ事例を紹介しましょう。香港拠点の投資ファンド、アーガイル・ストリート・マネジメントから、住宅設備機器メーカーである長府製作所に、ある書簡が送られてきました（この書簡はウェブサイト上で公開されています）。

詳細な説明は割愛しますが、資本生産性の指標から取締役の構成に至る6項目についての改善要求が盛り込まれ、「大きな進捗が見られなければ取締役の再任に反対する」という、かなり鼻息の荒い内容です。いきなりこのような文面が送られてきたら、みなさんもビックリするでしょうし、身構えることでしょう。

ちなみに長府製作所の場合、アクティビストの一番の狙いは、政策保有株を含むネットキャッシュ900億円、総資産比率にして65％を占める部分でしょう。アクティビストの要求は余剰キャッシュを大規模な株主還元に回すこと、それによる配当利益と株価上昇を狙うことなのだと思います。

長府製作所に対するアーガイルの活動履歴も、彼らのウェブサイトに載っています。これを見ると、かなりの頻度でさまざまな内容の書簡が送られてくることがわかります。

アーガイルから長府製作所に対する活動

・2018年10月10日　長府製作所本社にて面談（一回め）
・2018年10月22日　アーガイルより書面送付（一通め）
　企業競争力の向上に向けた諸施策を提案
　　・明確なKPIの設定

・ＢＳの効率性
・潜在的な提携とジョイントベンチャー
・海外投資家に対する企業認知度の向上
・海外進出
・独立社外取締役
・２０１９年２月21日　アーガイルより書面送付（二通め）
下記を含む中期経営計画策定を提案
・明確なＫＰＩの設定
・ＢＳの効率性
・潜在的な提携とジョイントベンチャー
・海外進出
・独立社外取締役
・２０１９年３月５日　アーガイルより書面送付（三通め）
２０１９年３月下旬の面談を依頼
・２０１９年４月23日　アーガイルより書面送付（四通め）
・コーポレートガバナンス・コードおよび対話ガイドラインに則った対話要請
・下記を含む中期経営計画策定を改めて提案

・明確なKPIの設定
・BSの効率性
・潜在的な提携とジョイントベンチャー
・海外進出
・独立社外取締役
・2019年6月10日　アーガイルより書面送付（五通め）
2019年6～7月のいずれかにおける面談を依頼
・2019年7月25日　長府製作所本社にて面談（二回め）
・2019年8月6日　アーガイルより書面送付（六通め）
・特別損失（投資有価証券評価損）として9億1100万円を計上したことに対して十分な説明を要求
・純資産の70％以上が投資有価証券であることに鑑みて経営陣は投資有価証券の選定手続きとリスク管理に関して十分な説明を行うべきと提案
・2019年8月6日　アーガイルより社外取締役宛て書面送付（一通め）
・アーガイルから2名の社外取締役に対して、コーポレートガバナンス・コードの諸原則を遵守するように経営陣に促し、一般株主の利益を代表して行動するよう要請要求に応えるまでは4通5通と何度も経営者との面談を催促されますし、面談に応じて一定の回答をしたとしても、また違う観点からの執拗な働きかけが続きます。経営者だけでなく社外取締役も巻き込まれますし、取締役会で対応策を議論することにも多くの時間をとられるでしょう。

アクティビストに狙われた別の企業の方から聞いた話では、下手に事を荒立てないように、その渦中では新規の投資案件はすべて止める指示が出されるほどだったとのこと。実際にアクティビストの要求に応えるか応えないかは別として、これではせっかく社内で取り組んできた事業戦略を滞らせることにもなりますし、何より従業員のモチベーションに水を差すことになってしまいます。

■危機対応のための大量の資金供給がアクティビストに流れる日

アクティビズムに関しては、もう一つ押さえるべき流れがあります。それは世界各国の中央銀行の行動です。

ご存じの通り、この15年の間には世界的な危機が二度もありました。2008年のリーマンショックと、2020年のコロナショックです。それぞれの危機の社会的・経済的インパクトには違いがありますが、世界各国の中央銀行がすばやく大量の流動性を供給し、危機を最小限に抑えようとしたことは共通しています。

アメリカの中央銀行FRBだけ見てみても、リーマンショック前の約1兆ドルという資産水準は、2020年時点では約7兆ドルにまで膨れ上がっています。6兆ドルという数字は約660兆円ですから、それは日本のGDP総額より大きく、日本の株式市場全体の時価総額とほぼ同じ金額です。FRBだけでこの金額を市場に供給しているわけで、ここに日本銀行やヨーロッパ中央銀行ECBの資金供給が加わります。もちろん、他の国々の中央銀行も資金供給しているので、それらを足し合わせた金額は天文学的なものになります。

こういった大量の資金供給は、経済のさまざまな面に影響を及ぼしていくでしょう。世に溢れる大量の資金は、リターンを求めてさまようはずです。そしてその資金の一部は、これまで高いリターンを挙げてきた金融資産の一つ、アクティビズムにも向かうでしょう。**危機を抑えるために供給された資金が、回り回って少しでもゆるみが見える経営に厳しい要求を突きつけるという大きな流れは、すぐそこに迫っている**と思うのです。すでに高い収益を出せている企業ものんびりはしていられません。恵まれた事業立地で高い収益を享受している経営者であっても、そこに安住することは許されず、持てるフルポテンシャルを引き出すという重い課題を突きつけられるかもしれません（すでに米国ではその流れが始まっています。次章で説明します）。

アクティビストが指摘してくる内容自体は、（少なくとも短期的）株主の論理としては筋が通っていて、頭ごなしに完全否定できるものでもないことが、ままあります。実際に長年株価が低迷していたり、BSに不要資産が溜まっていたりすることは、称賛される経営とは言えないからです。そこがアクティビスト対応の難しいところです。

長期成長に向けた活動に横やりを入れられたくないのであれば、日頃から「みさきの黄金比®」を意識したゆるみのない経営、複利のフルポテンシャルを引き出す経営を実践しておくべきなのです。複利や超過利潤を実現していくことで「みなで豊かになる経営」に近づくという取り組みは、アクティビストからの攻撃をかわすことにもなるという、「攻防を兼ねた絶妙手」なのです。

第9章のまとめ

・これまで本書のあちこちで見てきた気になるデータは、いまの日本企業経営が、アクティビストからするとよだれが出るほどの攻撃対象に映っていることを意味しています。いますぐにでも超過利潤を出せる経営に移行しなければ、日本でもアクティビストの跳梁跋扈を招きかねない状況なのです。

・一度アクティビストに狙われると、さまざまな手段を使ってのキャンペーン、さらには訴訟にエスカレートすることもあります。自己の主張を通すためにはメディアの力も使う「劇場型」アクティビストもいます。こうなると、中長期的な経営どころではなくなってしまいます。

・当分の間、世の中にマネーは溢れ続けるはずです。高いリターンを求めてお腹をすかせたマネーの一部は、アクティビストに向かい、アクティビストの野性化の度合いを高めていくでしょう。そして彼らは日本にも必ず来ます。日本企業は野性化するアクティビストに、どんな陣構えで立ち向かっていくべきなのでしょうか。最終章で私なりの解答を提示してみたいと思います。

終章　最速で「みなで豊かになる」——三位一体の経営

ここまですべてのステップをこなし、「勝者の呪い」も乗り越え、最後の撹乱要因に対する備えもできました。「みなで豊かになる」山の頂もすぐそこです。大変な道のりだったと思いますが、この最後の章では、ここまでのすべてのステップを最も速く、最も短い距離で進むアプローチを考えていきます。これまで話してきた厳選投資家特有の思考と技術を取り込み、経営クオリティを異次元水準に引き上げ、みなで豊かになる。それを最速・最短で実現するアプローチを、ハーバード・ロースクールでの議論や、北欧・北米での現実の取り組みを押さえながら示していきたいと思います。

■「厳選投資家の思考と技術」への心理的抵抗を取り除く

この本でお話ししてきた複利や超過利潤、事業経済性や障壁、はたまた集団意思決定のあり方やBSのコントロールといった経営技術は、それだけなら、これまでもいろいろなところで紹介されてきたものだと思います。しかし、それらはなぜか日本企業の経営に浸透してきませんでした。

その背景には、これらの技術導入を知らず知らずのうちに心理的に拒否する「何かの思考様式」が経営者の頭の中にこびりついていたからではないか、と私は考えています。それが「会社というものは運命共同体なのである」と考える思考様式（法学的には**法人実在説**と呼ばれるようです）です。

これとはまったく異なって「企業は比較可能で売買可能な資産」と考える投資家のドライな思考様式（こちらは**法人擬制説**と呼ばれるようです）は経営者や従業員の方からすると大変な違和感があり、もっとストレートに言うと、腹立たしいものだと思います。しかし、保有する株式の価値を高め、「みなで豊かになる」ためには、この少し違和感のある思考様式を、日々の事業経営や組織運営に混ぜ合わせるべきなのです。

日々汗を流している愛すべき会社を、徹底して突き放す法人擬制説のような思考様式の導入は確かに難しいものでしょう。しかし、その導入なしに個別の技術論だけ学んでみても、その技術の実践には至りづらいと思うのです。技術論を習得して「正しい答え」が頭の中にできたとしても、運命共同体ならではの、よく言えば「想いの強さ」、悪く言えば「しがらみ」が心を縛ってしまい、実際には大胆な決断に踏み切ることができない……。

障壁を強烈に意識した特定事業への資源の傾斜配分や、想いと歴史に満ちた事業ポートフォリオの大胆な取捨選択、あるいは先輩方がコツコツと貯めてきた現預金や株主資本を複利の維持・拡大のために再構成するような経営判断は、こびりついた思考様式そのものを刷新しない限り、現実には難しいのではないでしょうか。それが、考えてみればそれほど難しくない技術論を、現実の経営に実装できなかった真因であり、これから実装していく際の難しさではないかと思うのです。

■経営者と投資家の本質的な「機能」は似ている

このように経営者と投資家の思考様式は対極と言ってよいものですが、一方で経営者にも投資家にも共通して求められる本質的な機能もあります。それは「投資」機能です。

経営者とは企業を丸ごと扱う存在です。個別の事業や機能は誰かに任せ、常に企業全体のことを考える。普段は何をするわけでもないけれど、岐路を分ける一大意思決定には全身全霊であたり、乾坤一擲のジャッジメントを行う。しかもその意思決定とは、限りある経営資源の傾斜配分であり、煎じ詰めていくと最高難度の「投資判断」そのものです。株主や銀行から調達したお金を投資に振り向け、リスクを取りコストをかけ障壁ができれば、たくさんの人を幸せにできることはわかっている。しかし、リスクを取ることに対する社内外からの強い反対や、自分の中の恐怖心を抑え込む必要がある。もちろんリスクを取った責任はその一身に負わなければならない。だからこそ「結果がすべて」と言われる……。経営者とは、そんな機能を負わされた大変な存在でしょう。

おもしろいことに、ノホホンと企業を売り買いしているように見える厳選投資家も、実は果たすべき機能に関してはまったくの相似形です。企業の価値や成長ポテンシャルを見極めるためには、企業を丸ごと見なければならない。毎日あくせくと市場競争環境を調べたり財務数値を分析したりしてはいますが、そんな分析だけでは、絶対に他の投資家と差

図表終-1　経営者と投資家は思考様式は対極でも、役割は完全に相似形

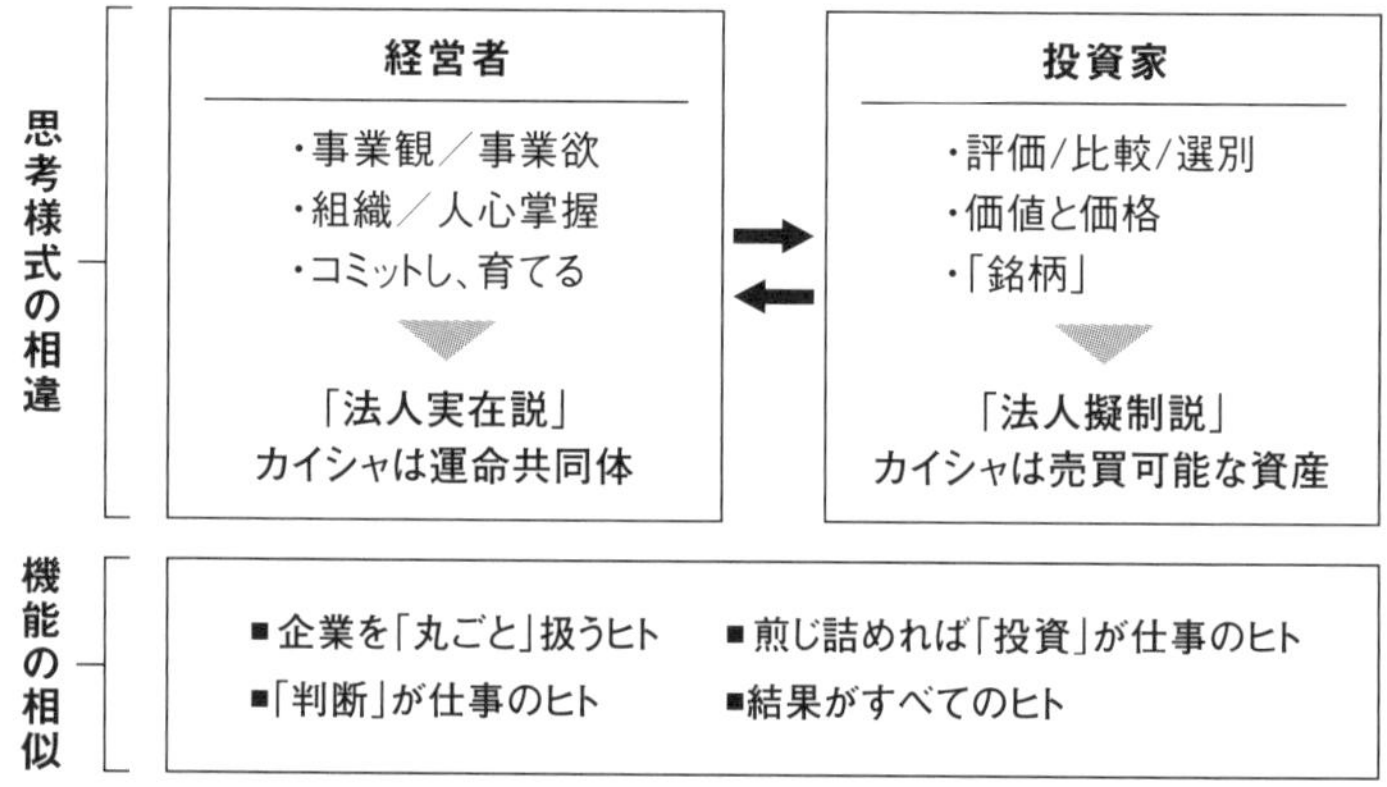

がつきません。分析結果をどう解釈し、判断するかだけが、優勝劣敗を定めます。投資家のアウトプットは、煎じ詰めると、売るか買うかというギリギリの投資判断のみ。アセットオーナーから調達したお金で、日々「投資」を行うという存在。すべての判断は数値として明確に市場対比・競合ファンド対比で表れ、「結果がすべて」と厳しく問われる……。

経営者と厳選投資家の思考様式は対極、しかし本質的機能においては完全なる相似形と私が考える理由が少し理解していただけるでしょうか（**図表終－1**）。

そして、もしこの認識が正しいなら、経営**者と投資家は互いの思考様式を学び、交換し**

合うことで、それぞれの立場で求められる機能を高めることができるはずです。

投資家は経営のリアルをより深く理解することで、実態に根差したより良い投資判断ができるでしょうし、経営者も複利や超過利潤、事業経済性やみさきの黄金比®といった投資家の思考と技術を理解し経営に取り込むことで、経営者としての投資判断をより良く果たすことができるはずなのです。

前著『投資される経営 売買される経営』でも引用しましたが、バフェットの言葉、「私は投資家だから良い経営ができる。私は経営者だから良い投資ができる」[*24]という言葉はまさにこの認識を裏打ちする至言だと思います。バフェットはもちろん投資家として有名ですが、同時にバークシャー・ハサウェイという事業会社を経営し、世界有数の時価総額の企業に育てた経営者でもあるのです。

私は仕事柄数多くの経営者にお会いしますが、優れた経営を実践されているなと感じる方には、一個人として株式投資に親しんでいる方が多いような気がします。そういう方はご自身の株式投資の際、「カイシャ」を単に運命共同体として見るというよりは、同時複眼的に、「持続する利潤創出マシーン」として捉え、並べ、比較評価し、ここだというタイミングで投資しているはずです。日々の経営の傍らで、このような思考と技術を磨いているからこそ、現実の経営でも優れた判断ができるのだなと感じるのです。

逆に互いの思考様式の違いばかりを取り上げ理解不能の相手と考えたり、場合によっては対立的な存在と考えたりしていては、複利や超過利潤といった個別の技術論を習得できたとしても、現実の経営に落とし込むことは難しいように思うのです。オペレーショナルで共同体的な思考様式が、ドライで冷徹な傾斜資源配分や事業ポートフォリオの再編成といった決断と行動を阻みがちなのです。

■投資家の思考と技術を併せ持つ経営者1【HOYA／鈴木洋社長】

投資家の思考と技術を取り込んだ経営者の代表格は、日本で言うとHOYAの鈴木洋社長だと思います。鈴木社長は2000年に社長就任されてからの20年間で売上成長率5%、直近では営業利益率25%、時価総額4兆円という素晴らしい経営を作り上げてこられた方ですが、事業の買収や売却にも長けた経営者です。

驚愕したのは、その鈴木社長が「**社長という仕事は、煎じ詰めてしまえばポートフォリオ・マネージャーと同じ**」と喝破されていることです。傘下事業の状況を大局的に見て、みずからの事業ではないと見切ったら事業売却し、一方でこれはと思った事業は買っていく。ただし、その価格に関しては投資家並みか、それ以上にシビアです。

直近ではこんな事例が報道されました。東芝が半導体製造装置のニューフレアを完全子会社にすると発表したときに、かねてから大きなシナジーポテンシャルを感じていたHOYAは、東芝より少し高い価格でニューフレアへの対抗TOBを発表しました。しかしニューフレアの大株主である東芝機械は、東芝の買い付けへの応募を（HOYAの提示価格より低い価格にもかかわらず）決めました。HOYAは買取価格の引き上げなどの対抗策をとることもできたのですが、あっさりと引き下がりました。日本ではまだあまり見ないTOBというドラスティックな手段をとった割には、拍子抜けするような撤退劇でした。その背景にはまさに「投資家の思考と技術」を自家薬籠中の物としている鈴木社長の経営が見え隠れしていました。下記は『日経ビジネス電子版』における記者との一問一答からの抜粋です。[*25]

――東芝のTOB価格より1000円高い1株当たり1万2900円にはどのような狙いがあったのでしょうか。

うちにとってメークセンスする価格ということ。東芝の価格を見て決めたのではなく、**投資に対するリターンがある価格**として考えていたものでした。それが結果的に1000円高かった。

――もともと決めていた金額だったと。

ニューフレアは「シナジーがある、うちの戦略にも意味がある」と考えていて、過去にも東芝と何度か「お譲りいただけないか」と話してきました。その過程で、シナジーを考慮して、**いくらなら意味のあるリターンが得られるのかという目星**をつけている状態でした。東芝がＴＯＢで出した価格が、たまたまそれよりも低かった。それでうちにとって意味のある価格のままＴＯＢをかけたという、それだけの話です。

――東芝がＨＯＹＡのＴＯＢには応じないと表明しましたが、価格を上げる検討はしなかったのでしょうか。

ないですね。それは結局**うちのリターンが減る**ということですから。当社にとってリターンが得られる価格でディールが成立するならいいし、しないならしないでしょうがないよね、ということです。無理して高い金額を出して自分のリターンを削るという考えはもともとありませんでした。

いろいろな仮定をしながら計算するわけですよ。「**これだけの期間でこれだけのリターンが出そうだ**」と。それを逆算して金額が決まる。価格をどんどん上げていくと、うちにとってリターンのない投資をすることになり、うちの株主の価値を毀損してしまいます。その意思はありません。

……自分で決めた価値でしかディールは進めたくない会社ですから。「マーケットフェアバリュー」とか、売り主がいくらで売りたいかとかはあまり関係ないんです。自分にとって意味がある価格なら買収したいし、そうでなければ買収しません。

……――以前、次の事業の柱を探そうとしていると話していました。ニューフレアというチャンスは見送りになりましたが。

……一緒になったらいいんだろうなと思いながらも、このバリュエーションでは成り立たないなという案件は結構あります。それはしょうがない。しょうがないから「しばらく待つか」「他を考えるか」と今までもやってきて、これからもそうやっていくんだと思います。株式市場もずっと今の状態が続くわけじゃないでしょうし、長い目で見ればチャンスが来るでしょう。**ものは安く買って高く売るのが一番いいので**、機会を待つしかありません。そういう会社なんです。

M&Aというアドレナリンが噴出しがちな局面でも、「投下資本に対する利回り」という投資家ばりの合理性を決してブラさない姿勢には驚嘆します。

ニューフレアという企業は、自分の事業と大きなシナジーがあると高く評価してきた。だから以前から、譲ってほしいと申し入れてきた。でもその脇では同時並行的に、他の投資機会と並べ、比較し、「利回り」が得られる適正価格を冷徹に算定してあった。

こういった取り組みをしていたからこそ、現実にその会社が売りに出た瞬間に、TOBをかけることができた。しかし、TOBにかける「投下資本」は、もとはと言えば株主から託されているお金であって、合理的なリターンが得られない価格水準になってしまえば、それに合わせて買収価格を上げることはできない。たとえその時点のマーケット価格や売り主の言い値が、考えていた価格とそれほど大きくは変わらないとしても、決めていた買収価格は厳格にドライに守り切る。「社長という仕事は、煎じ詰めてしまえばポートフォリオ・マネージャーと同じ」という言葉を、まさに地で行っている行動ぶりだと思います。

伝統的な日本企業の経営者からすると、HOYAの鈴木社長は宇宙人（鈴木さん、すみません！）のような思考と技術に思えるかもしれません。しかしそこまで極端でなくても、投資家の思考と技術を併せ持つことで、優れた業績を出している経営者は何人もいらっしゃいます。

■投資家の思考と技術を併せ持つ経営者2
【塩野義製薬／手代木功社長】

塩野義製薬の手代木功社長もその一人です。手代木社長はいつも「社長業ほど怖いものはない。恐怖心が絶えず自分の行動の底流にある」とおっしゃいます。数多くの試練を乗り越え高収益企業を作り上げてきた経営者ですが、投資家的思考を組み入れていらっしゃるようにも感じるのです。塩野義製薬には「事業報告会」というグループ企業の会があるそうですが、そこでは手代木社長が「株主の立場で」厳しい質問を浴びせかけるそうです。グループの事業会社社長にとってはたいへんな修練の場です。事業を丸ごと俯瞰するスタイルで、事業を見切る投資家の思考を取り込んで経営されているようです。

■投資家の思考と技術を併せ持つ経営者3【日本精工／内山俊弘社長】

日本精工の内山俊弘社長にお会いし、なぜ積極的に社外取締役を導入してきたのかを伺ったときのコメントも興味深いものでした。

「うちの製品はなくならない、という思い込みが社内には強くある。だから自分たちの見えるものだけで経営してしまっている。一方で電機業界などはこの20年でまったく違う速度の変化を経験してきた。当社としても非連続な成長を成し遂げるために、社外取の後押しをもらいたい」。

日々営んでいる事業を、ある種突き放して見る姿勢です。そしてこう続きます。

「社内だけの議論では、売上やシェアさえ伸ばせればOK、と自分勝手な議論になりがちなのです。収益性を伴って成長するためには社外の人に入ってもらったガバナンスの考え方が必要になります」。

「社外者が加わることで、『株主のお金を、規律をもって使う』という視点に立てば、営業や製造も、経営としての説明責任を果たすことが求められるのです」というコメントには、「利回り」という投資家の思考と技術を経営に入れ込んでいこうという姿勢が垣間見えるようです。

■投資家の思考と技術を併せ持つ経営者4【GE／ジャック・ウェルチ元会長】

20世紀最高の経営者と讃えられたGE社のジャック・ウェルチは「5つの質問」という経営手法を武器にしていました。数多くの事業を抱えるGEの全社経営者として事業を見立て、見切っていくためのツールです（以下は三品和広神戸大学大学院教授の『経営は十年にして成らず』を参考に書いています[*26]）。

それまでGEでは、個別事業の責任者が詳細な事業計画を全社経営者に提出し、全社経営者は膨大な時間をかけ、それらを読み込んで資源配分に取り組んできました。でもウェルチはこのプロセスを完全にやめてしまいました。微に入り細を穿つ事業計画を見せられても、全社経営者が事業部長よりその事業に詳しくなれるはずがない、こんなプロセスは偽善だと喝破したのです。ではウェルチの「5つの質問」とはどのような質問だったのでしょうか。

1. 市場はグローバルにどう動いていて、今後数年間にどう変わるのか？
2. 競合はこの流れを変えるべく、直近三年でどんな動きをとってきたのか？
3. こうした流れや動きに対して、直近の三年であなたは何をしてきたのか？
4. 向こう三年で競合が取りうる行動のうち一番恐るべき可能性は何か？
5. 以上すべてを考慮したときに、最も有効な対抗策は何か？

事業部長はこの5つの質問にA4一枚だけの回答を持参し、ウェルチと1対1で面談します。たったこれだけで、GEという大きな会社の資源配分を決めていくことにしたのです。有名な「No.1、No.2」戦略とこの「5つの質問」だけで、年間何百もの事業の売買を行い、事業ポートフォリオを入れ替え、GEを強い会社に生まれ変わらせたのです。資源配分という機能はもちろん果たされているわけですが、その背景にある「事業を突き放してドライに見切る思考と技術」が見事なのだと思います。

■世界最先端のコーポレート・ガバナンスとは

投資家の思考と技術を企業経営に直接取り込むという考えは、すでに国内外のあちこちで始まっています。2019年3月にハーバード大学ロースクールでコーポレート・ガバナンスに関するフォーラムが開かれました。そこで話題を集めたのがコロンビア大学のジルソン教授とゴードン教授が提唱した「ボード（取締役会）3・0」という概念でした。

簡単に解説してみましょう。第7章では、日本企業の取締役会は監督という概念が曖昧で、経営と執行が混然一体となった「マネジメントボード」が多数派だという話をしました。少し前までは欧米でもこの形態が多数派で、これは言ってみれば「ボード1・0」の時代ということになります。

マネジメントボードにもいい点はもちろんあるのですが、監督機能の強化が必要だということで、監督と経営・執行を分離し社外取締役を中心とした取締役会、いわゆる「モニタリングボード」が提唱され、欧米のみならず世界的に大きな潮流となりました。これが「ボード2・0」です。日本は今、この世界的な潮流に追いつこうとしている段階です。

さて、この「ボード2・0」に対して大きな問題提起をしたのが、ジルソン教授とゴードン教授です。両教授はモニタリングボードに乗っている社外取締役は本当にうまく機能しているのだろうか？　という大きな問いを投げかけたのです。

彼らの論拠は"thinly informed, under-resourced, and boundedly motivated"という言葉に集約されています。社外取締役が良い経営に貢献しようとしても、実際には、(1)社内外の情報が手元にない、(2)適切な判断を行うための資源が十分与えられていない、そして(3)モチベーションが限定されている、ではないかという問題提起です。

確かに社外取締役という存在は、業界や社内の事情に精通しているわけでもなく、部課といった人材スタッフや独立した予算がついているわけでもありません。モチベーションに関しても、昇進を狙っている社内人材とは経済的にも非経済的にも比較にならないことも事実でしょう。

こういう話をすると、日本企業の経営者からは「それ見たことか。やっぱりモニタリングボードは機能しないのだ。これまでのマネジメントボードのほうが優れているのだ」という声が聞こえてきそうです。

■ファンドから社外取締役を招へいするとモニタリングボードはうまくいく

しかし、両教授はそんな懐古主義には与しません。モニタリングボードのメリットとデメリットを正確に把握したうえで、メリット面をさらに前進させる形を提唱しているのです。それが「ボード3・0」という概念です。

両教授はその概念を説明したうえで、より具体的なイメージを明らかにしています。ひとことで言ってしまうと、「プライベートエクイティ・ファンドが大株主になっている企業の取締役会」を概念化したモデルです。

こういう企業の取締役会は通常、三つの要素で構成されています。（1）大株主によって信任されてはいますが、ひとたび業績が低迷し始めると首をすげ替えられかねないCEO、（2）社外取締役には業界に精通した複数の経営経験者、そして最後に（3）大株主のファンドから「案件担当」として送り込まれている中堅幹部、という3要素です。

なぜ、このような構成なら「ボード2・0」のメリットを生かしつつ、デメリットを克服できるのでしょうか。大株主と緊張関係を持ったCEOや、業界に精通した社外取締役という部分はわかりやすいと思います。監督と執行を分離し、監督はＣＥＯの選解任に徹するといっても、やはり事業に精通した取締役会のほうが適切な判断を下せることは明らかでしょう。

私が**「ボード３・０」概念が秀逸だと思うのは、ファンドから中堅幹部を取締役として招くという点**です。

先ほど述べたように、投資ファンドには経営の本質とも相似形の投資機能が備わっています。ファンドは常日頃から幅広い業種・数多くの企業経営を調査分析していますし、数々の投資における成功／失敗経験から学び、意思決定の基準やプロセスを磨き続けています。ですからこの磨き上げられた機能を取り込むことで、経営の投資機能を洗練できる可能性があるのです。もう少し具体的に言うと、ファンドの投資機能を支える二つの能力が役に立ちそうです。

一つは「アナリスト」機能です。長期投資家は「長期調査家」でもあります。投資を検討する際には、対象企業を取り巻く市場・競争環境を調べ上げ、他業界で起こっている事例も参考にしながら、競争ポジションがどう変わっていくかを見通します。また競合や類似企業と財務状況を横比較することで儲けの構造を明らかにしつつ、経営のクセを見立てたりしています。1000億円規模の運用をしているファンドであれば、世界中のさまざまなソースから情報を集めてくる経済的余裕も、分析の体制やツール、ノウハウも揃っていますから、その調査能力はかなりのものになります。

もう一つは「キャピタリスト」機能です。アナリスト機能によって明らかになった分析結果や洞察に基づいて企業の価値を見極め、投資すべきかどうか、投資するならいくら資源配分すべきかを、多面的な意見をもとにギリギリの意思決定をしています。そして投資後は業界横断的な経営の知見や経験をフル活用して、投資先企業を価値最大化へ導くサポートをしていきます。

もちろん、いくら考えを煮詰めた投資判断をしても、予想通りにいくわけではありません。投資の意思決定と現実の結果に生じた差分はいったい何が原因なのか、見切れなかったリスクとリターンから学びを重ね、投資判断の基準やプロセスの見直しを繰り返していきます。投資家とは言ってみれば、投資判断の精度にこだわりを持ち、リスク・リターンの感度を洗練させていくプロフェッショナルだと言えるのです。

ファンドの案件担当の中堅幹部を社外取締役として招くことで、こうしたアナリスト機能やキャピタリスト機能を、「ボード2・0」の弱みである"thinly informed"、"under-resourced"の克服に活用できるという点は、(ともすると徒手空拳で臨まざるを得なかった)これまでの社外取締役とは大きな違いとなりうるのです。

"boundedly motivated"という弱点の克服にも、「ボード3・0」構想は解答を用意しています。社外取締役を務めるファンドの中堅幹部たちは必死です。彼らのボーナスはその投資案件の成否に直接的にかかっていますし、投資案件の成果・評判は、その後のキャリア形成に大きな影響を及ぼします。ファンド業界というのは狭いもので、個人レベルの評判は良いも悪いもあっという間に広まります。たとえ一時的なリターンを出せたとしても、それが投資先の価値を毀損する短期目線の提案だったとすれば、「お金目当ての強引なアプローチ」というレッテルを貼られてしまい、その後の投資家人生はとても過ごしにくいものになるでしょう。

このように会社の長期的な価値をリアルに上げなければならないというモチベーションの高さは、功成り名遂げた社外取締役とは、ずいぶん異なるレベルにあることは容易に想像いただけると思います。ファンドの中堅幹部を社外取締役に乗せるというのは、"boundedly motivated"の克服にはうってつけの選択なのです。

コラム　世界中で起きている「投資家の思考と技術を経営に取り込む」潮流

ここで少し目を転じて、一つの事例を紹介したいと思います。進化したアクティビストのお話です。

日本ではアクティビストというと、前章で説明した「古典的モデル」のイメージが強いのですが、欧米で新たに登場してきたのが、新しいタイプのアクティビストです。彼らの行動は古典的モデルとはかなり異なります。GEやP&G、マイクロソフトといった世界に冠たる超大企業にも投資しますし、提案の内容も、事業戦略や役員人事といった経営そのものに踏み込んだ内容です。

中でも特徴的なことは、「経営者自身が短期的行動や官僚的行動に走っていれば、それを正す」という姿勢です。さらには、その企業が競合他社より優れた経営指標を出していたとしても、「他社比較ではなく、個別企業としての本来のフルポテンシャルを引き出すべきだ」といった提言をすることにあります。

事例として、新しいタイプのアクティビストが、PDFソフトなどで有名なアドビシステムズの事業モデル転換にひと役買ったという一例を紹介しましょう。[*27]アドビはそれまで、売り切り型事業モデルで製品を販売してきました。この事業モデルは二つの特徴を伴います。一つめは販売時点では売上が立つものの、いったん売ってしまえばその後は顧客が買い換えてくれるまで収入がないこと。二つめは買い替え時の出費を気にして、顧客が再購入を控えるリスクがあることです。

そういった事業モデルを持っていたアドビの株主に登場したアクティビストのValue Act Capitalは、2012年12月に取締役を派遣し、継続利用・課金型サービスへの転換を提案したらしいのです。[*28] その転換によって売上を安定させ、リスクを減らすことができるのではないかという提案です。経営者は当初、この提案に強く反対したそうです。販売形態の移行期には売上が落ち込むし、何よりも株価が大幅に下がりかねない（＝四半期業績に連動した自分のボーナスも減りかねない）という理由からです。

ここでアクティビストは、他の機関投資家からの賛同も得ながら、経営陣の説得に乗り出しました。結局、アドビは継続利用・課金型のサービスに転換。当期純利益と一株当たり利益は2013年度に入ると（予想通り）3分の1程度まで下がったものの、その後の業績は安定し、2016年末には2012年比で株価は実に3倍になったというストーリーです。

実際のところ、アクティビストがこの事業モデルの転換にどこまで貢献したのかは判然としません。彼らが提案しなくても、経営陣自身で改革を進めた可能性も十分にあります。しかし、経営者や他の機関投資家まで巻き込んだ、新たなアクティビズムモデルを提示したことは事実です。

「ボード3・0」が提唱されるずいぶん前からスウェーデンやノルウェーといった北欧の各国では、上場企業の株式の10%を保有する機関投資家には、指名委員会に席を持つ権利が与えられているようです。指名委員会と言えば企業経営の根幹・ガバナンスの根幹とも言える機関ですし、日本でも「CEOの選解任がガバナンスの一丁目一番地」と叫ばれている重要機関です。その機関に、大株主が正式に迎えられる制度が存在しているのです。投資家の思考や知恵・人材・資源を、経営に直接取り込むことで企業価値を速やかに上げようとする試みが、現実世界ではすでに数多く始まっているのです。

■日本企業が「投資家の思考と技術」を経営に取り込む3ステップ

このように世界最先端の学術的世界でも、世界の実際の経営でも、投資家の思考と技術

を経営に取り込もうという動きはすでに始まっています。所有と経営が分離すると官僚主義や保守主義、前例主義がはびこり、企業のリスクテイク力が低下していく傾向は世界共通の悩みだからです。この悩みに対して欧米諸国では、機関投資家を中心とする外部ガバナンスの圧力で解答を出そうとしているように思えます。

私は日本においては別のアプローチが有効なのではないかと考えています。そのような外部ガバナンスや外圧によってではなく、経営者と従業員が二人三脚で経営してきたという運命共同体性をよりうまく生かし、内部者が株を持つことでより良い経営を目指すという流れのほうが、日本企業経営の文脈に沿うのではないかと考えるからです。日本の経営の美徳であり世界にも誇れる「二人三脚の経営」に、投資家の思考と技術を併せ持っていく。外圧や外部ガバナンスではなく、**みなの「内発的動機」をドライバーにして、より良い経営を目指していく**。それが、私が提唱する『三位一体の経営』です。

ここからは『三位一体の経営』を現実の経営構想に落とし込んでいきます。その骨子は以下の通りです。

ステップ1　役員・従業員の「保有株式数」を引き上げる
ステップ2　投資家の「思考」を理解し、診察を受けてみる
ステップ3　投資家の「技術」を直接的に経営に取り込む

以下、順番に説明していきます。

■ステップ1　役員・従業員の「保有株式数」を引き上げる

まずは現状の日本企業の内部者保有比率を見てみましょう。従業員持ち株会や役員持ち株会は一時流行りましたが、最近はあまり顧みられることがありません。学術的な分析を見ても、日本企業の内部者持ち分比率は決して高いとは言えないようです。

世界27か国の企業を分析した学術研究によると、日本企業の役員持ち分比率は3・4%と、世界各国の平均値4・6%と比べても低い水準にあります[*29]（ちなみに中国企業は8・8%、仏企業は8・6%、独企業は5・8%、英国企業は5・0%で、米国企業は4・2%となっています）。

従業員持ち分比率を調べた別の学術的データによると、制度としては9割を超える上場

企業が持ち株会を導入していますが、日本企業の従業員保有比率は平均で1〜2％しかなく、フランスの4％と比べても低い水準にあります。ストックオプション制度も頭打ちで、低レベルで推移しています。日本のストックオプションには「行使価格が低い、付与割合が小さい、権利行使期間が短い」という特徴があり、内発的動機付けのツールとしては不十分なようです。役員報酬にRS（Restricted Stock）報酬制度が導入されたのはつい最近で、まだまだ浸透はしていませんし、ほとんどの場合が役員に限定されていて、みなで広く厚く自社株を持つという構造にはなっていません。

この構造を変えていくことを考えましょう。少し大胆かもしれませんが、**たとえば従業員持ち株会が自社の発行済み株式の10％程度は保有しているような構造を作り込んではどうでしょう**。日本企業の従業員のコミットメントの高さや運命共同体的性格の強さからすると、従業員が会社の10％程度の「オーナー」であっても決しておかしくない気がします。ましてや、経営進化にみなで取り組んで増大した株式価値のうち、10％程度をみなで享受しても罰は当たらないと思うのです。

社内役員だけでなく、従業員も社外役員も広く厚く自社株式を持つ。これによってみなで企業価値の改善に知恵を出す、経営にも株主として正々堂々と意見を言う。超過利潤を上げるためにコストをかけ、リスクを取る体質を目指す。従業員が株式を十分に保有することによって、無責任株主やリスクを取り切れない経営といったガバナンス第三段階の課題解決を狙うこともできる。一石二鳥、三鳥の効果があると思うのですが、いかがでしょうか。

戦後、製造業のクオリティコントロールの世界で起きた、現場の知恵を生かす経営が、今度は企業価値というもう少し大きな世界でも実現できる。運命共同体性を強く帯びている日本企業ならば、このぐらいのことを狙ってもよいと思うのです。

■ステップ2　投資家の「思考」を理解し、診察を受けてみる

みなの自社株式保有を高めたあとは、これまでは親しみがないどころか、違和感満載の存在、投資家という生き物を会社に呼んでみてください。彼らの投資先選定基準、企業価値の算定方法やポートフォリオ入れ替えのテクニックを何度も繰り返し聞いてみてください（繰り返しですが厳選投資家がベストです）。彼らのドライな目からは自分たちの会社はどう見えているのかをしつこく聞いてみてください。

日立製作所で大きな改革を成し遂げた川村隆元会長が以前、投資家の話を聞く価値を語っていらっしゃいました。[＊30]

誰にとっても、自分を100%客観的に見るのは難しい。どうしても贔屓目（ひいきめ）に見てしまう……。客観的な目は色々あるが、代表格は例えばカメラである。自分の顔や容姿、ゴルフやスキーのフォームを写真で見て、あっと驚いたり、文句を言ったりする人は多い。自分はこんな年寄り顔じゃないとか、こんなヘッピリ腰のスキーヤーじゃないなどと言う。しかし、必ずカメラのほうが正しい。

会社も同じで、中にいる人はなかなか自分の会社を客観視できないことも多い。ウチの会社の評価は低すぎるとか、株価がこんなに低いのはおかしい、などと言う。

会社の評価の際、カメラの役割をするものの一つは、……機関投資家の目である。贔屓目無しの客観評価には、……**社内から「実態を知らない連中がこんな厳しい評価をするなんて」と恨み節が出るが、大抵は機関投資家が正しく、自分達が甘い**のだ。

客観的で忌憚のない外部からの意見というものは、みずからの経営を突き放し、見つめ直し、修正し、磨き込むために常に役に立つものです。もちろん銀行や証券会社、あるいは経営コンサルティング会社も客観的な意見は言ってくれるでしょう。しかし、真の意味で、経営者と同じ「会社を丸ごと」見るという立ち位置にいるのは、投資家ではないでしょうか。「機能」は相似だが「思考」が異なる投資家という存在は、経営に関する意見を聞くには実は最も都合の良い存在のはずなのです。

■ステップ3　投資家の「技術」を直接的に経営に取り込む

（たぶん想像以上に厳しい）投資家の意見を繰り返し聞いたあとは、経営に直接、投資家の技術を取り込んでみましょう。一つのやり方は、冷徹な判断を下さなければならないM&Aや事業ポートフォリオの再構築というテーマに、投資家の技術を取り込んでしまうことです。

日本企業は、売却や撤退を伴う新陳代謝テーマが得意ではありません。「会社は運命共同体」という法人実在説が思考にこびりついているからです。本来はドライな判断が求められる取締役会でも、ウェットな議論や感情論が場を支配します。それだけでなく、利害関係者そのものである事業部長兼取締役がそこに座っていたり、生産や営業という特定機能担当の取締役は財務や会計に明るくなかったりと、実効的な議論の場にならないことが現実の姿ではないでしょうか。

M&Aや事業ポートフォリオの再構築に関する私の提言は、ごく少人数で突っ込んだ議論と実質的な意思決定を行う「戦略投資委員会」を作り、そこに投資家を引き入れてしまうことです。「会社は売り買い可能な資産」と考え、見立て・見切る技術を日々磨いている投資家、そして利害関係者を交えないCEOとCFO、CIO(Chief Investment Officer)だけで構成する委員会といった建付けで検討を進めなければ、「あれか、これか」を決めるこのようなテーマで適切な判断は難しいはずです。大衆合議には、そもそも向かないテーマなのです。

別の考えもあります。報酬委員会に投資家を招いてはどうでしょう。金融の世界は(こっちの世界に来てみて驚きましたが)報酬に大変にこだわる方々(笑)で溢れています。そういう人間を満足させる報酬体系を持っていない会社は、他社に優秀な人間をどんどん引き抜かれていきます。日本の企業社会では異例と言ってよいほど、人材の流動性が高い世界なのですね。

そういった世界で独自の発展を遂げた報酬制度は、もちろんそのままでは一般の企業経営になじみません。しかし企業価値向上の成果を、持ち株制度やストックオプション、ESOPといった、「みなで豊かになる」ための制度に反映するには参考になります。ここでは細かく紹介しませんが、ベンチマーク型成功報酬やクローバック制度、ディファードペイメントなど、一見細かいですが、考え抜かれた合理的な工夫や技術が投資家の報酬制度にはたくさん存在します。

投資家の「技術」を最もストレート、かつ上位レベルで取り込む方法は、投資家を取締役会に入れてしまうことでしょう。すでに見た通り、国内外ですでにこの動きは始まっています。

投資家の思考とそれを支える技術を取締役会に常在させ、「社長という仕事は、煎じ詰めてしまえばポートフォリオ・マネージャーと同じ」というHOYA鈴木社長の洞察に学び、試すこと。

これが「みなで豊かになる経営」を最速・最短で実現する方策なのだと思います。ガバナンス改革の一つの目玉として多様性・ダイバーシティーが盛んに叫ばれていますが、本当に必要なことは「思考と技術の多様性」であって、国籍や年代などの多様性ではないと思うのです。

■「投資家の思考と技術」を経営に取り入れる動きは、すでに始まっている

みなさん、そんな話は夢物語と思うでしょうか。現実的ではないと思われていますか。でもみさき投資の周辺ではこんな動きはすでにたくさん始まっています。

みさき投資は「働く株主®」として、投資先の価値向上に汗をかきたいと考えているファンドですから、社長や会長、あるいはCFOや事業部長の方々と、価値向上に関わる侃々諤々の議論をすることが本業です。月に一度程度、調べを尽くした議論ペーパーや提案を持っていくことは、私たちの喜びなのです。投資家の思考と技術を提供することで投資先の経営が進化するなら、それこそが本望であり、それこそがみさきファンドにお金を預けてくれているアセットオーナーへの約束でもあるのです。

最近は投資先ではなくても、さまざまな企業の取締役会や経営会議に呼ばれて、私たちなりの分析や評価を伝える機会が増えています。

2か月に一度程度は、どこかの会社の役員会に呼ばれて議論をしている印象です。時価総額で言うと1兆円を超えている企業が多いことも興味深いことの一つです。このクラス

の企業はグローバル競争に晒されていて、従来の経営から脱却しなければならないという切迫感が強いのかもしれません。

投資していなくても、私たちは、呼ばれたら時間をたっぷりかけて調査・分析をしたうえで、議論に臨みます。耳障りの良い議論をしても互いに意味はありませんので、最初から真剣勝負です。真剣に議論することでその会社への理解は深まりますし、（ちょっと上から目線で恐縮ですが）少しキツめの議論をあえてふっかけてみると、その会社の改革意欲の強弱がよく理解できます。

四半期に一度程度は、投資先や親密先企業の社長に集まっていただき、講師を呼んで学びつつ意見交換する「みさきmの会」も開催しています。現役の経営者に来ていただき、普遍的で優れた経営とは何か、そしてその自社への適用可能性はどうかといった点を議論しています。ディスコの関家社長や丸井グループの青井社長、オムロンの山田社長といった豪華極まりない現役経営者の方々が講師になってくれています。

2021年からは、この本の解説を書いていただいている楠木先生をオーガナイザーとして、次世代を担う執行役員・事業部長クラスの方々と経営技術を高める会も始める予定です。

みさき投資メンバーへの、社外取締役就任依頼もいくつか出てきました。すでにピジョンには、弊社執行役員の新田孝之が社外取締役を務めていますし、最近では他のメンバーもいくつかの打診をいただいています。

変わり種としては、社外取締役という監督レベルではなく、執行を担う役員として幹部を派遣してくれないかという依頼もあります。投資家の思考と技術を執行レベルに直接提供し、『三位一体の経営』を実践することになるので挑戦したいと考えています。いくつもの取り組みを同時並行的にスタートし、「みなで豊かになる経営」事例をこれまで以上にどんどん作ってみたいと考えているのです。

運命共同体性を強く持つ日本企業こそ内部者の株式保有比率を高める。共同体メンバーが企業価値向上の果実を豊かに享受し、「みなで豊かになる」。そのために厳選投資家の思考を深く理解し、技術を直接導入する。

これが「所有と経営の分離」という資本主義の抗いがたい潮流に、日本らしい再統合の解答を示すことになる。

「新・日本的経営」の姿とはこんな姿ではないかと思うのです。

おわりに

約20年間、身を置いた経営コンサルティング業界から、思い切って投資業界に身を転じて早15年。それまで経営サイドにどっぷり浸かっていた人間が移ってきた投資業界というところ。それは、驚きが連続する世界でした……。

■投資家は会社を「無機物」として扱っている

一つは企業の組織改編や人事異動に対する、関心の薄さです。企業というものは、紛れもなく人間の集合体です。企業の中には生身の人間たちがいて、理想やビジョンが高らかに語られる一方で、人間味溢れる個人の感情やさまざまな思惑も渦巻いています。社内派閥や政治的な動きもあるでしょう。まさに「有機体」そのものと言ってもよい存在です。

そんな有機体にとって、組織改編や人事異動は大きな意思決定の一つでしょう。社内でいろいろな立場からさんざん議論が尽くされ、右なのか左なのか侃々諤々の議論のすえ方向が固まり、ようやく組織や人事という形に落ち着いたはずです。

ということは、組織改編や人事異動というものは、その企業が今後どこに向かっていくのかを暗示してくれる、投資家にとって大きな投資判断材料になるはずです。にもかかわらず、決算説明会等で出る企業への質問は、いつも短期の業績に関することばかり……。

もっと違和感に満ちたこともあります。一つは、この業界特有の「カイシャ」の呼び方です。この業界の人は会社のことを、「銘柄」と呼ぶのです。場合によっては、上場企業についているコード番号で呼びます。まるで会社を完全な「無機物」として扱っているかのようです。これにはちょっと驚きました。

その人が常日頃使っている言葉には、その人の思想や物の見方が表れます。逆に、普段何気なく使っている言葉から、その人の思想や物の見方が形作られてしまうこともあります。

私の経営する投資顧問会社では、会社のことを「銘柄」と称したり、証券コードで呼んだりすることを厳禁しました（ブタさんの貯金箱を会議室に置いておき、口を滑らせてしまった場合には罰金を入れさせ、飲み会の軍資金としました）。企業という「有機体」に投資しているという原点を忘れないように努めたのです（それにしてもこの業界のみなさん、証券コードをよく覚えていて驚きます。投資家としてはまったくの不出来だと思うのですが、私はいまだにたった一つの証券コードも覚えられていません……)。

極め付きは、「銘柄を愛すな」という格言めいた(?)、この業界ではよく聞くコメントです。単なる運用対象である銘柄なんかに入れ込んでしまうと売買タイミングを逃し、パフォーマンスを悪くしてしまうから決して惚れ込んではいけないのだ、というなんともありがたい忠告であり、業界の知恵らしいのです。

私は本書で経営者のみなさんに、「自分の会社を突き放し、並べ、比較し、ドライに観てください。そういう投資家的思考様式を身につけない限り、みなで豊かになることはできません」という主張を繰り返してきました。経営者に対するそのメッセージ自体は、間違っていないと思うのです。

しかし、それにしても投資家というイキモノとは……、です。

会社という厳然たる有機物を、まるで完全なる無機物のようにドライに扱うことが、本当に優れた投資家への道なのでしょうか。私には、どうにもそうは思えないのです。

■経営者は投資家を遠ざけている

一方で経営者の、投資家への興味関心の薄さも気になり始めました。短期売買を非難する声はよく聞きますが、その背景にどういう投資事業の仕組みや論理があるのかには、まったく興味を示してくれません。本当はさまざまに分類できる投資家のタイプを理解しようとせず、ミソもクソもとばかりに一緒くたにしたり、投資家と会うこと自体を毛嫌いする経営者にも、いまだに時々お会いします。

会社を無機物としか見ず、短期で売ったり買ったりする投資家ばかりが目につくと、確かに嫌になってしまうでしょう。事業の中身は良くなっているのに、さしたる理由もなく株価が急落したり、一生懸命ＩＲをやっていても短期の業績しか聞いてこない投資家ばかりだったりすると「心が折れそうになる」ということも理解できます。

しかし、私たちは双方でそんな状態を続けていてよいのでしょうか……。

■そして私たちはみなで貧しくなりつつある

2019年の12月、私自身も度肝を抜かれた記事が『日本経済新聞』本紙に掲載されました。[*31]

「年収1千万円は低所得層――。米住宅都市開発省の調査では、サンフランシスコで年収1400万円の4人家族を『低所得者』に分類した。厚生労働省によると日本の17年の世帯年収の平均は約550万円、1千万円を超える世帯は10%強にすぎない」

日本ではわずか10%しか存在しない富裕家族は、サンフランシスコでは低所得者の部類だと言うのです。

(私も近くに留学していましたが)サンフランシスコは確かに裕福な街です。IT産業の隆盛を背景に、世界でも例外的に裕福と言ってもいいかもしれません。だから、そんな世にも稀な街と日本全体を比べても意味がない、我々はまだ十分豊かだという主張があることは理解できます。でも他にも気になるデータはあります。

OECDが出している経済統計、たとえば世界各国の実質賃金の推移を拾ってみても気になります。このデータは「実質賃金」ですから、物価との相対感における賃金のことです。「もらったお金で何がどの程度買えるか」という、生活感をリアルに表す指標だと思うのですが、これがなかなか衝撃的です。

たいがいの先進国では実質賃金はこの30年間で約1・3から1・5倍になっているのですが、**日本だけ1・05倍と、豊かさの実感がほとんど増えていない**のです。日本はデフレが長く続いているので物価は上がっていないのですが、一方の賃金もほとんど上がっていません。結果として私たちが生活の中で感じる豊かさは、ほとんど向上していないはずです。

他の国では物価も上がっているのですが賃金はそれ以上に上がっているので、以前と比べると1・3倍から1・5倍ぐらい豊かになっているという手触り感が、人々の日々の生活に存在するのです。

気になるデータは他にもあります。京都大学の川北英隆名誉教授による労働分配率と総資産利益率（ＲＯＡ）の推移分析に目を転じてみると、「日本企業のＲＯＡは横ばいをキープできている。ただし労働分配率は、長年低下傾向にある。すなわち、働くみなへの配分を減らしながら、なんとか利益をひねり出してきたにすぎない」という構図が見えてきます。

では、従業員のみなさんを犠牲にして確保した利益で株主を潤わせてきたのかと言うと、それがまったくそうでもないことは本文で見てきた通りです。みなさんが老後の頼りにしてきた年金資産の運用も低迷し、「2000万円問題」が大きな話題になったことは記憶に新しいところです。

私たちがいま真摯に向き合い、直視しなければならない事実は、「日本企業に関わってきた人は、みなで貧しくなってきた」という事実です。

これまでは常識とされてきた「何か」に問題があると考えるべきなのです。

■経営の「何か」が変調をきたしている

私のようなコンサルタントあがりの、現場で汗をかいているに過ぎない投資家が、「みなで豊かになる」というような大それたテーマ設定をしなくても、すでに解決策があるのかもしれません。

実際、優れた経済学者や官僚のみなさん、そして政治家の知恵を結集した政策が、これまでもずっと打ち出されてきました。しかし、それでもなお、私たちの豊かさが増えた実感はありません。

私のような素人でもわかる経済学の基本中の基本は、「経済のエンジンは企業。企業のエンジンは経営」というシンプルな構造だけです。経済の中にはさまざまな経済主体がありますが、現実に富を生んでいるのは企業だけです。家計も政府もその恩恵にあずかっている存在にすぎません。

そして企業のエンジンは、他でもない「経営」です。優れた経営のみが高い収益を生み、みなの収入を増やし、同時に株式という資産価値を上げていくのであって、それ以外にみなが豊かになるロジックは存在しません。

その逆もまた真なりです。良くない経営は収益を低迷させ、みなの収入も上げられず、同時に株式価値を毀損していきます。これはとてもシンプルながら、誰も異論を差しはさめないロジックのはずです。

日本人の豊かさが減ってきたとすれば、それは日本企業経営の「何か」に問題があることを、強烈に示唆しているはずなのです。

私たちはいま、問題の「次元」はどこにあるのかを、問われている気がします。それが、あまり深くない次元ならば話は簡単です。個別の事象を取り除いたり、個別の課題を解決したりすればよいでしょう。たとえばガバナンスの形式を変えたり、「みさきの黄金比®」を勉強して財務スキルを上げたりすること、言ってみればスマホに新しいアプリをインストールすることで、みなが豊かになれるなら、これほど楽なことはありません。

でも、もし問題の「次元」がもっと深いところにあったとしたら？　企業経営が拠って立っているバックボーンや背景思想にしていることそのもの、言ってみれば（個別のアプリがその上で作動している）"Operating System"、その旧弊化が起きているとすれば……？

■経営OSを、「薩長同盟」でアップグレードしていく

仮に日本企業の経営OSそのものが旧弊化しているとすると、そのアップグレードという大きな仕事は、常識的なことでは完遂されないでしょう。日中活発に動いているさまざまなアプリがその動きを止めている夜間、新しいOSに入れ替えるような抜本的作業が必

要だと思うのです。

その具体策として、投資家という日本の企業社会ではまったく認められていなかった、それどころか、忌み嫌われていた存在を呼び込む。会社という有機体を、あろうことか「銘柄」と呼ぶ、にっくき相手と手を組む。言ってみれば「経営者と投資家の薩長同盟」によって経営OSを刷新しようと主張しているのが、この本、『三位一体の経営』です。

「みなで豊かになる」10のステップを実践していく道のりには、オムロンが車載事業撤退を決断した際の山田さんの「断腸の思い」という言葉が、頻出してくるはずです。「法人実在説」に加えて「法人擬制説」までブレンドした経営OSへのアップグレードなしに、本書のステップを実践するのは困難です。

まずOSを変えること。厳しい決断にも静かに立ち向かえるようなドライな思考様式を身につけておくこと。経営技術をいかに深く学んでも、それを使いこなす思考様式を身につけていなければ、すべては未活用に終わると思うのです。

変わらなければならないのは、経営者だけではありません。投資家も、経営から学ばねばならないことはたくさんあります。投資業とは紛れもなく、情報産業です。そしてその情報なるものは今後、およそありとあらゆることがデジタル化され、情報取得コストも分析コストも劇的に低下していくでしょう。ディープ・ラーニングやＡＩ運用が幅を利かせてくることも間違いがありません。

そんなデジタル社会を生き抜かなければならない情報産業で、会社を銘柄と呼び、「銘柄を愛すな」と連呼している投資業界の姿は、私には自殺行為としか見えません。対象を無機物と捉え、感情を交えずに行動するのは、人間よりコンピューターのほうがはるかに得意だからです。

私たち投資家はいま、「変わりゆく投資事業において、自分なりの障壁をどう築くのか」という本質的な問いに解答を出すことが求められていると思うのです。いま、この時代に投資事業に携わっている人間こそ、「この事業は将来、こうなっていくはずだ」という事業観を持ち、「俺にはこう見える」という Idiosyncratic Vision と事業仮説を立てなければならないのです（私なりの解答は、「働く株主®」という投資モデルこそが、ユニークで持続的な高リターンを生み出す、という仮説にあります）。

「すべての金融人は、自分がいたことで実態経済は少しでも良くなったのか、企業経営は良くなったのかを問わなければならない」という、先達の教えをいまこそかみしめる必要があると思うのです。

私には強い情熱があります。

たとえいまは互いに誤解や無理解・無関心があったとしても、だからこそ経営者と投資家にはお互い学べるものがたくさんあると思うのです。互いに学ぶことによって日本の経営はもっと良くなれる、投資ももっと良くなれると信じているのです。

憎み合うのではなく、学び合いましょう。距離を保った対話にとどまるのではなく、深く情緒溢れる人的交流と真剣勝負の意見交換を行いましょう。経営者は投資家を経営の現場に呼び込んでください。投資家は経営のリアルにどっぷりと身を投じましょう。株主は投資先のために「働く」べきです。「働いている」人は株主になりましょう。株主か従業員かという陳腐な二項対立を乗り越え、みなで「働く株主」になるのです。

互いにIdiosyncraticな主体同士の出会いとぶつかり合いこそが、「みなを豊かにする」という、決して簡単ではない道を切り拓いていくと思うのです。

「僕の前に道はない　僕の後ろに道はできる」

これからの日本の経営シーンに、江頭さんや小倉さん、そしてムラセヤストシのようなたくさんのIdiosyncraticな「僕」が出てくることを楽しみに。

最後までご精読、ありがとうございました。

謝辞

この本は単著という体裁をとってはいますが、実際はエンゲージメント投資の現場で一緒に汗をかいてきてくれた、みさき投資株式会社のメンバーの作業・思考・努力からの共同アウトプットです。

実際、この本を書き上げるにあたっては、1章・2章・8章は古川周平氏、3章は吉原正淑氏、4章と5章は岩朝武宗氏、6章は佐藤広章氏、7章は槙野尚氏、そして9章と10章は中尾彰宏氏が、データ面や文章面でおおいに助けてくれました。

前著に引き続き、一橋ビジネススクールの楠木建教授からは貴重なアドバイスを何度も頂戴するとともに、身に余る光栄な解説を書いていただきました。

ダイヤモンド社の上村晃大氏と横田大樹氏には、構想を始めてから何年もの間、度重なる私のわがままにお付き合いいただくとともに、建設的なアイディアを何度も出していただきました。

こういったみなさまからの直接的な支援に加え、この本を書こう／書きたいと思った背景には、（CDI創業者である故吉越亘氏や、冨山和彦氏といった）経営コンサルタント時代の先輩からの教えの数々、ムラセヤストシや祖母・父母の影響、そして何よりも私の職業人生を通じて出会えた素晴らしい経営者のみなさまからの刺激があります。

そして、週末といえばサーフィンと執筆にばかり明け暮れる私を、妻と娘はいつも温かく見守ってくれました（しかも娘はしぶしぶながら「?·」、原稿を読んでたくさんの鋭い指摘をくれました）。

前著を書き終えたとき、あまりの大変さに「本なんか、二度と書くまい」と固く誓った私が、それでもなんとか本著を書き終えることができたのは、これらの直接的・間接的な応援の賜物以外の何物でもありません。

いま、私はすっからかんです。これ以上、何を聞かれても、中身はまったくの空っぽ。これまでの職業人生で考えてきたことはすべて、前著と本著に書いたつもりです（ぜひ、前著もお読みください）。いまはただただ「本なんか、二度と書けない」と幸せな気持ちでいっぱいです。

ここにみなさまからのサポートに深く、感謝いたします。

解説――「長期」の本質

一橋ビジネススクール国際企業戦略専攻　教授　楠木建

本書の著者の中神康議さんは、私の見るところ、日本最良の投資家です。「最高の」ではありません。投資成績の高低でいえば、新興上場企業へのグロース投資で一発当てて、中神さんのファンドよりも高い成績を上げた投資家は大勢いるでしょう。もちろん中神さんの立ち上げたみさき投資の設立以来のパフォーマンスは優秀なものですが、「最高」ではありません。

ただし、です。「一発当てた」投資家に、「もう一発お願いします」「この調子で二発目もヨロシク！」といっても、再現性はありません。どうやっても「運」と「能力」を区別して考えることはできないのが投資の世界です。運が良くなければ「一発当てる」ことはできません。

彼の運が良いかどうかはよくわかりませんが、少なくともその投資哲学において、中神さんは最良の投資家の一人だというのが私の見解です。本書は、中神さんが「働く株主」としての実践のなかでつかみとった知見を凝縮して読者に伝えています。

議論の焦点は、経営者と投資家の関係のあるべき姿です。「口うるさい厄介者」として投資家を遠ざける。投資家との対話の門戸を閉ざし、ひたすら防御的な姿勢をとる。こうした経営者が少なくありません。気持ちはわからないでもないのですが、会社はもちろん、経営者自身にとっても実にもったいないことです。中神さんのような長期厳選投資家と経営者は相互補完関係にあります。彼らを味方に引き入れる。投資家に使われるのではなく、使いこなす。投資家ならではの思考と技術を経営に取り込めば、経営のパフォーマンスが向上します。そうなれば投資家も結果的に利益を獲得でき、従業員も豊かになる。これが著者の提唱する「みなが豊かになる三位一体の経営」です。

矛盾を矛盾なく解決する

議論のフォーカスが効いていながら、普遍にして不変の本質を抉り出す――これが優れた本の特徴です。私が本書から読み取ったのは「長期」の本質的な意味合いです。

「会社はゴーイング・コンサーン。長期的視点に立って経営しなければならない」――経営者であれば誰もが口ではそう言います。それにしても、「長期」とは本当のところ何を意味しているのでしょうか。「短期」とは何が違うのか。「四半期は短期で、5年以上が長期」というような物理的な時間の長さではありません。四半期単位で目先のことに明け暮れていては、それを10年（40四半期）続けても「短期の経営」の繰り返しです。

トレードオフをトレードオンに昇華させる。これが本書の議論と考察から浮かび上がってくる「長期」の本質です。短期的にはあからさまに矛盾していることであっても、長期的な時間軸の中に位置づければ矛盾が解ける。それどころか好循環のダイナミズムが生まれる。長期視点に立った経営の本領は「矛盾を矛盾なく解決する」ことにあります。

本書の議論の中核にある、経営者、従業員、投資家という3つのステイクホルダーの関係で説明しましょう。**図1**にあるように、この三者の利害は短期的には鼎立関係、すなわち「三者対立」の関係にあります。三者間の関係のどれをとっても、そこには一方の利益が他方の利益を損なうというトレードオフがあります。経営者と従業員の関係についていえば、賃金を増やせばその分収益が減ります。経営者は収益の数字での評価にさらされています。良い数字を出したいと思えば、賃金水準を抑えたくなる。これに対して、従業員はもっと給料を上げろと反発する。すなわち対立関係です。

図1　三者対立(トレードオフ)

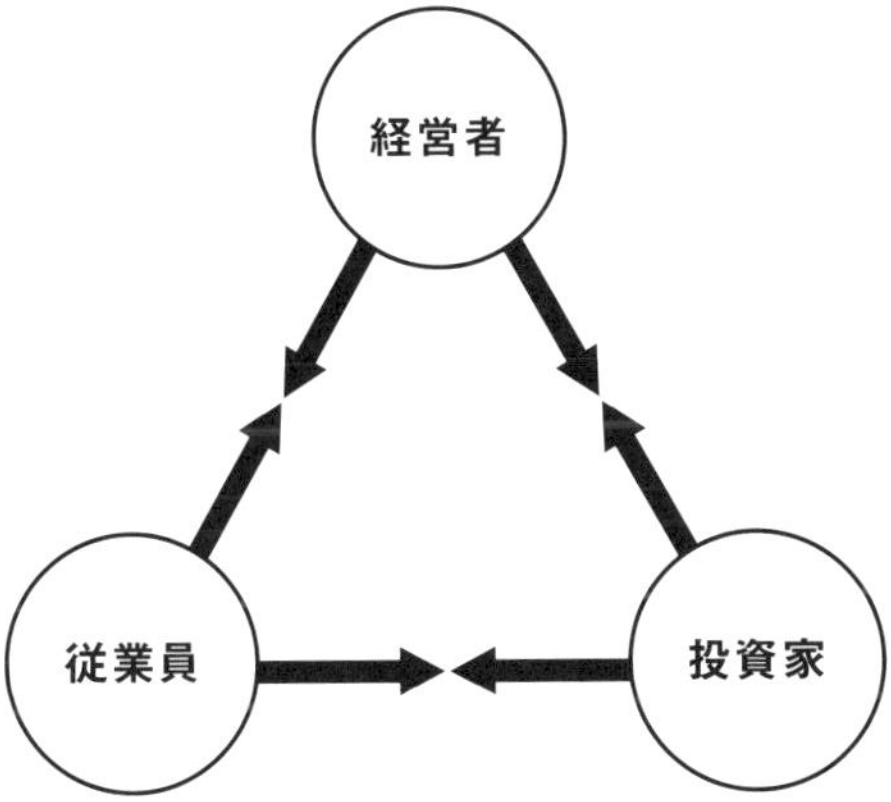

経営者と株主である投資家との関係についてもあからさまなトレードオフがあります。配当は利益処分の一形態ですから、株主への配当を増やせば、将来の商売の軍資金は減ります。配当以外にも、株主は自分たちの利益を追求してさまざまなプレッシャーをかけてきます。アクティビスト（物言う株主）と経営者の関係がその典型です。やれ自社株を買え、レバレッジをかけろ、収益力のない事業を整理しろ、言うことを聞かなければ株を買い増して取締役を送り込み実力行使に出るぞ――経営者にしてみれば、会社の将来を考えない「短期的視点」に立った要求を突きつけてきます。経営者が投資家に対して防御的な姿勢を固め、経営の自由度を確保しようとするのは自然な成り行きです。

従業員と投資家との関係は言うまでもありません。投資家にとっての人件費は収益を圧迫するコストとして映ります。従業員のリストラは手っ取り早く収益を改善する手立てです。投資家は「リストラ大歓迎」となるのですが、従業員にとっては迷惑千万な話です。

「二人三脚」から「三位一体」へ

一口に「日本企業」といっても実際に個別企業のレベルに下りれば経営の中身に大きなバリエーションがあります。また、時代とともに経営の在り方は変容しています。「日本的経営」というと終身雇用や年功序列、新卒一括採用といった特徴が想起されます。現在ではこうした雇用慣行はすでに過去のものとなりつつありますが、戦前の昔までさかのぼれば、終身雇用や年功序列を採っている企業は例外的でした。100年も続かないものを「文化」とは言いません。「日本的経営」は日本の文化に根差しているわけではありません。俗にいう「日本的経営」というのは、日本の一部の大企業が高度成長期の経営環境に適合した結果にすぎないというのが本当のところだと思います。

以上のような認識を持つ私にしてみれば、「日本企業」とか「日本的経営」という言葉をなるべく使いたくないのですが、昭和の高度成長期の日本の上場大企業の平均値的傾向

図2　二人三脚（高度成長期の「日本的経営」）

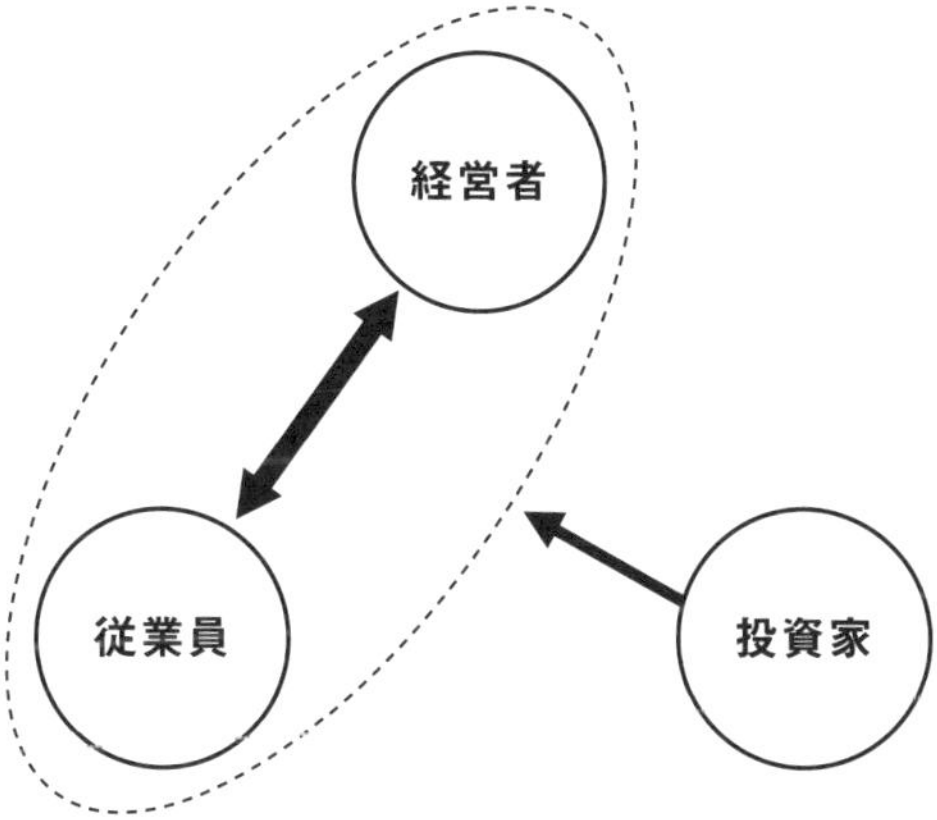

としては確かに「日本的経営」というものがありました。これを3つのステイクホルダーの関係の視点からとらえると、中神さんの言う「二人三脚」となります（図2）。経営者と従業員の間には「労使一体」の互恵的な関係が多元的に生まれ、両者の対立は解消されます。残る投資家はどうだったかというと、メインバンク制度や株式の持ち合いといった「日本的経営」の時代に固有のガバナンス構造があったため、上場企業であっても株主の影響力は低い水準に抑えられていました（図2で投資家から出る矢印を細い線にしてあるのはこの意味です）。投資家はいわば「外野」に置かれていたわけですが、高度経済成長の中で業績は右肩上がりで、放っておいても株価は上昇基調にありました。外野にいてもさ

ほどの痛痒を感じませんでした。このことが経営者と従業員の二人三脚をますます強固なものにしたといえます。

経営者と従業員の二人三脚に立脚した「日本的経営」は、高度成長を前提とすればベリーベストの選択でした。しかし、時代が移り、環境が変化すれば有効性を喪失するのは当たり前の話です。終身雇用を保証しつつ、会社にいればいるだけ待遇が良くなるというような「超論理的仕組み」が成立するのは、強烈な経済成長の追い風という特殊条件があるときだけです。高度成長が終わったのはすでに遠い過去の話。成熟期に入って久しい日本にあって、もはや「日本的経営」に無理があるのは誰の目にも明らかです。

日本でも労働の流動性は高まり、転職は当たり前になりました。テンポラリーな雇用契約で働く人々が増え、経営者と従業員による一蓮托生の運命共同体は機能しなくなっています。事実として、著者が指摘しているように、日本の企業では営業利益率を確保するために労働分配率を抑えるという傾向が見られます。ようするに、二人三脚はもはや機能しなくなり、原始的な三者対立の構図に回帰しつつあるというのが日本の現実です。

昭和の「日本的経営」と対照的な位置にあるのが、**図3**にある金融資本主義的な三者関係、俗にいう「アメリカ的経営」の図式です（もちろんアメリカの企業経営も実際は千差万別なので、この図式に当てはまらない企業も数多くあります。ですから、あくまでもカ

図3　金融資本主義（「アメリカ型経営」）

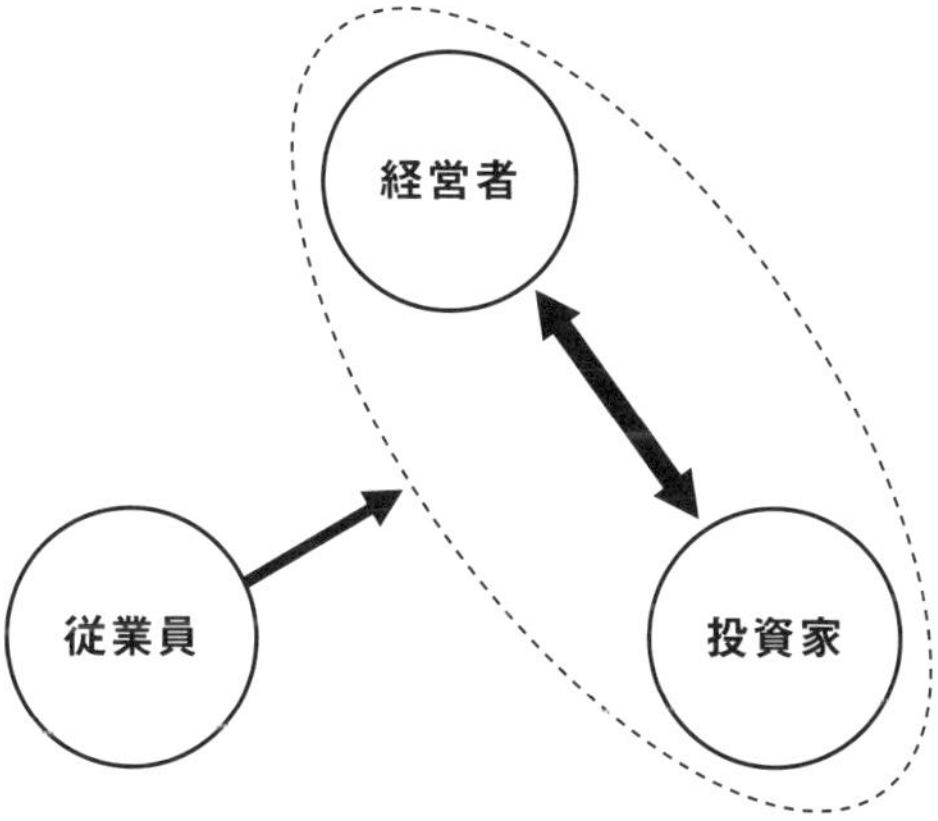

ギ括弧つきの「アメリカ的経営」という話です）。ここでは、経営者と株主の間に利害の一致があります。「資本市場を向いた経営」の必要性がこのところ日本でも強調されていますが、経営者が資本市場を「向きすぎる」ところに金融資本主義的経営の特徴があります。

現実の商売の成果をすっ飛ばして、手っ取り早く株価を上げるような打ち手を繰り出す。たとえば、目先の四半期業績の数字を良くするために、従業員をリストラする。高値を承知で耳目を引くような派手なM＆Aに打って出る。多くの株主はこうした動きをその時点では歓迎します。なぜならば、株主は「いつ株を売ってもよい」という自由度を持っているからです。将来の企業価値を毀損しかねない打ち手であっても、それが現実のものとなる前に株を売り払ってしまえば自らの懐は痛みません。

一方の経営者には、本来はそうした自由度はありません。「調子が悪くなったら辞めればいい」では経営は務まりません。しかし、金融資本主義的な構造の下では、経営者の報酬も世間的な名声も株価にリンクしています。目先の株価が上がってくれればそれでいい、5年先は知らないよ――こうしたモラル欠如が顕在化するリスクがあります。

いかんせん資本主義の世の中です。経営者と株主が結託してしまうと、従業員は置いてけぼりになります。従業員の長期的利益を確保する手立ては、政府による上からの規制頼みになります。しかし、政治ができることには限界があります。時の政権がそもそも投資家寄りであれば政治は頼りになりません。かくして、豊かになるのは投資家と経営者ばかり、犠牲になるのは従業員――失業率は高まり、苛烈な格差社会になるという成り行きです。

話を日本に戻します。経営者と従業員の二人三脚はとっくに機能しなくなりました。加えて資本市場のグローバル化の中で、日本でも上場企業の経営者は投資家に正面から向き合わなければならなくなりました。ぼんやりとしているとアクティビストのいいようにされてしまいます。つまりは、日本でも経営者と株主の関係が「普通の資本主義」のそれに

図4　三位一体（トレードオン）

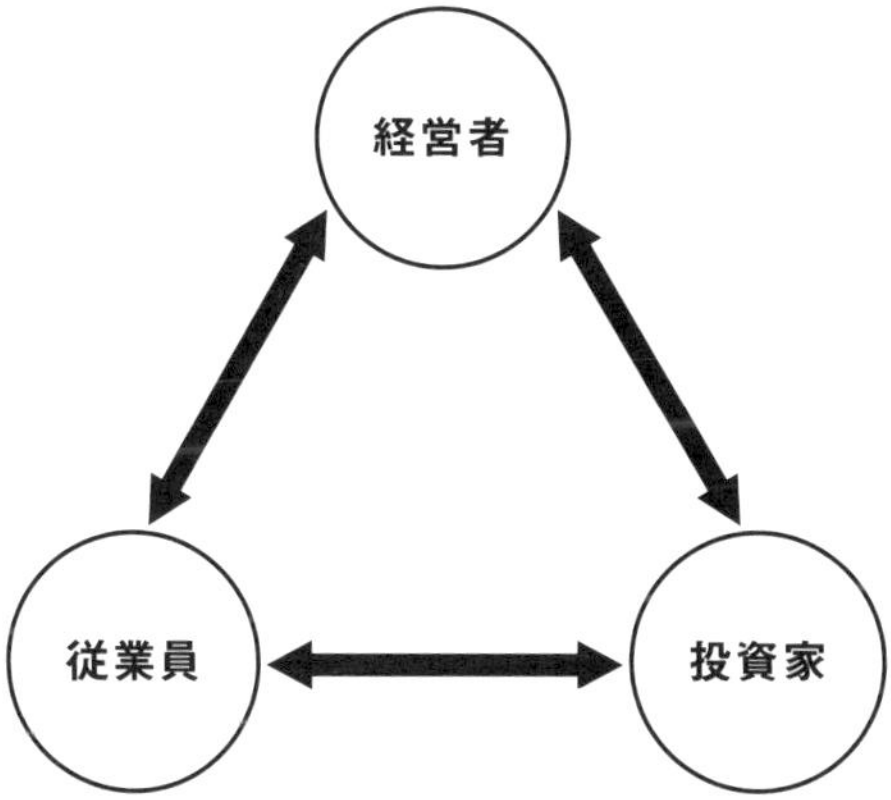

なってきたわけです。

だからといってひたすら投資家のほうを向き、図3のような「アメリカ的経営」に180度転換しろという話ではありません。リーマンショック以来、当のアメリカでも（少なくとも世論のレベルでは）揺り戻しがかかっているぐらいですから、これはこれで大きな問題があるのは明らかです。それどころか、そもそも日本の企業経営が本来持っていた美点を破壊してしまいます。

だとすれば、どうしたらいいか。この問いに対する本書の回答が「二人三脚」に代わる「三位一体」（**図4**）です。経営者が稼ぐ力がある商売をつくり上げ、そこに向けて従業員が力を合わせて仕事をすれば、稼ぐ力はますます強まります。経営者は自らの職責を果たし、従業員の給料も増えます。結果として株価も上がるので、投資家も果実を手にできます。さらには、従業員が株の一部を保有していれば、株主としての利益も享受することができます。図1にある三者対立のトレードオフは解消され、みなが豊かになるトレードオンの関係に変容します。考えてみれば当たり前の話です。「三位一体」は何も新しい経営モデルではありません。今も昔も変わらない経営の王道に回帰すべき、というのが本書のメッセージです。

「障壁」に基づいた「複利の経営」

しかし、です。「言うは易し」でありまして、三位一体の経営は一朝一夕には実現できません。この理想的なトレードオンに到達するにはいくつものステップを乗り越えていく必要があります。

本書は経営を4つのタイプに分類しています。単純に売上や利益の大きさにこだわる「額の経営」や売上高利益率を追求する「率の経営」では、すぐに三者対立のトレードオフに陥ります。株主からのプレッシャーを受けてその時点での利益率を上げようとすれば、従業員の賃金水準を抑えたくなります。将来の商売のための思い切った投資もやりにくい。「あちらを立てれば、こちらが立たず」という窮屈な状況に追い込まれます。

投下資本という「元手」に対してどれだけ効率よく利益やキャッシュフローを生み出しているのかを基準とした「利回りの経営」でもまだ不十分です。三位一体を実現するためには、そこで生まれた果実を元手に足し合わせて再投資する「複利の経営」が不可欠です。「複利の経営」に至って、初めて経営に時間軸が入ってきます。しかも、「再投資」や「複利」の定義からして、その時間軸は長ければ長いほどよい。その理由を著者は次のように説明しています。

生まれたアウトプットを元手に足し合わせて再投資していくと、時間が経てば経つほど、おおもとの投下資本が指数関数的に殖えていくからです（アインシュタインやバフェットの教え通りです）。「利回りの経営」のように投下資本に対する単年のアウトプットの大きさを喜ぶのではなく、そのアウトプットを再投資に回すことで追加的なリターンを得ていく。これを高い水準で長期間持続させることによって、投下資本そのものが増殖していくことを狙う。これが「複利の経営」であり、経営を選びに選んで長期投資し続けた厳選投資家や、従業員持ち株会・役員持ち株会でコツコツと自社株を買い続けた人々が、最も安定的に、しかも大きく報われる経営の姿です。

「複利の経営」に向けてイニシアティブを握っているのは、従業員でも株主でもなく、一にも二にも経営者です（この意味合いを込めて、図では三角形の頂点に経営者を置いています）。裏を返せば、経営者が長期視点で「複利の経営」を実現すれば、短期的にはトレードオフにしか見えないステイクホルダーの関係はごく自然にトレードオンに転化します。ここに「長期」の本質があり、長期視点の経営の本領があります。

「複利の経営」を実現しようとする経営者にとって、一義的に必要となるのはそこに至る道筋――私の言葉でいえば、持続的な競争優位に向けてさまざまな打ち手をつなげていく「戦略ストーリー」――です。「長期ビジョン」という言葉を口にする経営者は多いのですが、そこに至る首尾一貫した戦略ストーリーを語ることができる人は稀です。「で、ビジョンを実現する戦略は？」となると、ごく短期的な施策の箇条書き的な羅列に終始する経営者が少なくありません。

長期持続的な競争優位を構築するためには、第3章で議論されている「事業経済性」があるだけでは十分ではありません。どの企業も願わくは経済性がある事業立地で商売をしたいと考えます。魅力的な事業には参入企業が増え、次第に競争は熾烈になるのが道理です。したがって、資本コストを大きく上回るような超過利潤を長期間維持するためには、競合が攻めてきても跳ね返せるだけの「障壁」（第4章）が必要になります。煎じ詰めれば、いかに障壁を築き上げるかが戦略の焦点となります。一見して事業経済性が乏しいような立地でも、障壁があれば「複利の経営」に持ち込むことは十分に可能です。

ただし、強固な障壁をつくるのは容易ではありません。容易にできることならそもそも障壁にならないからです。第5章で詳細に議論されているように、業界の常識からして「呆れるほどのコストをかける」「腰を抜かすほどのリスクをとる」必要があります。いずれにせよ、腰を据えて何かに突っ込まなければ障壁は築けません。一方で利用可能な経営資源は限られています。だとしたら「どこに突っ込むのか」「なぜそこに突っ込むのか」が問題の核心になります。

この問いに答えるのが、その経営者に独自の「事業仮説」です。その究極の例の一つとして、中神さんは「宅配便」という事業カテゴリーを創造したヤマト運輸の小倉昌男氏の独創的な事業仮説に注目しています。この部分はとりわけじっくり読むに値します。中神さんも感嘆しているように、痺れるような事業仮説が構想されています。「これぞ戦略ストーリー！」と唸らされます。

戦略ストーリーの神髄

複雑な問題に直面したとき、凡百の経営者は物事の要因を箇条書き的に列挙して解を得ようとします。しかし、小倉氏に代表される優れた経営者は、要因間の因果関係についての論理にまで踏み込み、全体が全体として作動するメカニズムを解明しようとします。ようするに「大局観」です。

本書では触れられていませんが、小倉氏の戦略構想で私がもっとも面白いと思うのは、宅急便の出発点でカギとなった「サービスが先、利益が後」という意思決定です。サービスと利益は表面的にはトレードオフの関係にあります。ですから、普通の経営者であれば、両者の「バランス」を取ろうとします。しかし、小倉氏の目からすれば、それは愚策です。両方を追求すれば「二兎を追うもの一兎をも得ず」。小倉氏は優先順位をはっきりさせます。

ここから先がいよいよ真骨頂です。小倉氏の戦略の神髄は、トレードオフを単純な「集中と選択」で終わらせないところにあります。サービスを取って利益を捨てるわけではないのです。両方を達成できた方がいいに決まっている。ここで戦略ストーリーの出番となります。まずはダントツのサービスに集中する。サービスがダントツであれば、荷物の受け手の満足を高めることができる。満足した受け手は宅配便という新しい荷物のやり取りの手段の価値に気づく。やがて送り手としてもヤマトを選択するようになります。ここまでバトンがつながれて初めて第6章で描かれている「ネットワークの事業経済性」が動き出すわけです。

小倉氏のような「戦略芸術家」の凄みは個別の意思決定ではなく、やることの順序、シークエンスに現れます。AとBとCが箇条書きにならない。箇条書きして「これを全部やれ」じゃなくて、「まずはここに集中する」という指示が出てくる。Aがあってこそ Bがあり、BができてCが出てくる。AとBの間にロジックがあり、BとCの間にもロジックがある。これは「優先順位をつけなさい」という話とは似て非なるものです。

結局、なんで儲かるかというと、他の人が知らないことを知っている、ほかの会社ができないこと・しないことをするということです。それが戦略の原点です。オリックスの経営を長くお勤めになった宮内義彦さんと話をしているときのことです。「僕から見ると、オリックスってなんで儲るのかわかりにくい会社ですよね」と言ったら、「お前みたいなヤツにすぐわからないから儲かるんじゃないか」と言われました。まったくその通りだと思います。

優れた経営者について、「ほかの人とは違った景色が見えている」ということをよく言います。小倉昌男氏はその典型です。これは、その人の独自のフィルターを通したときに、客観的には同じことであっても、それが「違って見えている」ということだと思います。古い話ですが、川上哲治氏は「ボールが止まって見える」と言いました。しかし、本当にボールが止まっているのではありません。ようするに、「違って」(differently) という副詞であって、本当に「違った」(different) なものを見ているのではない。

ここでフィルターに相当するのがその人が持っている事業仮説なり戦略ストーリーだと思います。その人にしか手に入れられないような「特別の秘密情報」というものはない。そういうのを持ってくるのはだいたい詐欺師です。なぜほかの人が知らないことを知っているのか、見えないものが見えているのかというと、自分の戦略ストーリー上に位置づけることで、見ている対象が独自の意味を持ち始めるからです。

サービスの質と利益は短期的にはトレードオフです。しかし、そこに時間軸を組み込み、背後のメカニズムをつかめば、トレードオフが違って見えてきます。戦略は箇条書きのアクションリストではありません。戦略の優劣は個別の打ち手そのもので決まるわけではありません。打ち手が明確な論理でつながり、そのストーリーの中で表面的な二律背反が解け、好循環が生まれ、両方が実現される。「サービスが先、利益が後」というトレードオフをはっきりさせることが、結果的にトレードオンを生み出すという逆説です。これにしても、トレードオフをトレードオンに転化することに「長期」の本質があるということを物語っています。

「長期」の時間は物理的な時間ではありません。論理的な時間です。「長期的に考えろ」と言うと、「じゃあ、5年先を考えよう」「いや、10年先を考えるほうが長期だ」とかいう話になりがちです。そうではなくて、仮に物理的な時間で計測すれば1年先のことだとしても、「こういうことが先行して起きて、こういうことができるようになる」「次にこういう道が開けるので、ああなってこうなって……」という論理があることが大切なのです。事業仮説はゴールから逆算してつなげていくものです。本は最初から順にページをめくって読みますが、戦略ストーリーは逆にエンディングから読まなければ分かりません。論理とは「XがYをもたらす」という因果関係についての信念です。因果関係である以上、論理は必ず時間を背負っています。そこには必ず時間軸がある。「短期の戦略」というのはあり得ません。戦略は定義からして「長期」になります。

戦略の構想と実行は、中神さんが言うように、人間の性《さが》との戦いという面があります。「呆れるほどのコスト」や「腰を抜かすほどのリスク」は誰にとっても恐ろしい。思いっきりコストをかけ、リスクをとったからといって、障壁が確実に手に入るという保証はありません。どんなに秀逸な戦略ストーリーであっても、事前においてはあくまでも仮説にすぎません。実際に成功するかはやってみるまでわかりません。

だとしたら、経営者にとっての事前の拠り所は何か。優れた戦略ストーリーにつきものの恐怖を克服するうえで、何に頼ればいいのか。「論理的な確信」しかない、というのが私の結論です。

本書は哲学者の三木清の言葉を引用しています。「仮説的に考えるということは論理的に考えるということと単純に同じではない。仮説はある意味で論理よりも根源的であり、論理はむしろそこから出てくる。仮説は自己自身から論理を作り出す力さえ持っている。」

まことにその通りで、小倉氏にしても宅急便の戦略ストーリーの発端にあったのは、論理を超えた事業観、もっといえば直感だったに違いありません。しかし、直感だけでは恐怖には勝てません。その成否は事後的にしかわからないにせよ、小倉氏が「呆れるほどのコスト」「腰を抜かすほどのリスク」に突っ込めたのは、彼の事業仮説が論理的に筋が通っていたからです。論理的な確信こそが経営者の勇気の源泉だというのが私の見解です。

経営者と従業員のトレードオン

独自の戦略ストーリーづくりが経営者の一義的な役目となるのは、それが三位一体の経営における経営者と従業員、経営者と投資家の関係構築の基盤を提供するからです。

繰り返し強調しますが、三位一体の経営の出発点は経営者にあります。経営者に確固とした戦略ストーリーがなければ、いくら従業員が奮闘し、投資家がわいのわいの言っても、企業のエンジンは動きません。ところが、本書が指摘しているように、画期的な戦略ストーリーほど周囲は反対します。誰もついてこなければ戦略は実行できません。ここでも、人々を説得し、惹きつけ、巻き込むのは戦略ストーリーを構成している論理の力です。考えや立場や好みは人それぞれです。どんなに情熱を込めて語っても、そこに論理がないと伝わらないし、わかり合えません。経営者の論理的な確信が社内の人々に共有されて初めて戦略は実行に至ります。

小倉昌男氏は論理の力を縦横無尽に使いこなした人でした。戦略を構想するだけでなく、その実行に向けて戦略ストーリーの上に力を結集するのが抜群に上手い。小倉氏の事業仮説に込められた論理に納得し、「ちょっとその話、乗ってみようじゃないの……」という気持ちになった人々がストーリーを前に前にと動かしていったのです。歴代のヤマト運輸の経営者が小倉氏を振り返った『ヤマト正伝　小倉昌男が遺したもの』（日経ビジネス編、日経ＢＰ、２０１７年）を読むと、この辺のいきさつがよくわかります。

経営者の戦略ストーリーがそれにかかわる人々の心に火をつけて初めて、商売が回り出します。好循環の中で雇用が生まれ、従業員の仕事の対価である給与も高水準で支払うことができるようになります。そうなるとますます従業員も仕事にコミットし、日々の商売がより強く太いものになっていきます。

本書の具体的かつ実践可能な提案の一つに、役員や従業員の保有株数の引き上げがあります。経営者と従業員の二人三脚を標榜している（いた）わりには、日本では内部者持ち分比率は他国と比べても低い水準にあります。「従業員持ち株会が自社の発行済み株式の10％程度は保有しているような構造を作り込んではどうでしょう」という中神さんの提案に全面的に賛成です。

高度成長期のときほどではないにせよ、少なくともアメリカや中国と比べて、日本の企業の共同体的性格や従業員のコミットメントは依然として強いはずです。従業員が広く浅く自社株式を持てば、従業員のマインドも自然と長期志向となり、経営と従業員のトレードオンの関係はますます深まります。何よりも、「はじめに」で紹介されているエピソードにあるように、「複利の経営」が従業員に報いる手立てとして、長期的な株価の上昇や配当による資産形成は最もインパクトが大きいものです。上場企業である以上、この株式会社に固有のメカニズムを使わない手はありません。

「微分」か「積分」か

「ブランディング」が大好きな人がいます。何かと言うと「ブランディングが大切だ」という話になる。もちろん、どんな企業にとってもブランドは非常に大切なものです。それでも、私は「ブランディング」という考え方に対しては懐疑的です。「ブランディングをするぞ！」という色気が、かえって商売をゆがめたり弱めたりすることがあるように思います。

ブランドというのは、あっさりいえば「信用」です。昭和を代表する大女優だった高峰秀子さん、私が最も尊敬する人物ですが、彼女は「信用」と「人気」は違うと言っています。女優は、人気を求めて、人気を大切にする。なぜかというと、女優は文字通り人気商売だからです。しかし、人気というのは一時的なもので、本当に大切なのは「信用」である。彼女は、映画に出るときにも、本を書くときにも、仕事生活の根底で常に「信用」ということを考えている。「あいつが出ている映画だから大丈夫だ」と人に思ってもらう。これが「信用」です。最後に残るものは信用しかない。需要がないと仕事にはならないわけですが、その需要は決して「人気」であってはいけない、と高峰さんは説いています。

ブランディングはしばしば「人気」を狙おうとします。KPIも設定できるし、バジェットも組め、効果測定もできます。一見コントロールできそうに思いがちですが、本当のお客さんの心というのはコントロールできない。コントロールできないものを無理やりコントロールしようとする。ここに多くの間違いの原因があります。

「信用」はすぐには手に入りません。それでも、「お客さんを絶対に満足させる」という日々の行動はコントロールできます。それが次第に積み重なって、いつの間にか信用が生まれる。「人気」が微分値であるのに対して、「信用」は積分値です。毎日の商売の積み重ねで段々と信用ができて、振り返ったときにその総体がブランドになっているというのが理想です。「ブランディング」よりも受動態で「ブランデッド」というのが、正しいブランドの理解だと思います。独自の価値提供に自信がない会社ほど、ブランディングというお化粧で勝負しようとする。ベースがしっかりしていないところにお化粧をしても、たかが知れている。お化粧は夜になれば剥がれてしまうものです。

ブランドは強力な資産です。商売が著しく楽になる。黙っていてもお客さんが選んでくれますし、より高いお金も払ってくれる。まことにありがたい話です。ところが、ブランドは「何で強いのか。ブランドがあるからだ」「何でブランドがあるのか。強いからだ」というたぐいのトートロジー（同義語反復）に陥りがちです。結局のところ、商売そのものを強くするしかない。強力な商売が強力なブランドを結果的にもたらすわけで、何もブランドがあるから強いのではありません。この因果関係の理解が大切です。

トヨタもアップルも、そもそも強い商品やサービス、オペレーションに独自の価値があったからこそ、今日のブランドになったわけで、その逆ではありません。ブランドというのは、それまでの日々の商売の蓄積から結果的に発生する「ご褒美」みたいなものだと割り切ったほうがよいと思います。「ご褒美」を先取りしようとして手練手管を連発しても、顧客にはいずれ見破られます。一時的に「バズらせる」ことはできても、それは決して長続きはしません。振り返ったときに、いつの間にか「ブランデッド」になっていた、というのが本当のところです。

経営者と投資家のトレードオン

経営者の描く戦略ストーリーが稼ぐ力に結実し業績が向上すれば、自然に資本市場での評価は高まり、株を買う投資家は増えていきます。結果的に企業価値は増大し、投資家も大きなリターンを手にすることができます。ただし、こうした経営者と投資家のトレードオンの関係は長期的なプロセスを経た上での結果でしかありません。

事後性が高く、長期でしか正体がつかめないという意味で、企業価値はブランドに似ています。中神さんは「経営が変わると会社の本質的な価値が上がり、いつの間にか株価も上がっていきます」と言います。ここでもポイントは「いつの間にか」というところです。しかも、ブランドと違って株価は日々変動する客観的な数字です。「複利の経営」が生む企業価値は本来は積分値なのですが、ブランドよりもさらに目先の微分値を極大化したくなるのが人情です。かくして、経営者はブランディングならぬ「バリューイング（？）」に明け暮れることになります。これでは本末転倒です。

経営者と投資家の互恵的な関係の本丸は、企業価値の向上という結果ではなく、そこに至るプロセスにあります。三位一体の経営の起点にして基点である戦略ストーリーの強化、ここにおいて、経営者と投資家の「薩長同盟」は最も力を発揮します。

もっとも、投資家であればだれでも互恵的な関係になるわけではありません。投資家が企業を選別するように、経営者も付き合う相手を選ばなければなりません。三位一体というコンセプトからして短期で売買を繰り返す投資家では意味がありません。現在の資本市場でメジャーな存在である長期分散投資家もまた意味を成しません。マーケット全体を相手にするインデックス・ファンドに代表される長期分散投資は、投資としては大いに合理的です。しかし、この種の投資家は個別の企業経営の優劣に関心を持ちません。そもそも、個別企業について評価や判断をしないということに長期分散投資の価値があるからです。ターゲットはごく一部の「長期厳選投資家」に絞られます。

長期厳選投資家に対してオープンに構え、彼らと対話を重ね、彼らの思考と技術を経営に取り込めば、経営者が事業観を錬成し、戦略ストーリーを研磨するのに大いに役立ちます。長期厳選投資家が経営者にとって「使える」のは、長期継続的な企業価値の向上という最終目的を共有する一方で、思考様式において彼らが経営者と相互補完的な関係にあるからです。

第一の相互補完性が「岡目八目」です。経営者は日々その業界の「けもの道」を走っています。走っている人でないと見えないものがあります。自動車の運転で考えるとわかりやすいでしょう。ちょっとした障害物があっても、すぐにそれを認識し、ハンドルを切るなどしてすばやく反応し、適切な行動をとれます。走っているがゆえに、きちんと見ることができるのです。

しかし、その一方で限界もあります。走っている人ほど、視野が狭くなり、視界が固定するという問題です。走りながら考えている人は、どうしても視界が狭くなります。ひとたび自分の視界の中に入るものはその細部までばっちり見えるのですが、見える範囲は限られてきます。厳しくなる競争の中で、経営者はますます速く走ることを強いられていま す。高速道路を走っている状態を想像してみてください。運転中によそ見をしていると危険です。速く走れば走るほど、どうしても視点も固定してきます。

視点を転換し、視界を広げるためには何よりも抽象化が必要です。「業界けもの道」に精通している経営者は自分の業界や会社、事業については誰よりもよく知っているはずです。しかし、その業界や事業の文脈にどっぷりつかっているため、抽象化思考はどうしても手薄になります。

その点、長期厳選投資家は、自ら経営こそしていませんが、あらゆる業界のあらゆる企業と事業を、自分のキャリアと生活をかけて日々真剣に精査しています。なぜならば、それが彼らの「けもの道」だからです。第3章に出てくる「what business are you in と what kind of business are you in の違い」のエピソードにあるように、個別具体的な経営の抽象化と論理化は長期厳選投資家の生命線です。彼らの岡目八目能力を活かさない手はありません。経営者と投資家、それぞれの「けもの道」が交差するところに戦略ストーリーを強化するためのアイデアが生まれるわけです。

第二に、上述した「攻め」の経営だけでなく、このところ重要視されるようになったアクティビズムからの「守り」にとっても長期厳選投資家の思考と技術は役に立ちます。アクティビストは広範な企業を精査し、つけ入るスキのある会社を研究しています。著者が懸念しているように、日本の株式市場はアクティビストにとって垂涎ものといってもよい状況にあります。「リスクを取らず自己保身に走っている」と経営陣を指弾するアクティビストの常套手段からすれば、利益水準もリスクテイクの程度も低い日本の上場企業は「突っ込みどころ満載」なのです。

アクティビストに対抗する王道は、高い超過利潤を出し、それを複利で回すことによって、外からイチャモンをつけてくる余地をなくすことですが、それ以前に投資家という生き物の心理と論理を理解しておくことが大切です。その点、長期投資家は頼りになる存在です。同じ投資家として、アクティビストのマインドを知悉しているからです。男同士でどうやったら女性にモテるかを延々と論じているよりも、女性からのアドバイスに耳を傾けたほうが話が早い。それと同じことです。

第三に、もっとも重要なこととして、厳選投資家はその仕事からして長期視点から逃れられないという宿命にあります。彼らのよって立つ論理は「複利」です。時間軸は長ければ長いほど手にするリターンも大きくなります。自己規律や倫理観で長期の構えをとっているのではありません。長期厳選投資家は自らの利害からして長期で物事を考えざるを得ない人々なのです。ここに経営者との重要な補完関係があります。

上場企業の経営者は、四半期ごとの業績開示を始めさまざまな「短期への誘惑」に取り囲まれています。目の前にある短期は見えるけれども、長期はなかなか見えません。足元の数字で頭がいっぱいで、次の四半期決算説明会、次の株主総会をうまく乗り切ることにしか頭が回らない。短期へとなびいていくのは人間の本性です。だからこそ、短期志向を長期へと押し戻し、長期的視点を堅持する意識が経営者には求められます。しかし、一人の人間の意識づけにはおのずと限界があります。だからこそ、長期視点を持たざるを得ない立場にある厳選投資家との対話が大切になるのです。

日本を代表する経営コンサルタントの大前研一さんから教わった名言に「人間が変わる方法は、時間配分を変える、住む場所を変える、付き合う人を変える、この3つしかない。もっとも意味がないのが『決意を新たにすること』だ」というのがあります。まずは、付き合う人を変える。いまこそ経営者は長期厳選投資家と胸襟を開いた関係構築を始めるべきです。方法はいくらでもありますが、付き合いは深く長いほうがいい。厳選投資家を厳選したうえで、アドバイザリーボードに入れるとか、社外取締役として招くのがベストです。

著者が強調しているように、「経済のエンジンは企業。企業のエンジンは経営」というシンプルな原理原則に立ち戻って考えることが大切です。この国の将来は経営者にかかっています。「三位一体でみなが豊かになる」――この古くて新しい経営モデルを目指し、実現する経営者が一人でも多く出てくることを願っています。

参考文献

＊1　ジェレミー・ミラー著、渡部典子訳『バフェット　伝説の投資教室――パートナーへの手紙が教える賢者の哲学』日本経済新聞出版社、2016年

＊2　山口勝業「市場予測に意味はあるのか（2）ポスト・バブル28年間の日本株リターンと将来予測」『投資信託事情』2018年3月

＊3　『コーポレートガバナンス・コード』株式会社東京証券取引所、P23

＊4　『持続的成長への競争力とインセンティブ～企業と投資家の望ましい関係構築～』プロジェクト（伊藤レポート）最終報告書　P6

＊5　ベンジャミン・グレアム著、土光篤洋訳『賢明なる投資家――割安株の見つけ方とバリュー投資を成功させる方法』パンローリング、2000年

＊6　日経流通新聞『流通経済の手引』1999年版

＊7　ブルース・グリーンウォルド、ジャッド・カーン著、辻谷一美訳『競争戦略の謎を解く』ダイヤモンド社、2012年

＊8　ブルース・グリーンウォルド、ポール・ソンキン、ジャッド・カーン、マイケル・ヴァンビーマ著、臼杵元春、坐古義之訳『バリュー投資入門―バフェットを超える割安株選びの極意』日本経済新聞出版、2002年

＊9　パット・ドーシー著、鈴木一之監訳、井田京子訳『千年投資の公理』パンローリング、2008年

＊10「不屈の路程SERIES6／No.3　一度「死んだ」からできた全員経営」『日経ビジネス』2020年6月15日号、日経BP

＊11 『みさきニューズレター』第11号、２０１８年８月
＊12 野間幹晴著『退職給付に係る負債と企業行動』中央経済社、２０２０年
＊13 Goshen, Z. and Hamdani, A. "Corporate Control and Idiosyncratic Vision" The Yale Law Journal: 125 (3), 560-795.
＊14 「私の履歴書　江頭匡一①〜㉚」『日本経済新聞』１９９５年５月１日〜５月31日
＊15 小倉昌男著『小倉昌男　経営学』日経ＢＰ、１９９９年
＊16 三木清著『人生論ノート』新潮文庫、１９７８年
＊17 蟻川靖浩、井上光太郎、齋藤卓爾、長尾耀平「日本企業の低パフォーマンスの要因」宮島英昭編著『企業統治と成長戦略』東洋経済新報社、２０１７年
＊18 Yamaguchi et al. 2018, "Staying Young at Heart or Wisdom of Age: Longitudinal Analysis of Age and Performance in US and Japanese Firms," *IIR Working Paper*, No.18-41, Institute of Innovation Research, Hitotsubashi University.
＊19 日本取締役協会　独立取締役委員会『独立社外取締役の行動ガイドラインレポート2〜「稼ぐ力」の再興に向けて』２０２０年６月10日
＊20 『みさきニューズレター』第14号、２０１９年10月
＊21 「世界企業　守りの資金確保　過去最高水準　需要蒸発に対応　中銀マネーが支え」『日本経済新聞』朝刊２０２０年５月11日１頁
＊22 「日本企業の手元現金が過去最高―大半の国のＧＤＰ上回る５０６兆円超」Bloomberg、２０１９年９月３日 https://www.bloomberg.co.jp/news/articles/2019-09-03/PX7EDC6KLVR601
＊23 「初試算！　アクティビストに狙われやすい日本企業ランキング１００社」ダイヤモンド・オンライン　https://

diamond.jp/articles/-/220694

＊24 Robert G. Hagstrom, "*The Warren Buffett Way: Investment Strategies of the World's Greatest Investor*" Wiley, 1997.

＊25 竹居 智久「東芝とＴＯＢ合戦、敗れたＨＯＹＡの鈴木ＣＥＯ『しょうがない』」日経ビジネス電子版、２０２０年1月17日 https://business.nikkei.com/atcl/gen/19/00002/011701025/

＊26 三品和広『経営は十年にして成らず』東洋経済新報社、２００５年

＊27 一橋大学院商学研究科田村俊夫「第1章コーポレートファイナンスの観点から見たコーポレートガバナンス」『コーポレートガバナンスと企業・産業の持続的成長』商事法務２０１８年

＊28 Activist Insight, *Activism Monthly Premium*, Vol. 3, Issue7 (July 2014)

＊29 宮島英昭 編著『企業統治と成長戦略』東洋経済新報社 Ｐ１３５

＊30 「外から眺め、眺められ――日立製作所会長川村隆氏（あすへの話題）」『日本経済新聞』夕刊 ２０１２年6月11日1頁

＊31 「安いニッポン（下）「香港なら2倍稼げる」――人材流出、高まるリスク」『日本経済新聞』朝刊、２０１９年12月12日1頁

［著者］

中神康議（なかがみ・やすのり）

みさき投資株式会社 代表取締役社長。

慶應義塾大学経済学部卒業。カリフォルニア大学バークレー校経営学修士（MBA）。大学卒業直後から経営コンサルティング業界に入る。アンダーセン・コンサルティング（現アクセンチュア）、コーポレイトディレクション（CDI）のパートナーとして、20年弱にわたり幅広い業種の経営コンサルティングに取り組む。クライアントとともに優れた戦略を立案・実行することで企業価値が大きく向上し、結果として株価が上昇することを数多く経験。「働く株主®」のコンセプトを考案し、2005年に投資助言会社を設立。投資先企業の経営者と一緒になって企業価値向上のために汗をかくというスタイルで圧倒的な投資パフォーマンスを生む。2013年にみさき投資を設立し、現職。みさき投資はそのユニークな投資スタイルと圧倒的な投資パフォーマンスによって、ハーバード・ビジネス・スクールの教材にもなっている。

ウォール・ストリート・ジャーナル、フィナンシャル・タイムズ、ブルームバーグ、ロイターほかメディア掲載多数。著書に『投資される経営　売買される経営』、共著に『ROE最貧国　日本を変える』『経済学は何をすべきか』（すべて日経BP）がある。独立行政法人経済産業研究所 コンサルティングフェロー、日本取締役協会 独立取締役委員会委員長。

経営者・従業員・株主がみなで豊かになる
三位一体の経営

2020年11月24日　第1刷発行
2024年4月9日　第9刷発行

著　者――――――中神康議
発行所――――――ダイヤモンド社
〒150-8409　東京都渋谷区神宮前6-12-17
https://www.diamond.co.jp/
電話／03-5778-7233（編集）　03-5778-7240（販売）
装丁デザイン――――遠藤陽一（DESIGN WORKSHOP JIN）
本文・図版デザイン、DTP―松好那名（matt's work）
校正――――――――鷗来堂
製作進行――――――ダイヤモンド・グラフィック社
印刷――――――――三松堂
製本――――――――ブックアート
編集担当――――――上村晃大

ISBN 978-4-478-11225-0